南京国民政府十年（1927—1937）省制构建研究

A Study on the Construction of the Provincial Administrative System by the Nanjing Nationalist Government from 1927 to 1937

陈 明 著

中国社会科学出版社

图书在版编目（CIP）数据

南京国民政府十年（1927—1937）省制构建研究／陈明著．—北京：中国社会科学出版社，2017.12

（中国社会科学博士后文库）

ISBN 978 - 7 - 5203 - 1665 - 1

Ⅰ.①南…　Ⅱ.①陈…　Ⅲ.①省—政治制度史—研究—中国—1927 - 1937　Ⅳ.①D693.2

中国版本图书馆 CIP 数据核字(2017)第 299462 号

出 版 人　赵剑英
责任编辑　王　琪
责任校对　李　莉
责任印制　王　超

出　　版　中国社会科学出版社
社　　址　北京鼓楼西大街甲 158 号
邮　　编　100720
网　　址　http://www.csspw.cn
发 行 部　010 - 84083685
门 市 部　010 - 84029450
经　　销　新华书店及其他书店

印刷装订　北京君升印刷有限公司
版　　次　2017 年 12 月第 1 版
印　　次　2017 年 12 月第 1 次印刷

开　　本　710 × 1000　1/16
印　　张　18
字　　数　300 千字
定　　价　75.00 元

第六批《中国社会科学博士后文库》编委会及编辑部成员名单

序　言

博士后制度在我国落地生根已逾30年，已经成为国家人才体系建设中的重要一环。30多年来，博士后制度对推动我国人事人才体制机制改革、促进科技创新和经济社会发展发挥了重要的作用，也培养了一批国家急需的高层次创新型人才。

自1986年1月开始招收第一名博士后研究人员起，截至目前，国家已累计招收14万余名博士后研究人员，已经出站的博士后大多成为各领域的科研骨干和学术带头人。这其中，已有50余位博士后当选两院院士；众多博士后入选各类人才计划，其中，国家百千万人才工程年入选率达34.36%，国家杰出青年科学基金入选率平均达21.04%，教育部“长江学者”入选率平均达10%左右。

2015年底，国务院办公厅出台《关于改革完善博士后制度的意见》，要求各地各部门各设站单位按照党中央、国务院决策部署，牢固树立并切实贯彻创新、协调、绿色、开放、共享的发展理念，深入实施创新驱动发展战略和人才优先发展战略，完善体制机制，健全服务体系，推动博士后事业科学发展。这为我国博士后事业的进一步发展指明了方向，也为哲学社会科学领域博士后工作提出了新的研究方向。

习近平总书记在2016年5月17日全国哲学社会科学工作座谈会上发表重要讲话指出：一个国家的发展水平，既取决于自然科学发展水平，也取决于哲学社会科学发展水平。一个没有发达的自然科学的国家不可能走在世界前列，一个没有繁荣的哲学社会科学的国家也不可能走在世界前列。坚持和发展中国特色社会主义，需要不断在实践和理论上进行探索、用发展着的理论指导发展着的实践。在这个过程中，哲学社会科学具有不可替代的重要地位，哲学社会科学工作者具有不可替代的重要作用。这是党和国家领导人对包括哲学社会科学博士后在内的所有哲学社会科学领域的研究者、工作者提出的殷切希望！

中国社会科学院是中央直属的国家哲学社会科学研究机构，在哲学社会科学博士后工作领域处于领军地位。为充分调动哲学社会科学博士后研究人员科研创新积极性，展示哲学社会科学领域博士后优秀成果，提高我国哲学社会科学发展整体水平，中国社会科学院和全国博士后管理委员会于2012年联合推出了《中国社会科学博士后文库》（以下简称《文库》），每年在全国范围内择优出版博士后成果。经过多年的发展，《文库》已经成为集中、系统、全面反映我国哲学社会科学博士后优秀成果的高端学术平台，学术影响力和社会影响力逐年提高。

下一步，做好哲学社会科学博士后工作，做好《文库》工作，要认真学习领会习近平总书记系列重要讲话精神，自觉肩负起新的时代使命，锐意创新、发奋进取。为此，需做到以下几点：

第一，始终坚持马克思主义的指导地位。哲学社会科学研究离不开正确的世界观、方法论的指导。习近平总书记深刻指出：坚持以马克思主义为指导，是当代中国哲学社会科学区别于其他哲学社会科学的根本标志，必须旗帜鲜明加以坚持。马克思主义揭示了事物的本质、内在联系及发展规律，是“伟大的认识工具”，是人们观察世界、分析问题的有力思想武器。马克思主义尽管诞生在一个半多世纪之前，但在当今时代，马克思主义与新的时代实践结合起来，越来越显示出更加强大的生命力。哲学社会科学博士后研究人员应该更加自觉坚持马克思主义在科研工作中的指导地位，继续推进马克思主义中国化、时代化、大众化，继续发展21世纪马克思主义、当代中国马克思主义。要继续把《文库》建设成为马克思主义中国化最新理论成果的宣传、展示、交流的平台，为中国特色社会主义建设提供强有力的理论支撑。

第二，逐步树立智库意识和品牌意识。哲学社会科学肩负着回答时代命题、规划未来道路的使命。当前中央对哲学社会科学愈发重视，尤其是提出要发挥哲学社会科学在治国理政、提高改革决策水平、推进国家治理体系和治理能力现代化中的作用。从2015年开始，中央已启动了国家高端智库的建设，这对哲学社会科学博士后工作提出了更高的针对性要求，也为哲学社会科学博士后研究提供了更为广阔的应用空间。《文库》依托中国社会科学院，面向全国哲学社会科学领域博士后科研流动站、工作站的博士后征集优秀成果，入选出版的著作也代表了哲学社会科学博士后最高的学术研究水平。因此，要善于把中国社会科学院服务党和国家决策的大智库功能与《文库》的小智库功能结合起来，进而以智库意识推动品牌意识建设，最终树立《文库》的智库意识和品牌意识。

第三，积极推动中国特色哲学社会科学学术体系和话语体系建设。改革开放30多年来，我国在经济建设、政治建设、文化建设、社会建设、生态文明建设和党的建设各个领域都取得了举世瞩目的成就，比历史上任何时期都更接近中华民族伟大复兴的目标。但正如习近平总书记所指出的那样：在解读中国实践、构建中国理论上，我们应该最有发言权，但实际上我国哲学社会科学在国际上的声音还比较小，还处于有理说不出、说了传不开的境地。这里问题的实质，就是中国特色、中国特质的哲学社会科学学术体系和话语体系的缺失和建设问题。具有中国特色、中国特质的学术体系和话语体系必然是由具有中国特色、中国特质的概念、范畴和学科等组成。这一切不是凭空想象得来的，而是在中国化的马克思主义指导下，在参考我们民族特质、历史智慧的基础上再创造出来的。在这一过程中，积极吸纳儒、释、道、墨、名、法、农、杂、兵等各家学说的精髓，无疑是保持中国特色、中国特质的重要保证。换言之，不能站在历史、文化虚无主义立场搞研究。要通过《文库》积极引导哲学社会科学博士后研究人员：一方面，要积极吸收古今中外各种学术资源，坚持古为今用、洋为中用。另一方面，要以中国自己的实践为研究定位，围绕中国自己的问题，坚持问题导向，努力探索具备中国特色、中国特质的概念、范畴与理论体系，在体现继承性和民族性，体现原创性和时代性，体现系统性和专业性方面，不断加强和深化中国特色学术体系和话语体系建设。

新形势下，我国哲学社会科学地位更加重要、任务更加繁重。衷心希望广大哲学社会科学博士后工作者和博士后们，以《文库》系列著作的出版为契机，以习近平总书记在全国哲学社会科学座谈会上的讲话为根本遵循，将自身的研究工作与时代的需求结合起来，将自身的研究工作与国家和人民的召唤结合起来，以深厚的学识修养赢得尊重，以高尚的人格魅力引领风气，在为祖国、为人民立德立功立言中，在实现中华民族伟大复兴中国梦征程中，成就自我、实现价值。

是为序。

王京清

中国社会科学院副院长

中国社会科学院博士后管理委员会主任

2016 年 12 月 1 日

摘　要

南京国民政府是国民党内部各派系争夺领导权的产物，它的建立并未消除各派系间的权力斗争。在国民党各派系角力之下，南京国民政府展开省制的曲折构建。

南京国民政府建立初期，国民党各派系间斗争十分激烈。伴随各方斗争的胜败，主政力量在调整中央政制的同时，亦试图理顺中央与各省间的关系，先后对《省政府组织法》进行了三次修正。

随着军政时期的结束，各派系权力斗争日益公开化。为了平衡各方利益，蒋介石选择与胡汉民联合，采纳五院制改组国民政府。在胡汉民的主导下，南京国民政府于1930年以“分工合作”精神为主旨修订与颁行《省政府组织法》。1930年9月谭延闿病逝后，蒋介石兼掌行政，打破原有权力格局。胡汉民仍试图维持既有局面，主导1931年《省政府组织法》的修正。蒋介石在1931年2月拘押胡汉民，主导《中华民国训政时期约法》制定，试图影响省制规定。

“九一八”事变爆发后，政争各方“尽捐前嫌”，形成联合共治局面。国民党内部各派系在改革省制上达成共识，却围绕改革由谁主持以及如何改革产生分歧。与此同时，孙科等人试图借助宪法起草，左右未来政制的规划，分享一部分权力。最后，迫于汪精卫、蒋介石的压力，孙科等对宪法草案中有关省制的内容一再修改。1935年12月，蒋介石出任行政院长，在其主导下，积极筹划将其在“剿匪省区”进行的改革省制举措推行全国。“七七”事变爆发后，国民政府工作重心转向全力抗日。省制构建随即进入新的阶段。

关键词： 南京国民政府　省政府组织法　省制

Abstract

The Nanjing Nationalist Government was the product of internal factions battle for the leadership of the Kuomintang, and its establishment did not eliminate the power struggle among the factions. Under these power struggles among the factions, the Nanjing Nationalist Government launched the tortuous construction of the Provincial System.

In the early days of the Nanjing Nationalist Government, the struggles among the Kuomintang factions were fierce. With the victory and defeat of the struggle of all parties, the main political force adjusted the central government system and tried to straighten out the relations between the central government and the provinces, and had made three revisions to the constitution of the provincial government.

With the successful completion of the Northern Expedition, the end of the period of military, the power struggle became increasingly open in factions of the Kuomintang. In order to balance the interests of all parties, Chiang Kai-shek combined with Hu Han-ming, and led a five-hospital system of the National Govermment. Under the direction of Hu Han-min, the Nanjing National government in 1930 amended and issueded the Provincial Government Law by the division-cooperation spirit. In September 1930, Tan Yankai died. Chiang Kai-shek acted as the Director of administration. Chiang Kai-shek detention of Hu Hanming in February 1931, and led the development of the ROC Constiution in the period of political tutelage, trying to influence the provisions of the provincial administrative system.

After the September 18th Incident, faced the Chinese national crisis, the political parties tried to donate their differences and reached a compromise. KMT factions reached aconsensus to reform the provincial system, but had divided reform chaired by who and how. Meanwhile, Sun Ke complyed with establishing a decentralized, sharing some power. Moving by Wang Jing-wei and Jiang Kai-shek's boycott. Sun Ke bowed to pressure from Wang and Jiang, the provisions of the provincial system had repeatedified, not only made the Constitution draft democratic cuts, but also retained a large number of repressive provisions. After the outbreak of the Marco Polo Bridge Incident, the National Government mainly committed to the resistance against Japan, immediately the construction of the provincial administrative entered to a new phase.

Keywords: The Nanjing Nationalist Government; The Provincial Administrative System; The Provincial Government Organization Law

目　录

Contents

绪　论

一　选题旨趣

省制作为中国一项渊源有自、独具特色的政制，自元代肇创以来，其具体形制或有变化（如元代“行中书省”、明代“三司”、清代“直省”），但一直对于中国辽阔疆域的治理，以及国家统一的维护，发挥着不可低估的作用，并在我国政制史上占据着重要地位。

鸦片战争之后，中国遭遇“数千年未有之大变局”，清王朝处于风雨飘摇之中。为了维护自身统治，清廷最终决定改弦易辙，效法东西列强的政体模式，重新构建中国政体。包括省制在内的中国固有制度，伴随新旧政体的嬗递重新构建。1906—1911 年清末官制改革，为维护皇权专制，试图效法日本仿行宪政，将皇朝体制改建为君主立宪政体，将既有内外官制改建为“上下贯注”的中央—地方官制，有意将原为皇权外派机关的“直省”改为一级地方行政机构。由于中国的内外观念与西方宪政理论中的中央—地方并不对应，在政体重建过程中，直省及其长官地位、属性模糊，终清覆亡而未确定。①

民国建立后，转而仿效美法模式，进行共和政体构建。各派政治力量基于各自利益考量，对于如何确定“国”“省”关系，以及在新政体下如何规范彼此利益，提出不同意见、主张和方案，陷入中央集权与地方分权、官治与自治、民主与专制的纠缠之中，以致政争不断、政局动荡，省制构建过程亦随之曲折反复。特别是在袁世凯逝世后，由于权威的缺失，北京政府对各省控制力日趋变弱，各省政权遂为大大小小的实力派据有或控制，省行政从属于省军政，更在 20 世纪 20 年代演变成联省自治的局

① 关晓红：《清季外官改制的“地方”困扰》，《近代史研究》2010 年第 5 期。

面。随着对欧美式共和制认识的深入，孙中山及其领导的国民党转而学习苏俄，确定以党建国、以党治国的党国体制，同时立足中国本身国情，跳出集权与分权、官治与自治纠缠，开启省制构建新的方向。①

按照孙中山的政制设计，中国革命和建设进程分为军政、训政、宪政三个不同时期，各个时期的任务不同，政制亦各异；全国实行省、县二级制，县为地方自治单位，省立于中央与县之间以收联络之效，其性质具有双重性，一方面是中央政府的分机关，另一方面也是地方自治的监督机关；中央与省之权限采均权制度，凡事务有全国一致性质者划归中央，有因地制宜性质者划归地方，不偏于中央集权或地方分权。②

1925 年 7 月 1 日，国民政府在广州成立。鉴于民国北京政府时期省制的紊乱，新政府一本孙中山的遗教着手变更省制，在实施党治的同时，将此前的省长独任制改为当时流行的委员制，置省务会议，由各厅厅长联合组成，并选举一人为主席。

不过，孙中山的政制设计是一个只提供方向并无具体操作办法的“非精致”的理论。其时的中国现实政治状况又与其理论实践之间存在严重脱节。③ 特别是在孙中山逝世后很长一段时间，国民党党内缺少一位绝对权威人物，各派系为争夺领导权，一直进行着残酷的甚至流血的斗争。在这一过程中，各派系政治力量基于各自立场和利益考量，对孙中山的理论提出迥然不同的解释，并据此提出或进行政体构建。伴随这一过程，省制也面临着重新调整。

本书主要讨论南京国民政府十年，即从 1927 年 4 月南京国民政府成立到 1937 年 7 月抗日战争全面爆发其间的省制构建过程，并尽力分析背后制约与影响构建过程的人、事因素。在这一期间，蒋介石一方面在角逐党权、政权、军权最高权力的斗争中，最终集党、政、军大权于一身，稳固了自己在国民党内部的绝对权威，实现了“中央”层面的统一，掌握了对孙中山理论的解释权；另一方面又通过军事作战等方式，逐渐完成了对全

---

① 陈明：《民国初期的政体选择：省制构建及其问题（1912—1928）》，博士学位论文，中山大学历史系，2012 年，未刊。

② 中国社会科学院近代史研究所中华民国史研究室、广东省社会科学院孙中山研究所、中山大学历史系孙中山研究室编：《孙中山全集》第 9 卷，中华书局 1986 年版，第 126—129 页。

③ ［日］家近亮子：《蒋介石与南京国民政府》，王士花译，社会科学文献出版社 2005 年版，“前言”第 3 页。

国大多数省份的控制。与此相应，省制构建因为各方围绕集权与分治、自治与统一所展开的权衡较量曲折不断，并呈现出明显的阶段性。

参与权力角逐的政治派别在获胜后往往通过省制构建来巩固自己的权势，省制构建又牵涉各种政治力量的利益、地位重新调整。对1927—1937年间南京国民政府省制构建过程的历时性梳理，不仅有助于我们观察政体变革如何在观念变革、人事及利益的相互纠缠中演变与互动，借此全面深入地考察这一时期的政治与社会的历史，同时对于我们深入认识和了解中国固有政制向西方政体转型的艰难过程，进而理解和把握中外政治规制与观念间的差异，认识中国国情以及发展趋势，具有重要意义。

二 先行研究

学界对于南京国民政府时期的省制及其相关问题的研究，在其建立之初即已开始。由于彼时为中国政体变动较为频繁与剧烈的一个时期，知古鉴今、察今开来成为学术界的主要取向。学术界，特别是政治学界的一大批学者基于形势和政治的需要，运用西方政治学理论梳理和研究中国的省制，以求应对变局。

这一时期出现的论著中，代表作有《民国政制史》《中国政府》《中国政府大纲》等，其均辟有相当篇幅评述南京国民政府时期的省制情况。钱端升等著的《民国政制史》，本诸先中央制度，次省制，后县制，最后市制的顺序，详细介绍了1911—1936年民国政治制度的设置和沿革。该书在第二编，即省制编中，从省一级行政、军政、立法、司法以及省县间的行政组织等方面，叙述南京国民政府时期省制的情况。全书秉承严谨的学术研究立场，“只客观地叙述变迁经过，分析法制要点，而不参以赞否之意见”，具有很高的学术价值。不过，该书在内容上偏重各级政府机关的法定组织及其法定权力，对于其实际情形则几无论及，其他如中央及地方之分权问题等亦语焉不详。①

陈柏霖编著的《中国的地方制度及其改革》，在论述中国地方制度的

① 钱端升等：《民国政制史》，商务印书馆1939年初版，该书在1945年和1946年先后再版。本文引用自上海人民出版社2008年的版本。另外，1927—1937年间的政治制度，也是钱端升的另一部英文著作 *The Government and Politics of China*（商务印书馆2011年版）的部分内容。

沿革之后，分别叙述了国民政府地方制度的现状及改革，不仅概述了省制的总体情况，而且分析了省制变化的原因。①

董霖编著的《中国政府政制概说暨法规选录》，分类叙述了国民政府的政制，该书第八章“地方政府”概述了地方制度、地方行政组织及地方自治，并选录了有关地方行政组织及地方自治的法规。②

罗志渊的《中国地方行政制度》，分三编阐述了地方政制的历史发展、地方行政的权限和当时国民政府现行地方行政制度，其中第三编，对于国民政府的省制以及行政督察专员制度，有较为详细的介绍。③

陈之迈的《中国政府》是一本讨论国民政府政权体制的专著。该书“除法令分析外，尤其着意对法令的实施状况及结果，以见政治组织的真相”。因该书作者陈之迈曾在国民政府供职，“时常与各级主管人员接触，尤其是对中央及地方行政部分，比较明了事实的经过及真相，获得许多观念及见解”④。

谢瀛洲的《中国政府大纲》是一本本诸孙中山遗教编著的有关国民政府组织的专著，书分两编，在第一编中，介绍了孙中山遗教中有关政制的部分，第二编则介绍了包括省制在内的当时中国各级政府机构的组织、职权及相互关系。⑤

张富康的《中国地方政府》，分编阐述了中国省、市、县、乡政府的沿革、概况、理论、实施、组织制度等方面的情况，其中在第三编第二、三、四章，对国民政府时期的省政府、省制改革、省参议会等有所介绍。⑥

张金鉴的《均权主义与地方制度》，分述均权主义的理论基础及历史背景、各国地方制度的现状及趋势、均权的地方制度结构、中央政府与地方政府的关系，其中国民政府时期的省制以及省政府与中央政府的关系是该书的重要内容。⑦ 这些著作依据大量当时的政府法规、文告等资料，具有较强的可信度。

---

① 陈柏霖编著：《中国的地方制度及其改革》，广西建设研究会 1939 年版。
② 董霖编著：《中国政府政制概说暨法规选录》，世界书局 1941 年版。
③ 罗志渊：《中国地方行政制度》，独立出版社 1943 年版。
④ 陈之迈：《中国政府》，商务印书馆 1946 年版。
⑤ 谢瀛洲：《中国政府大纲》，上海汇文堂新记书局 1946 年版。
⑥ 张富康：《中国地方政府》，武汉日报印务部 1947 年版。
⑦ 张金鉴：《均权主义与地方制度》，正中书局 1948 年版。

这一时期出现了不少专门论述国民政府时期省制的书籍，最值得注意的有以下几本书：程懋型的《剿匪地方行政制度》一书专门梳理了蒋介石在剿匪区推行的地方行政制度、省政府合署办公制度、行政督察制度、县政府裁局改科制度及分区设署制度的情况，并附有相关的法规表格；[①] 郑彦棻的《省制五论》，立足于个人从政经验，从省的性质与地位、省行政机构的调整、省府委员制、省府合署办公及行政督察专员制五个方面，论述了国民政府时期省政情形，并提出改进意见；[②] 施养成的《中国省行政制度》，从省政府、省行政建议与咨询及协助机关、省公务与省行政、财政、中央与省行政之关系等方面，叙述了国民政府时期省行政制度的沿革及现实，附有各次公布的《省政府组织法》《省参议会组织条例》和《省参议员选举条例》等；[③] 胡次威的《省组织法论》讨论了省组织法之体系与理论、省组织法案、省组织法施行法案等情况。[④]

此外，贾逸君的《中华民国政治史》虽然记述的是辛亥革命起至1932年间重要的政治事件，但由于该书"对于民国史上之重要电文、函件采录甚多"，有助于我们了解当时重要政治事件的来龙去脉，对于考察某些制度产生、运行的背景和实际状况亦有裨益。[⑤] 而《近代中国立法史》《中华民国立法史》《中国制宪史》《中国民主宪政运动史》等书，对南京国民政府时期制定《训政时期约法》《五五宪草》的过程和内容都有较为翔实的叙述。

1949年新中国成立后至1978年前，大陆学术界对南京国民政府的研究较少。而在台湾地区，自20世纪50年代以来，学者对于国民政府时期政制的研究一直没有中断。不过其重点或在采用典章制度的考察与著述的方法，概括叙述南京国民政府统治的10年期间法规制度的内容和沿革，特别是政府机构的设置与职权等；[⑥] 或在详尽记述国民政府制宪活动，诸如《训政时期约法》与《五五宪草》的制定过程和内容。以"省制"为论题的研究为数不多，值得一看的有：杨光中的《中华民国省制之研究》，

① 程懋型：《剿匪地方行政制度》，中华书局1936年版。

② 郑彦棻：《省制五论》，青年书店1944年版。

③ 施养成：《中国省行政制度》，商务印书馆1947年版。

④ 胡次威：《省组织法论》，正中书局1947年版。

⑤ 贾逸君：《中华民国政治史》，文化学社1932年版。

⑥ 董霖：《战前之中国宪政制度》，世界书局1968年版。

该论文第三章以法令规定为主、时人论著为辅，梳理了民国建立以来各时期省制区划、行政机关、议事机关组织与职掌等调整、变革经过与内容；[①] 李国祁亦曾撰文扼要梳理了1925—1937年间地方政制改革情况，并初略分析了省制变动的原因及趋势；[②] 陈怡铿的《国父均权主义与地方制度之研究》一文，将地方制度置于孙中山均权主义之下考察。[③]

国外对于南京十年的研究开始于20世纪60年代中期以后，不过一开始就呈现两派对立的局面。一派坚持认为，如果不是1937年中日战争的爆发，中国就会成为现代繁荣的国家；[④] 另一派则强调国民党制度及纲领的缺点。[⑤] 这种学术气氛一直绵延至今，甚少创新之作。[⑥]

20世纪80年代以后，我国学界开始重视民国政治制度研究，并逐渐走向深入。80年代上半期，学术界对于南京国民政府时期政治制度的专门研究并不多，而且主要体现在一些关于中国政治制度的通史性著作中，或独列一编，分章论述，或仅述民国各个发展阶段的中央与地方制度。当时

---

① 杨光中：《中华民国省制之研究》，硕士论文，台湾政治大学公共行政研究所，1973年，未刊。

② 李国祁：《地方政制改革》，台湾"教育部"编《中华民国建国史》第三编"统一与建设"（二），台北"国立"编译馆1991年版。

③ 陈怡铿：《国父均权主义与地方制度之研究》，硕士论文，台湾政治作战学院政治学研究所，1992年，未刊。

④ 代表作有于尔根·多梅斯《推迟的革命：中国国民党的政治，1923—1937年》（Jurgen Domes, *Vertagte Revolution*: *Die Politik der Kuomintang in China*, *1923 - 1937*, Berlin: walter de Gruyter& Co., 1969）和薛光前编《紧张的十年：中国建国的努力，1927—1937年》（Paul K. T. Sih, ed., *The Strenuous Decade*: *China's Nation-building Efforts*, *1927 - 1937*）。

⑤ 田弘茂认为，至少到1937年，国民党制度及行政结构在组织上太弱，不足以建立强大的统一国家。参见田弘茂《国民党中国的政府与政治，1927—1937年》（Tien Hung-mao, *Government and Politics in Kuomingtang China*, *1927 - 1937*, Stanford: Stanford University Press, 1972）。而易劳逸通过对蒋介石统治中国最初的十年（1927—1937年）间一连串的政治及经济现象，强调国民党在1927年掌权后即失去推动革命的动力。参见Lioyd E. Eastman, *China under Nationalist Rule*, *1927 - 1937*, Cambridge: Harvard University Press, 1974。该书在20世纪90年代初期由陈谦平、陈红民等翻译出版（易劳逸：《流产的革命：1927—1937年国民党统治下的中国》，中国青年出版社1992年版）。易的上述观点，可在费正清、费维恺主编的《剑桥中华民国史》下册第3章"南京十年时期的国民党中国，1927—1937年"（中国社会科学出版社1993年版）中窥见一斑。

⑥ 据家近亮子《蒋介石与南京国民政府》（社会科学文献出版社2005年版，第2页）可知，日本学界也深受此影响。此外，该书所回答的两个问题当中，其一就是讨论国民党为什么会失败。当然，其中也有值得关注的作品，如田茂懋从政治学的角度分析了1928—1937年间国民党派系政治，参见田茂懋《1928—1937年国民党派系政治阐述》，《国外中国近代史研究》第24辑，中国社会科学出版社1994年版。

已有学者注意并开始探讨行政督察专员制度的演变及其特点、性质等问题。[①]

20世纪80年代中期以后，涉及民国政制史的研究著作日益增多。诸如《中国近代政治制度史》（林代昭、陈有和、王汉昌合著，重庆出版社1988年版）、《现代中国政府》、《中国近代政治体制的演变》、《中华民国政治制度史》、《中国近现代政体发展史》、《中国近代政治制度史纲》（李进修，求实出版社1988年版）等书，均辟有专门篇幅叙述国民政府时期的省制及其相关问题。不过，大多论述根据与省制有关的法律条文进行分析，而且存在较强的政治倾向。

这一时期有两本书值得注意。一本为孔庆泰等编著的《国民党政府政治制度史》。该书按历史发展时序，将国民党政府统治中国的全部时间分为初建、展建、抗战、溃败四个时期，每个时期独立成编，分别叙述中央政府机构设置与运转特点、基本制度之确立与内容演变，以及地方政府机构之组建与行政制度演变。该书在初建、展建编，均辟有专节介绍1927—1931年间的省制与各省遵制改组的情况，以及1932—1936年的省制改革（包括行政督察专员制度及省政府合署办公）。[②] 另一本是中国社会科学院近代史所民国史研究室主持编写的《中华民国史》第七卷。该书在叙述地方制度的重建时，一方面从省区变化以及对1927年6月与1931年3月两部《省政府组织法》内容规定比较等角度，梳理了南京十年的省制；另一方面又从省政府合署办公办法的形成过程、成效以及省临时参议会的设置等，简单叙述了这一时期省制改革的情况。此外还对行政督察专员制度的出现、形成做了简单梳理。从其行文及框架设计看，显然没有注意到省制、省区变化以及行政督察专员制度设置与省制改革之间的关联。[③]

此外，李继锋的《省区主义与民国省制嬗变》一文，从省的地位以及

---

① 陆建洪：《试论南京国民政府专员制度的演变及其特点》，《史学月刊》1988年第5期；陆建洪：《论南京国民党政府行政督察专员制度之性质》，《华东师范大学学报》（哲学社会科学版）1988年第4期。

② 孔庆泰等：《国民党政府政治制度史》，安徽教育出版社1998年版，第92—103、409—427页。

③ 曾业英、黄道炫、金以林等：《中华民国史》第七卷，中华书局2011年版，第106—114页。

省政府的权力、组织和功能入手，简单梳理了国民政府时期省制的转型情况。①

近年来，我国学界对于南京十年政治研究的推进，基本上是从“中央”与县及县以下两个层面展开。其中，在中央层面，或着眼于讨论国民党高层内部派系间的权力斗争，② 或是从国民党派系斗争的角度，探讨1928—1937 年五院制国民政府的运转，③ 有助于我们对“中央”层面权力斗争情况的认知深入；或是讨论国民党的组织形态、政治及社会结构的变化，有助于我们了解 20 世纪前半期国民党的政治理念、权力结构与权力斗争、党务活动、党政军关系、党员和官僚的社会结构等；④ 或是探究党国体制、训政体制。⑤ 对于县以及县以下，则主要考察地方自治的实施情况。⑥

学界对于省制的研究较为薄弱，值得注意的著述较少。就著作而论，大多仅涉及其中的一个方面。如李国忠著《民国时期的中央与地方关系》

---

① 李继锋:《省区主义与民国省制嬗变》，博士学位论文，南京大学历史系，1992 年，未刊。

② 金以林:《国民党高层的派系政治：蒋介石“最高领袖”地位是如何确立的》，社会科学文献出版社 2009 年版。

③ 张皓:《权力斗争与国民党政府运转关系研究》，商务印书馆 2006 年版。

④ 详见王奇生《党员、党权与党争：1924—1949 年中国国民党的组织形态》(修订增补本)，华文出版社 2010 年版；崔之清主编《国民党政治与社会结构之演变（1905—1949)》，社会科学文献出版社 2007 年版；崔之清主编《国民党结构史论》，中华书局 2013 年版。

⑤ 著作有王兆刚《国民党训政体制研究》，中国社会科学出版社 2004 年版；田湘波《中国国民党党政体制剖析（1927—1937)》，湖南人民出版社 2006 年版；付春扬《民国时期政体研究(1925—1947 年)》，法律出版社 2007 年版。论文有白纯《国民党“以党治国”理念的发展脉络：1928—1937》,《江苏社会科学》2003 年第 2 期；江沛、迟晓静《中国国民党“党国”体制述评》,《安徽史学》2006 年第 1 期；等等。

⑥ 著作有，李德芳《民国乡村自治问题研究》，人民出版社 2001 年版；周联合《自治与官治——南京国民政府的县自治法研究》，广东人民出版社 2006 年版；李巨澜《失范与重构：一九二七年至一九三七年苏北地方政权秩序化研究》，中国社会科学出版社 2009 年版；李伟中《20 世纪 30 年代县政建设实验研究》，人民出版社 2009 年版；白贵一《20 世纪 30 年代南京国民政府县自治研究》，知识产权出版社 2009 年版；祝彦《“救活农村”：民国乡村建设运动回眸》，福建人民出版社 2009 年版；王科《控制与发展：南京国民政府建立初期的乡村治理变革——以江宁自治实验县为中心（1933—1937)》，中国社会科学出版社 2010 年版；周松青《整合主义的挑战：上海地方自治研究（1927—1949)》，上海交通大学出版社 2011 年版。论文有王兆刚《论南京国民政府的县自治》,《安徽史学》2001 年第 3 期；王兆刚《抗战前南京国民政府县自治失败原因探析》,《历史教学》2002 年第 7 期；郑向《民国时期镇平县自治运动研究》，硕士论文，东北师范大学历史文化学院，2011 年，未刊；莫鹏《国民政府时期的县自治研究》，博士论文，武汉大学历史系学院，2013 年，未刊；等等。

一书第四章第二节，通过分析中华民国训政时期约法、《五五宪草》条文中有关中央与地方权限及地方制度的规定，探讨了1927—1937年间中央与地方的关系。[①] 翁有为等人的《行政督察专员区公署制研究》，对于行政督察专员区公署制的历史渊源，国民政府行政督察专员区公署制的建立及其演变，国民政府行政督察专员区公署制的体制结构与公共管理效能，国民政府行政督察专员区公署制与中央、省制、县制和地方自治的关系，社会各界对行政督察专员区公署制及相关问题的讨论等问题进行了梳理。[②] 林绪武的《由政学会到新政学系——国民党体制内的资产阶级自由派研究》一书，注意到新政学系中的黄郛、杨永泰、张群在蒋介石推行的省制改革中的影响，并对“剿匪区”推行的行政督察专员制度以及省府合署办公办法的决策形成、实施成效做了评估。[③]

论文方面，学界则主要关注20世纪30年代的省制改革。或就其中的某一方面，如省府合署办公等进行论述，值得注意的有林绪武、奚先来的《南京国民政府的省府合署办公问题探析》，梳理了30年代国民政府省政府合署办公制度的缘起、运行情况及实际效果。[④] 或就省制改革整体立论，如白贵一撰文指出，30年代中期进行的省制改革，是南京国民政府鉴于中央集权统一的教训，并基于委员制的缺陷及法规繁密的反思，回应社会要求对政制改革的呼吁的结果，其改革方向为改委员制为省长制、划分中央和地方权限以及实行合署办公。[⑤] 该文从改革动力、理念和方向、成果及评价等方面，对1931年以后国民政府省制改革方面的举措有一个简要的概括梳理，忽略了改革实施的背景与省制改革间的内在联系。王翼以30年代南京国民政府实施的省政府合署办公制度与县

---

① 李国忠：《民国时期的中央与地方关系》，天津人民出版社2004年版。

② 翁有为等：《行政督察专员区公署制研究》，社会文献出版社2012年版。翁本人以“从专员区公署制到地区行署制的法制考察”为题撰写论文，申请2006年度中国政法大学博士学位，此外他还发表多篇讨论行政督察专员制度的论文，如《民国时期的行政督察专员制度及其知识背景》（《史学月刊》2006年第3期）等，在此不一一列举。

③ 林绪武：《由政学会到新政学系——国民党体制内的资产阶级自由派研究》，天津人民出版社2009年版。

④ 林绪武、奚先来：《南京国民政府的省政府合署办公问题探析》，《南开学报》2007年第6期。此外，招宗劲《国民政府省政府合署办公制度概述》［《中山大学研究生学刊》（社会科学版）2003年第3期］一文讨论的也是这些内容。

⑤ 白贵一：《论20世纪30年代南京国民政府的省制改革》，《河南师范大学学报》第35卷第5期（2008年9月），第71—74页。

政裁局改科为研究重点，并与同期进行的行政效率运动进行研究，试图考察行政机构改革对于政府行政效率的影响。[①] 或讨论缩小省区，如于鸣超的《中国省制问题研究》就是从缩小省区这一视角讨论晚清以来的省制，文中有简单叙及南京十年的情况；[②] 黄昊的《国民政府时期关于缩小省区的探讨与实践》，梳理了国民政府各个时期缩小省区的主张与实践，提及宋渊源的缩小省区主张，以及国民党三届四中全会前后缩小省区的提议与决议，但没有分析这些主张、提议产生的背景及动因。[③] 或讨论行政督察专员制度，如钟日兴以湖北为个案，考察了行政督察专员制度在剿匪区的设置与运行，注意到了缩小省区与行政督察专员制度设置的内在联系。[④]

综上所述，以往研究对于国民政府时期政治体制的沿革、机构设置、职权划分、省区缩小等方面的研究较为充分，已经对省制以及省制改革的整体或某一方面有所梳理，但存在以下问题：（1）理所当然地运用宪政理论中的“中央”与“地方”对应关系理论，考察南京国民政府各院部会与各省的关系，直接把南京国民政府各院部会当作“中央”并视为铁桶一块，“省”当作“地方”，忽略了国民政府内部因为国民党各派系斗争而导致关系不断重新确认的复杂过程，以及在这一过程中与各省关系的定位差异，对于当时有关“省”到底应否归入“地方”的言论和抗争基本上视为不见；（2）有关这一时期省制的研究，仍多散见于通史著作的概略介绍，通识性与宏观描述较多；（3）不少研究仅注意到省制本身内容的变化，且流于对章程文本的简单介绍，对于各派政治力量在这一过程中围绕集权与自治、统一与分权而展开的或明或暗的角力甚少涉及；（4）孤立地梳理和讨论这一时期的省制及省制改革，不仅对不同阶段省制间的相互关系鲜有涉及，也没有发现省制的变化与其后的省制改革之间的内在联系。这些都是本研究努力拓展的空间。

---

① 王翼：《三十年代南京国民政府地方行政机构改革研究》，硕士论文，湖南师范大学历史文化学院，2009 年，未刊。

② 于鸣超：《中国省制问题研究》，《战略与管理》1998 年第 4 期。

③ 黄昊：《国民政府时期关于缩小省区的探讨与实践》，《内蒙古大学学报》（哲学社会科学版）2013 年第 2 期。

④ 钟日兴：《1932—1936 年的行政督察专员制度研究——以湖北省为例》，硕士学位论文，华中师范大学，2004 年，未刊。

三 研究资料

史料是历史研究的基础。有关国民政府省制的资料较为零散。大致而言，本书所使用的资料可以分为以下几类：

（1）已、未刊档案资料。其中，未刊档案，包括典藏于台北中国国民党文化传播委员会党史馆的政治会议速纪录、政治档案、会议记录等，以及藏于台北“国史馆”的蒋中正文物、国民政府档案等；已刊档案，有中国第二历史档案馆编辑出版的《中华民国档案资料选辑》《国民党政府政治档案资料选编》以及《国民政府公报》《行政院公报》《国民政府立法院会议录》《民国政府立法院公报》《内政公报》等。这些档案有助于我们了解国民党决策核心在讨论和确定省制时的相关情况，以及把握南京国民政府时期省制的基本情况。

（2）身处当时政治核心的重要人物的日记、回忆录、年谱等。日记主要包括《谭延闿日记》《黄郛日记》《邵元冲日记》《翁文灏日记》等；回忆录有《黄绍竑回忆录》《蒋廷黻回忆录》等；年谱有《民国胡展堂先生汉民年谱》等。由于这些人身处政治核心，直接参与省制相关的重大决策制定和运作，通过研究与他们相关的直接、间接资料，再结合其他资料佐证，有助于我们了解和理解与省制有关的决策过程以及当时的政情态势。尤其值得一提的是《蒋中正总统档案·事略稿本》和《胡汉民未刊往来函电》，前者多采蒋介石日记及相关文电、档案，后者则为藏于美国哈佛大学燕京图书馆胡汉民未刊往来电稿、手稿与演讲稿等近3000件，都为本书提供了非常重要的史料。

（3）当时的报纸杂志。主要包括《中央日报》、《申报》、上海《民国日报》、《大公报》、《天津益世报》等。通过爬梳和比勘不同报刊的即时报道，并与其他文献佐证，一方面能了解南京十年省制变化时的舆情和政局，借此回到历史现场，身临其境地感受时人的认知以及所面临的困惑，进而细致入微地把握与省制有关的各种方案、主张及意见，还可以补缀连续性史事的发展过程、人物活动以及普遍历史情节严重不足的缺憾，展现这一时期省制变化过程的整体性与复杂性。

（4）资料汇编。包括季啸风、沈友益主编的《中华民国史史料外编——前日本末次研究所情报资料》，沈云龙主编的《近代中国史料丛刊》

（正、续、三编），孙燕京、张研主编的《民国史料丛刊》（正、续编）等。上述资料汇编搜罗丰富，也为本书提供了很多有用的资料。

资料的不断拓展是研究得以继续的基础，合乎事实逻辑的解读，以及在观念和研究方法上寻求突破，更是制约本研究进一步深入的难点所在。附带说明一下，本书使用了不少当时的文献，为求尊重历史，除对明显带有政治色彩或立场偏向之处略加处理外，其余基本遵循文献本貌，恳请读者注意。

四　研究框架

本书拟对南京国民政府十年（1927—1937）省制构建过程，以及其背后的各派政治力量围绕集权与分治、统一与自治等问题展开的角力，作一专题研究。

本书除绪论、结语，主体内容分为三章：

第一章，主要讨论南京国民政府军政时期（1927—1928）的省制变动情况。南京国民政府建立初期，国民党内部各派系间斗争十分激烈，主政者更迭频繁。主政派系或人物在修正《国民政府组织法》的同时，也试图理顺中央与各省间的关系，引起《省政府组织法》的修正。本章内容包括南京国民政府建立后第一个《省政府组织法》之制定与颁行过程，以及在1927年10月以及1928年，分别由“中央特别委员会”和蒋介石主导进行的两次修正情况。

第二章，主要讨论胡汉民、蒋介石从合作到分裂（1928—1931）这一过程中的省制变化及省制规划。北伐完成形式上的统一后，国民党内部各派系权力斗争日益公开化。为了平衡各方利益，蒋介石与胡汉民联合，主导国民政府实行五院制，但仍未能扼制国民党内部斗争的公开化。这一角力过程在省制及其规划上也有所反映。本章内容主要包括由胡汉民主导的、以“分工合作”精神为主旨进行的1930年《省政府组织法》的制定与颁行；在胡汉民与蒋介石关系紧张前后，由胡汉民主导的1931年《省政府组织法》修正；二人关系破裂后，由蒋介石主导的《中华民国训政时期约法》制定过程中的有关省制规定，以及由粤派人物调和胡蒋关系而提出的缩小省区主张相关的筹划。

第三章，主要讨论国民党各派联合执政（1932—1937）下的省制改革与省制筹议。“九一八”事变爆发后，在共赴国难的形势逼迫下，国民党内部各派系实现表面统一，联合执政，但内斗并未停歇。在德、日等国致力于提高行政效率的影响下，国民党内部各派系在改革省制上达成共识，却因改革由谁主持及如何改革产生分歧。本章内容主要包括以汪精卫为首的南京行政院系统与以蒋介石为首的军事委员会系统，在行政督察专员设置以及省制改革筹划方面展开角力；在《五五宪草》草拟、审查过程中，各派政治力量围绕省制内容的规定斗争；1935 年 12 月蒋介石出掌行政院长前后划一省制的种种举措。

第一章　南京国民政府成立之初《省政府组织法》的重订与修正

孙中山逝世后，国民党内部缺乏拥有绝对权威的人物，汪精卫、胡汉民、蒋介石三人以及“西山会议派”围绕“党统”展开争夺。广州国民政府成立后，蒋介石先后借廖仲恺被刺案、中山舰事件等，迫使胡汉民、“西山会议派”及汪精卫离开广州，集党权、政权、军权于一身。为了抵制并改变这种局面，国民党左派和中国共产党先是展开迎汪运动（要求汪精卫销假回国），继而迁都武汉，并在“恢复党权”的旗号下，于1927年3月在武汉召开国民党二届三中全会，解除蒋介石的党权和政权，仅保留其军权。受到排挤的蒋介石联合国民党内反共力量，发动“四一二”政变，在南京成立国民政府，与武汉国民政府形成对峙。汪精卫和武汉国民政府发动“七一五”政变后，桂系和汉方联合逼迫蒋介石解除军职，和“西山会议派”组成中央特别委员会，在形式上结束了国民党中央分崩离析的局面，完成宁汉统一。然而，中央特别委员会只是国民党各派系七拼八凑起来的暂时组织，既缺乏法理依据，又没有得到蒋介石、胡汉民、汪精卫等宁、汉方实力派人物的支持，最终在1927年12月底结束。随后蒋介石利用宁粤之争，恢复国民革命军总司令和中央政治会议主席之职，继而主导国民党二届四中全会，再次确认其“正统”地位，再次集党、政、军大权于一身。

南京国民政府建立之初，北伐尚未完成，中国尚处在孙中山所称的“军政时期”，国民党内部各派对于建立何种具体政治体制，尚无明确和统一的意见。在国民党内部各派系斗争中，南京国民政府开始对包括省制在内的各项政治体制进行摸索和调整。

第一节　南京国民政府成立后《省政府组织法》之重订

随着北伐军事的突飞猛进，蒋介石在国民党二届二中全会上获得的党、政、军大权，遭到国民党左派和共产党的联合抵制与削弱。1927 年 4 月 12 日，受到排挤的蒋介石公开反共，实行“清党”，终止“联俄容共”政策，并在胡汉民以及以蔡元培、吴稚晖等为中心的国民党中央监察委员支持下，于 4 月 18 日在南京重组中央党部和国民政府。新政府在声称继承孙中山遗教的同时，否认武汉临时联席会议以后的组织变更，“党之最高机关、政府军队之最高权，一如武汉联席会议以前”[①]，与武汉国民政府争夺正统，形成政治对峙局面，史称“宁汉分裂”。就在南京政府简单搭建完架子、积极实施“二期清党”之时，内部的权力斗争也将重订省制提到台面上来。

一　重订省行政法之亟须

在新成立的南京国民政府中，蒋介石虽然军权在握，但因在国民党内的资望仍然不够，为了反共、对抗武汉政府，只得和当时赋闲上海的胡汉民等国民党元老结成联盟。不期胡汉民以及蔡元培、吴稚晖等监察委员遵循国民党二届三中全会的决议，坚持“以党治国”，极力将蒋介石的权力限制在军事领域，形成粤系人物独大的局面。

南京国民政府成立后，并未修改《国民政府组织法》，理论上沿用 1925 年 7 月广州国民政府确立的政府制度，实际上亦吸取了武汉国民政府《修正国民政府组织法》的部分精神，以汪精卫、谭延闿、宋子文、张静江、胡汉民、伍朝枢及古应芬为常务委员。当时实际在南京的只有胡汉民、张静江、伍朝枢、古应芬四人，粤系人物掌握政府实权：胡汉民列首主持国民政府的工作，伍朝枢代外交部部长，古应芬代财政部部长。其中

① 陈红民辑注：《胡汉民未刊来往函电稿》第 2 册，广西师范大学出版社 2005 年版，第 375 页。

胡汉民更是一人身兼多职，除任国民政府常务委员，还兼中央政治会议主席、中央执行委员会常务委员兼宣传部部长、秘书处秘书、军事委员会常务委员以及中央宣传、组织、财务、法制、外交等委员会委员。①

本来，南京国民政府成立伊始，百废待举，人少事繁，一人身兼多职在所难免；但蒋介石不愿看见这种由粤系人物占据要津的局面，极欲改变。为此，蒋介石与其盟兄黄郛于1927年春夏之交，在镇江专就如何改革制度进行商讨，② 并根据讨论结果在5月4日第85次中央执行委员会政治会议上提议，“近来政府任委各员兼差太多，且委员人数过多，请讨论如何矫正此弊”。不过，会议在胡汉民等人主导下议决，“由法制起草委员会③参照原有《省政府组织法》以及各省实际情形，先确定省行政法”，将调整委员兼职太多的重心由国民政府“中央”层面转向“省”一级。随后，政治会议更将1926年11月4日第42次政治会议审查通过的《省政府组织法》交法制委员会，“即时着手修订”。④

之所以如此决议，一方面，部分满足了蒋介石的诉求。早在广州时期，国民政府就曾公布《兼职条例》，规定政府机关人员均以专任为原则。⑤ 但由于种种原因，这一原则并未严格实行。1927年年初，蒋介石对各省省政府众多委员当中，兼职过多且职跨二省的现象有所注意。因为当时武汉国民政府任命徐谦、孙科、宋子文等为江西省政府委员，而徐、孙、宋三人身兼十余缺，且职跨湖北、江西，为两省省政府委员，引起赣人不满，并戏谑称，“孙科将来必站在电线上往来办公，方能胜任也”，当时即“有为蒋献策者，赣省政府委员必要用名人以为指导，

---

① 蒋永敬编著：《民国胡展堂先生汉民年谱》，台湾商务印书馆1981年版，第391—392页。

② 沈亦云：《亦云回忆》，台北传记文学出版社1980年版，第294页。

③ 即中央法制委员会，该会为南京国民政府成立时新成立的一个机构。1927年4月27日，中央政治会议议决，以胡汉民、丁惟汾、伍朝枢、戴传贤、钮永建、罗家伦、陈肇英、吴倚沧、戴修骏九人为委员。至5月下旬，中央政治会议又加派童杭时、蒋曾焕为委员，6月初又加派周览、王世杰、林翔三人为委员。5月7日，中央政治会议通过《中央法制委员会组织条例》，规定该会秉承中央政治会议及国民政府之命，草拟及审查一切法制，并得自行草拟及审查各项法制，建议于中央政治会议及国民政府，但其所草拟及审查之案件，不得自行宣布。参见孔庆泰等《国民党政府政治制度史》，安徽教育出版社1998年版，第36—37页。

④ 《中央执行委员会就修订省政府组织法事函中央法制委员会》，1927年5月，中国国民党文化传播委员会党史馆藏，典藏号：政11/4.1。

⑤ 《中华民国国民政府公报》第8号，第5页。

以李烈钧、朱培德为宜，蒋于此言亦颇重视”①，但因武汉方面反对，使得其并未能在此事上占有主导。在省一级限制兼职现象，多少可以让蒋介石接受。

另一方面，当时的各省省制极为混乱，确实亟待划一。在当时已归附国民党统治下的各省当中，除湖北、湖南及江西仍在武汉国民政府统辖之下外，大多数省份拥护南京国民政府。拥护武汉国民政府的各省仍本诸1926年11月所颁《省政府组织法》，设置省政府，在中国国民党中央及省执行委员会指导之下，奉国民政府之命，掌理本省一切政务。奉南京国民政府为正统的各省因进程不一，分别处于“军事时期”以及“由军政时期进至训政时期”的过渡时期，制度各异：在尚处“军事时期”的各省，省内政治原由国民革命军总司令遴选委任政治委员若干人，组织省临时政治委员会（实际亦兼有立法权）办理，如浙江、广东、江西等省临时政治分会。不过，蒋介石在与武汉国民政府方面争夺权力的过程中，为避免他人攻击，以“欲专心军旅，力求军政分立”为由，商承中央政治会议，将其改定为“各省政治会议分会委员由中央政治会议议决，咨由国民政府委任，复于省政治委员会下分设财务委员会与政务委员会，执行省内一切行政”。而在军事底定、训政开始时期之省份，则由国民政府将政治、政务、财务三委员会同时取消，并委任至多13名省务委员组织省政府，并分兼各职。

对于此种混乱局面，当时有报纸评论称：“隶属国民政府之各省，有已有省政府而复有政治会议分会者，有以省政务委员而分兼各厅者，即由军政时期进行至训政时期之过渡制度。因地制宜，此时各省于政治也，固能拘牵一定形式之下。”② 职是之故，福建张士仁等在南京政府成立不久，即呈请“由执监联席会议赶定省制颁发各省案”，结果得议决“由宣传科发表”。③

此外，南京国民政府成立后并未正式颁布《省政府组织法》，为了安插人员和平衡各方权力，在任命各省政府委员时多无限额。

---

① 《江西省政府成立展期》，天津《大公报》1927年2月6日第2版。

② 《国民党党治下之政治谈》，《广州民国日报》1927年5月14日第7版。

③ 洪喜美编：《国民政府委员会会议纪录汇编》（一），台北“国史馆”，1999年，第10—11页。

表 1—1　南京国民政府辖区部分省份省政府委员、委员兼职及设厅、处情况

省别	成立时间	省政府委员	设厅、处	委员兼职
浙江	4月27日	马叙伦、蒋中正、邵元冲、蒋梦麟、朱家骅、徐鼎年、张世杓、黄人望、孙鹤皋、蒋伯诚、周佩箴、程振均、周觉、陈希豪、陈屺怀、陈其采、阮性存17人①	下设秘书处及民政、教育、财政、土地、建设、司法、农工、军事八厅	蒋介石任国民政府委员、军事委员会委员等职
贵州	4月29日	周西成、何应钦、王天培、李燊、周恭寿、李仲公、熊逸宾、杨元桢、彭俊觉、窦觉苍、平刚、杨权、熊杰、傅启钧、马空凡15人②		何应钦还任东路军总指挥兼第一军军长
福建	5月1日	杨树庄、方声涛、郑宝菁、陈培锟、丁超五、黄琬、宋渊源、陈季良、谭曙卿、张贞、卢兴邦、殷汝骊12人	下设秘书处及军事、民政、财政、教育、建设五厅③	
江苏	5月2日	钮永建、何应钦、叶楚伧、陈光甫、张乃燕、甘乃光、陈和铣、朱炎、郑毓秀、高鲁、杨树庄、白崇禧、贺耀祖、陈铭枢、张咏霓、何玉书16人④	下设秘书处及民政、财政、教育、建设、司法、军事、农工七厅	省府委员中多有兼职：兼民政厅厅长钮永建还任国民政府秘书长、国民革命军总司令部总参议及新编第七军军长；何应钦还任东路军总指挥兼第一军军长、贵州省政府委员；白崇禧还任东路军前敌总指挥；杨树庄还任海军总司令；陈铭枢兼任第十一军军长；郑毓秀兼上海地方法院院长；兼农工厅厅长甘乃光本为中央执行委员；贺耀祖兼任第四十军军长

① 《浙省新政务委员》，《申报》1927年4月19日第2张第5版。

② 《国民政府公报》宁字第2号（1927年5月1日），第25页。

③ 同上书，第25—26页。

④ 《南京新政府之政闻》，《申报》1927年4月24日第1张第4版。

据表1—1可知，各省省政府普遍存在委员总数逾制的现象。按照1926年11月10日国民政府颁布的《省政府组织法》，省政府职权由国民政府任命7—11名委员组织省政府委员会行使，[①] 但实际上南京国民政府成立前后，在任命各省政府委员时，为容纳各方面之实力派，借免政见分歧，最后人数多逾此数。如福建省省政府有委员12人（此后国民政府又分别在1927年5月11日、28日任命黄展云和江宁交涉员林赤民为省政府委员，使得人数增加至14人），贵州省有15人，江苏省有16人（5月11日，国民政府准免陈铭枢辞去省政府委员），浙江省更是多达18人（原本为17人，5月25日国民政府又任命周凤岐为浙江省政务委员会委员）。与此同时，更有一人职跨二省，如何应钦身兼贵州、浙江两省政府委员，白崇禧身兼江苏、广西两省政府委员；或一身兼任南京国民政府及省政府者，如蒋介石。

相较其他各省多大体遵照1926年11月国民政府所颁《省政府组织法》组织省政府，广西省省政府在声称接受南京国民政府领导，于1927年5月15日重新改组后，更是自行颁布《广西省政府组织条例》。其要点为：（1）省政府在国民党指挥、监督之下，受国民政府命令，处理全省政务；（2）省政府委员会由国民政府任命委员九人组成，并由委员推举一人为主席，另外由委员推举三名常务委员处理日常政务；（3）省政府下设秘书处及军事、民政、财政、教育、司法、建设、农工等厅，每厅设厅长一人，由国民政府任命，厅长得依职权发布厅令，秘书处组织另定；（4）公布法令由主席及全体委员署名，其他关于省务的公文由主席及主管厅长署名，其不属于各厅者由常务委员全体署名，均以省政府名义行之；（5）省务除常务外，由委员会决议，委员会议出席委员不足半数时，由常务委员核办。[②]

《广西省政府组织条例》除恢复1925年7月《省政府组织法》“省政府受中国国民党指挥监督”外，几乎是一个全新的省政府组织法：（1）省政府主席由常务委员推选改为由省政府委员推举，常务委员只负责处理日

---

① 中国第二历史档案馆编：《中华民国档案资料汇编》第四辑（一），江苏古籍出版社1994年版，第76—77页。

② 《广西省政府正式成立》，广州《民国日报》1927年6月2日第3版。

常政务；（2）省政府设置各厅，厅长由国民政府任命，得依其职权发厅令，但并未规定厅长一定由省政府委员兼任；（3）规定公布法令及办理文书均以省政府名义行之，但注意视不同情况署名；（4）省务除日常事务由常务委员办理外，均由委员会决议，当委员会议出席委员不足半数时，则由常务委员核办；（5）秘书处由向省政府委员会负责变为向常务委员负责。

政治会议浙江分会在规划浙江省省政时也遇到一个棘手的问题，即省务委员会对外发布政令与各厅对外发布政令的范围："浙江省政府系由浙江省政务委员会所构成，而浙江省政务委员会又系由各厅及委员所构成体，如此对外发布政令自应以浙江省政府省务委员会之名义行之，惟查事有仅涉一厅而又非特别重要，如主管厅对其直辖机关，依据规定职权所列应监督指挥各事，并无特殊影响者，如必经由省政务委员会以省政府之名义行之，则事权等于形式，实亦徒滋迂缓。"[①] 5 月 7 日，浙江分会在该会第 8 次会议上提议，"省政府各厅对外能否发厅令的问题"，未得解决后，即决定电请中央政治会议解释，"应否由中央规定，省政府各厅于某种范围内得发布厅令"[②]。

5 月 21 日，第 95 次中央政治会议将该案交由中央法制委员会拟议，最终该委员会认为"省务委员会主管各厅对于其直辖机关，如系规定职权及例应监督指挥各事，并非特别重要者，得以本厅名义发布命令"[③]。此议在 6 月 8 日得第 98 次中央政治会议议决通过，并咨行国民政府通令各省一律遵照办理。[④]

当时，作为南京国民政府主导者的胡汉民，更倾向于加强国民政府对省政府的监督和控制。5 月 19 日，胡汉民在国民政府委员会第 14 次会议上提议，"电各省政治分会（有政治分会者）及省政府所有简任、兼任官人员，悉应分别呈报中央，以凭核夺"，结果，"通过，照电各省"[⑤]。5 月

---

① 《政治会议浙江分会电请中央政治会议规定省务委员会对外发布命令与各厅对外发布政令之范围》，1927 年 5 月，中国国民党文化传播委员会党史馆藏，典藏号：政 11/4. 1。

② 浙江省政府秘书处编印：《浙江省临时政治会议及政治会议浙江分会会议纪录汇刊》，1928 年 5 月，第 30 页。

③ 《中央法制委员会复函》，1927 年 5 月，中国国民党文化传播委员会党史馆藏，典藏号：政 11/4. 1。

④ 《国府确定省政府各厅职权通令》，《广州民国日报》1927 年 7 月 1 日第 7 版。

⑤ 洪喜美编：《国民政府委员会会议纪录汇编》（一），台北"国史馆"，1999 年，第 49 页。

28日，国民政府委员会议决，“通令各省省政府，将该省各厅办事情形，每半月报告一次”①。6月3日，国民政府通令江苏、浙江、广东、广西、福建、安徽、贵州等省省政府，“各省政府所属各厅组织条例及颁行一切章程规则，应呈送政府审核公布，如有因地制宜、特殊情形订定单行法亦应呈报备案”②。6月6日，国民政府又以“各省政府成立在先或正组织就绪，所有各厅日行政务办理情形仅广东、广西二省转报有案，余均未据报告，殊不足以资综覆而重职司”，训令江苏、浙江、安徽、福建、贵州等省政府“即便遵照，转饬所属各该厅，将政务办理情形，自本月份起，每半月报由该省政府分别报告一次”③。

由于南京国民政府尚未正式颁布《省政府组织法》，各省政府在成立后又多各自起草各厅组织条例，以致参差不齐，殊多不便，南京国民政府迫切感到重订《省政府组织法》的必要性。然而，自中央政治会议决议重订省行政法，并于5月4日函知中央法制委员会后，至5月下旬，“为时已过二旬，未蒙见复”，中央政治会议只好再次函文催请该委员会，早日将省行政法议定见复。④

二　新订《省政府组织法》内容

6月26日，中央法制委员会将参照原有《省政府组织法》及各省情形拟订的《省政府组织法》草案13条通过，提交中央政治会议讨论。⑤ 草案主要规定：

（1）省置省政府，在中国国民党指导下，奉国民政府命令，综理全省政务。

（2）省政府由国民政府任命委员9人至15人组织省政府委员会行使其职权；省政府委员会设主席1人，由委员互选产生，每日以委员2人轮流值日，协助主席执行日常政务；省政府委员不得兼任他省行政

---

① 洪喜美编：《国民政府委员会会议纪录汇编》（一），台北“国史馆”，1999年，第78页。

② 《国民政府公报》宁字第7号（1927年7月1日），第11—12页。

③ 《国民政府公报》宁字第5号（1927年6月10日），第27—28页。

④ 《中央执行委员会政治会议函中央法制委员会》，1927年5月，中国国民党文化传播委员会党史馆藏，典藏号：政11/4.1。

⑤ 《中央法制会通过三要案》，《申报》1927年6月28日第2张第7版。

职务。

（3）省政府下设民政、财政、建设、军事、司法等厅，于必要时得增设教育、农工、实业、土地等厅，各厅设厅长1人，由国民政府任命省政府委员兼任；内设秘书处，由秘书长1人及秘书若干人组成，秉承委员会之命办理秘书事务。

（4）省政府有权颁布省单行章程，但不得与中央政治会议决定或国民政府法令抵触；对于所辖地方官吏之命令或处分，如认为违背法令，或侵越权限，或妨害公益时，得停止或撤销；省政府有权任免省属各机关荐任官吏及弹劾省属各机关简任官吏；省政府于月终须将施政情形报告政治会议及国民政府。①

组织法草案有意恢复1925年颁行的《省政府组织法》所确定的“以党组织治国”精神，但采用“中国国民党”这一模糊表述，这一点很快被中央政治会议修正。6月27日，第109次中央政治会议修正通过《省政府组织法》草案，咨交国民政府公布。修正案仅将草案第一条“省置省政府，在中国国民党指导之下，奉国民政府命令，综理全省政务”，修改为“省置省政府，在中国国民党中央执行委员会指导之下，奉国民政府命令，综理全省政务”②，将“中国国民党”更加具体为“中国国民党中央执行委员会”。

当中央政治会议议决《省政府组织法》的消息披露之后，时论对此普遍持乐观态度，认为“从此各省遵循有自，并可收整齐划一之效”③。

7月8日，南京国民政府根据中央政治会议议决结果，明令公布《修正省政府组织法》，同时废止1926年11月议决公布的《省政府组织法》。④我们将此次重订《省政府组织法》与广州国民政府于1926年11月所颁《省政府组织法》列表比较，详见表1—2。

---

① 《中央通过省政府组织法》，《申报》1927年6月30日第2张第8版。

② 《政治会议通过之省政府组织法案》，政治档案，中国国民党文化传播委员会党史馆藏，典藏号：政11/4.1。

③ 《中央通过省政府组织法》，《广州民国日报》1927年7月6日第7版。

④ 《国民政府公报》宁字第9号（1927年7月21日），第33页。

表 1—2　　　1927 年 7 月《省政府组织法》与 1926 年 11 月《省政府组织法》对照（相异部分）

1926 年 11 月《省政府组织法》①	1927 年 7 月《省政府组织法》②
第一条　省政府于中国国民党中央执行委员会及省执行委员会指导、监督之下，受国民政府之命令，管理全省政务。	第一条　省置省政府，在中国国民党中央执行委员会指导下，奉国民政府命令，综理全省政务。
第二条　省政府职权，由国民政府任命省政府委员七人至十一人，组织省政府委员会行使之。	第二条　省政府由国民政府任命委员九人至十五人组织省政府委员会，行使其职权。
第三条　省政府委员会设常务委员三人至五人，由省政府委员会推选之，并由常务委员互推一人为主席，常务委员会按照省政府委员会议决执行日常政务。	第三条　省政府委员会设主席一人，由委员互选之，每日以委员二人轮流值日，协助主席执行日常政务。
第四条　省政府一切命令及公文，须经全体常务委员并关系厅厅长之署名行之。	第四条　省政府委员不得兼任他省行政职务。
第七条　省政府下分设民政、财政、建设、教育、司法、军事各厅，于必要时得增设农工、实业、土地、公益等厅，分管行政事务。 第八条　省政府各厅各设厅长一人，由国民政府任命省政府委员兼任之。但委员中可以有不兼厅者。	第五条　省政府下分设民政、财政、建设、军事、司法各厅，于必要时得增设教育、农工、实业、土地等厅，分管省行政事务。 厅设厅长一人，由国民政府任命省政府委员兼任之。
第五条　省政府得制定省单行法令，但不得违反党之决议及国民政府命令。	第六条　省政府得颁布省单行章程，但不得与政治会议之决定或国民政府之法令抵触。
	第七条　省政府对于所辖地方官吏之命令或处分，认为违背法令、或侵越权限、或妨害公益时，得停止或撤销之。
第六条　省政府得任免省内各机关荐任官吏。	第八条　省政府有任免省属各机关荐任官吏之权。

① 中国第二历史档案馆编：《中华民国史档案资料汇编》第四辑（一），江苏古籍出版社 1986 年版，第 76—77 页。

② 中国第二历史档案馆编：《国民党政府政治制度档案史料选编》下册，安徽教育出版社 1994 年版，第 297 页。

续表

<table>
<tr><th>1926 年 11 月《省政府组织法》①</th><th>1927 年 7 月《省政府组织法》②</th></tr>
<tr><td></td><td>第九条　省政府有弹劾省属各机关简任官吏之权。</td></tr>
<tr><td>第十一条　省政府委员会会议规则另定之。</td><td>第十条　省政府于每月终，须将施政情形报告政治会议及国民政府。</td></tr>
<tr><td>第九条　省政府设秘书处，由省政府任命秘书三人组织之，秉承省政府委员会之命，分任秘书事务。</td><td rowspan="2">第十一条　省政府设秘书长一人，秘书若干人，组织秘书处，承委员会之命办理秘书事务。</td></tr>
<tr><td>第十二条　省政府秘书处组织条例另定之。</td></tr>
<tr><td>第十条　省政府各厅之组织法另定之。</td><td>第十二条　省政府各厅组织条例另定之。</td></tr>
<tr><td>第十三条　本法自公布日施行。</td><td>第十三条　本法自公布之日施行。</td></tr>
</table>

据上表可知，新订《省政府组织法》与 1926 年《省政府组织法》相较，有如下变动：

（1）删去原组织法第一条中“省执行委员会”，取消省党部直接对省政府的监督权。

（2）将省政府委员会委员人数由 7—11 人增加为 9—15 人，并禁止省政府委员兼任他省行政职务。

（3）废止常务委员制，规定省政府主席产生方式，由“常务委员互推”改为由“委员互选”，增加“每日以委员二人轮流值日，协助主席执行日常政务”，并删去“省政府一切命令及公文须经全体常务委员并关系厅厅长公同署名”的规定。

（4）省政府下设民政、财政、建设、军事、司法各厅，同时将原来必设的教育厅定为“于必要时增设”。

（5）秘书处组织方面，增加秘书长一职，并将原来硬性规定设秘书三人，改为不确定的若干人。

---

① 中国第二历史档案馆编：《中华民国史档案资料汇编》第四辑（一），江苏古籍出版社 1986 年版，第 76—77 页。

② 中国第二历史档案馆编：《国民党政府政治制度档案史料选编》下册，安徽教育出版社 1994 年版，第 297 页。

（6）增加有关省政府职权的规定，省政府不仅可在不抵触政治会议决定或国民政府法令的前提下颁布省政府单行章程，而且有权命令或处分对于所辖地方官吏的，认为有违背法令或侵越权限、妨害公益时，得停止或撤销，还有权任免省属荐任以下官吏及弹劾所属简任官吏。

（7）规定省政府月终须将施政情形报告政治会议及国民政府。

限于手头所掌握的资料，只能对上述变动中的一些变化略作说明。其中：

（1）取消省党部对省政府的直接监督，主要是恢复北伐前的党政关系规定，并对福建省党部、江苏省政府的有关诉求作出回应。

“以党治国”本是孙中山的重要主张，其义为以政党组织国家最高机关，行使国家主权，故有“一切权力属于党”及“党权高于一切”之倡。但孙中山所言之“机关”只有中央政治会议，并未言及省、县各级党部。在国民党最初所设计的党政关系模式中，也只是打算在中央一级实行直接党治，在地方则不允许党部直接干涉行政，以求保持行政权的统一和独立性。然而，北伐开始后，多省党部为北伐军事取得胜利发挥了极其重要的作用，其与省政府的关系日益变得复杂化，并经 1926 年 10 月中央、各省区联席会议通过的《省党部与省政府之关系议决案》确认，省党部与省行政的关系因各省情形不同，分为省政府在省党部指导之下，省政府在中央特别政治委员及省党部指导之下，以及省政府与省党部合作三种情况。[①]同年 11 月，国民政府公布的《修正省政府组织法》第一条更是明确规定，“省政府于中国国民党中央执行委员会及省执行委员会指导监督之下，受国民政府之命令，管理全省政务”[②]。

南京国民政府建立后，很多省份的省党部仍然议决省政府委员人选，并对国民政府任命的委员发表质疑，甚至出现“各省所设省、县各级党部，多有用议决案之方式，函致省政府、县政府请为执行，一如中央政治会议议决案交国民政府执行之例”。1927 年 6 月 8 日，第 103 次中央政治会议为保持行政系统独立起见，在讨论福建省党部方声涛提议省党部可否用决议案方式函请军政、财政各机关执行时，认为省党部非议事机关，“省党部不能用决

① 荣孟源主编：《中国国民党历次代表大会及中央全会资料》上册，光明日报出版社 1985 年版，第 282—283 页。

② 中国第二历史档案馆编：《国民党政府政治档案史料选编》下册，安徽教育出版社 1994 年版，第 547 页。

议案之方式函请军政财政各机关执行”，决议“各级党部不可干涉行政机关，须守住监督行政之界限，如行政机关有过失时，各级党部可举事实及意见报告中央党部，再咨由国民政府全改善之，并请由中央党部通令各机关党部实行之”①。6月13日，第105次中央政治会议又根据江苏省政府转呈司法厅厅长陈和铣“县党部办理党务，对于县政之设万难兼顾，必须另立建议机关以期改革行使赞襄及监督之职权”，以及教育厅厅长张乃燕提议“县党部不得任意变更地方教育行政”，决议“各级党部对于对等行政机关，居监督指导地位，不得直接干涉”②。而且冯玉祥在徐州会议期间也提出，各级“党部不得直接干涉行政以保行政统系（一贯)”③。

（2）限制省政府委员兼任他省行政职务，本是此次重订《省政府组织法》的动机之一，自不必多说。对于《省政府组织法》为什么规定省政府委员人数为9—15人，现在缺乏直接的证据予以说明，只能留待他日论证，不过可以断论的是，这一规定应是中央政治会议根据各省省政府委员人数所做的并为各省接受的结果。至于“省政府委员会”的定名，则更多是出于划一各省政府委员名称的考虑。6月24日，国民政府秘书长钮永建呈函中央政治会议，称“政治会议关于任命各省政府委员事项，每有同属一省，或称某省政府委员，或称某省政务委员会委员，而浙江一省又称为省务委员会委员，名称不一，易淆听闻”，请求划一名称以便通令各省一体遵照。对此，中央政治会议讨论后的结论是“不必办”，并复以“《省政府组织法》现已重新订定，各省政府委员名称今后可以划一”④。

（3）规定省政府下设民政、财政、建设、军事、司法各厅，也是基于当时南京政府尚与武汉政府形成对峙局面的现实考虑之下对各省让权的妥协。军事、司法能否集权是衡量一个政府是否有力的重要指标，但在宁汉对峙之时，南京政府为了获得更多省份的拥护、支持，自然选择向各省实力派暂时放权。而将教育厅定为必要时增设，实因当时部分省份开始试行

① 《省县党部非议事机关之解释》，《申报》1927年6月11日第3张第9版；《中央政治会议速纪录第103次》，1927年6月，中国国民党文化传播委员会党史馆藏，典藏号：中央0103。

② 《省县党部非议事机关之解释》，《申报》1927年6月11日第3张第9版；《本馆要电·中央政会纪要》，《申报》1927年6月15日第1张第4版。

③ 《南京采行冯玉祥建议》，《大公报》1927年7月27日第2版。

④ 《国民政府秘书长钮永建呈函》，1927年6月，中国国民党文化传播委员会党史馆藏，典藏号：政11/4.1。

大学区制。李石曾、蔡元培、吴稚晖等人鉴于“昔日教育厅之组织，学者辄不愿参预，故造成教育官僚化”，主张废止教育厅，仿效法国，试行大学区制，即以省为单位，将省内各级学校统属于一个统一机关之下，并将该省教育厅职权归入大学。① 这种办法早在1927年4月就由中央政治会议浙江分会议决通过，并经蔡元培于6月7日以教育行政委员会名义向国民党中央政治会议提议，得该会原则同意。国民政府随即决定在广东、江苏、浙江三省试行，但不久政治会议以“中山大学由广大改办时筹备经年，成立未久，一旦改制，未免变更太速”为由，宣布先在浙江、江苏两省试办大学区制，广东省暂缓试行。②

（4）规定秘书处设置秘书长一人及秘书若干人，主要是依据广东、浙江、江苏、广西等省的现状折中后的结果：在广东、江苏等省政府，一般设有秘书长及秘书二人或三人；在浙江，秘书长之下设有四科；在广西，秘书长虽由委员兼司法厅厅长朱朝森兼任，其下却设有总务、机要、编撰三科，各科设主任秘书一人及秘书若干人。③

（5）组织法增加省政府职权的规定，除1926年《省政府组织法》已有相关规定外，可能与江苏省政务委员叶楚伧的两项提议有关。在中央法制委员会着手重订《省政府组织法》时，叶楚伧对于如何整顿政治提议两案：一为《呈请中央确定省政府地位以利行政案》，一为《请规定省政府所属全省各项行政机关官吏一律由省政府委任以一事权案》。在前案，叶楚伧依据各厅组织条例第一条指出，“本省省政府及各厅之组织，各厅分别主管各项行政，以省政府指导监督之”，省政府与各厅在行政地位上当然为两级，而省政府对国民政府各部等公文与各厅一律，似不无疑问，但“前接浙江省政府来文外署国民政府浙江省政府，与今各部之称国民政府××部者，比例相同。目前制省长与各部亦处同等地位，用是拟请由（江苏省政府委员）会建议中央，规定省政府为特任阶级，以后对各部等机关，一律改用咨文”。省政府既然与各部处同等地位，自有权颁行单行章程。在后案，叶楚伧指出，“现在各厅自科长以上职员一律呈请省政府委任，而各厅所属机关官吏之委

① 《教育制度将大革新》，上海《民国日报》1927年6月10日第4张第3版。

② 《浙教育制度采大学区制》，《申报》1927年5月28日第2张第7版；高叔平编：《蔡元培全集》第5卷，中华书局1988年版，第134—135页；《国民政府公报》宁字第8号（1927年7月11日），第47—48页。

③ 《桂省之政治现状》，《申报》1927年8月8日第3张第9版。

任尚未确定统一办法，似非所以一事权而利行政”，请求规定“凡各厅所属各行政机关主管官吏，应一律呈由省政府委任”①。

总体来说，新颁《省政府组织法》是一个国民政府向各省放权的省制。对于1927年7月国民政府颁行的《省政府组织法》，时任广西省省政府主席黄绍竑在若干年后回忆时，仍感慨地说：“这是国民政府在省制上一个重大的改革，把军事、行政、司法皆统属于省政府之内（但最高法院、地方法院之诉讼判决仍是独立的，不受行政的拘束），使全省政治、军事、司法皆为省政府组织之一部，而形成类似中央政府之形式（此时中央五院制尚未成立）。”黄氏认为：“这种《省政府组织法》比较合理，因既名省政府，就是整个国家组织中之第二级政府，其内部的机构，应为中央政府的具体而微。”②

将全省军事、司法和行政一并划归省政府管辖，省政府成为一个具体而微的国民政府，这当然为各省省政府所乐见，并极力维护。以浙江省省政府为例。8月初，该省政府致电国民政府，表示“该省政府委员会议决，各所（厅）不能单独对外，一切由委员会负责，以后如有文电，请勿迳致各厅”。不过国民政府认为，“来电两点尚有问题，交法制委员会审拟”③。至8月中旬，该省政府从报纸上得悉“（司法部）拟司法厅办事条例，交法制委员会审议等情”，连忙致电国民政府，指出，“查现在司法厅所管，系省行政事务，已经《省政府组织法》明白规定，用人行政应由省政府会议决定，司法厅不过办理该项事务与文件。诚恐部拟司法厅条例与省制或有抵触，特电陈，以备参考”。南京国民政府对此仅是决议“候中央政治会议议决”④。由于当时南京各派系因为武汉方面开始清党斗争而暗潮涌动，实际已经无法议及此事。

三 《省政府组织法》实施过程中的新问题

重订《省政府组织法》颁行后，各省政府组织遵循有自。事实上，国民政府在《省政府组织法》颁布之后，即据此对安徽、浙江、贵州、广东

① 《苏省务委员之重要提案》，《申报》1927年6月13日第2张第7版。

② 黄绍竑：《黄绍竑回忆录》，东方出版社2011年版，第140页。

③ 洪喜美编：《国民政府委员会会议纪录汇编》（一），台北“国史馆”，1999年，第328页。

④ 同上书，第354页。

等省省政府进行改组，将省政务会议改为省政府。[①] 8月上旬，江苏省政府以“钧府所颁《省政府组织法》与现在【江苏省】省政府内部组织不符，为重法而齐观听”，要求改组和重新任命各委员、厅长等。[②] 不过，当时南京国民政府实际控制的省份，只限于江苏、浙江、安徽、江西、广东等省，在其他名义上隶属国民政府的省份，则仍保留着相当大的自主性。如当贵州省政府呈送自定该省政府组织法及政务会议规则，请求鉴核备案时，国民政府也只有“备案”。[③] 即使是在实际控制省份，在《省政府组织法》实施过程中也产生了一些新问题。

限制兼职本是此次修正《省政府组织法》的主要目的之一。在民国北京政府时代，兼差、兼薪现象比比皆是，因其实际为“兼职其名，兼薪其实”，兼职之多寡只与薪水之厚薄相关，故无论其在名义上所兼职务多寡，均不成问题。国民政府建立后，为鼓励服务人员专任，非有特殊情形，决不许其随意兼职致怠政务，其间虽亦有兼职之事，但绝不许其兼薪，仅领些津贴。南京国民政府在仓促成立后，因人才缺乏，国民政府所设机关又较多，需才特众，求过于供，遂不能免兼职之事，一时亦无法替代，以致南京政府在重订《省政府组织法》中明确规定“省政府委员不得兼任他省行政政务”之后，又在7月23日根据伍朝枢的提议，决议“凡事务人员兼差，不得兼至二差以上”[④]。

不过，这又引起另外的问题。如在江苏，省政府委员虽然先后由中央任命达十余人，每次列席会议者却仅及半数，影响省政府委员会的正常运作。有鉴于此，该省省政府委员会委员何玉书特向省政府委员会提议，兼厅委员如有特殊情形，可否派代表出席会议，以及如何规定这些出席代表的权限。该案经第29次江苏省政府会议议决，转呈中央核示。[⑤]

8月8日，第120次中央政治会议与会各委员“据此切实研讨，以省政府方面兼厅委员事务繁钜，有时迫于事实关系，实难到会，倘无补救办法，则到会寥寥，长此流会，诚属可惜”，在商议数十分钟后决定：“省政府兼厅之委员如有特殊情形不能到会时，可由其指定秘书或与秘书资格相当之人

① 《国民政府公报》宁字第10号（1927年8月1日），第16、17页。

② 洪喜美编：《国民政府委员会会议纪录汇编》（一），台北“国史馆”，1999年，第335页。

③ 同上书，第373页。

④ 《国民政府公报》宁字第10号（1927年8月1日），第35页。

⑤ 《中央议定补救兼职委员办法》，《申报》1927年8月12日第2张第7版。

员，代表出席会议，并有发言权及表决权。”① 因为各厅均有秘书，其地位直接于厅长。《申报》对于此办法甚为乐观，认为“此法定后，可济兼职之穷，关系殊不在小”，“中央规定已如此严密，以后兼职之事当可逐渐减除”②。

新订《省政府组织法》将此前省主席由常务委员互推，改为主席由省委票选产生，则在安徽省导致省主席问题的发生。7 月 25 日，南京国民政府改组安徽省政府，任命蒋作宾等 15 人为安徽省政府委员，其中蒋作宾等分任 7 厅厅长。③ 但据新颁《省政府组织法》，省主席应由省府委员互选。8 月 10 日，安徽省政府委员就职，下午在省政府召开第一次会议，互选主席委员，蒋作宾等 9 人列席。本来“省政府委员十五人，其主席委员当然属于蒋作宾氏，因蒋前任政务委员会主席之故”④，不料当日围绕省主席职务展开的选举竞争甚烈。蒋作宾虽有建设厅厅长张秋白与司法厅厅长刘复的拥护，但在当时“皖人治皖”的影响下，教育厅厅长何世桢与农工厅厅长李因支持皖籍老国民党员管鹏，结果“管鹏得 4 票，过半数当选，蒋得三票，尚有某某委员各得一票”⑤，“盖因其他各委员均有兼职，管氏并无兼职也”⑥。管鹏的当选出乎蒋作宾一派人物意料，在管鹏拟订于 8 月 12 日宣布视事后，即有蒋作宾及秘书长以及委员兼司法厅厅长刘复致电中央恳请辞职之说，政潮遂因之而起。⑦

省主席问题发生并迁延不决，受其连带影响，致使“日来一切政务皆有停顿之象”，“迄今数日，省政府中竟寂寂无声，仅民政蒋作宾、建设张秋白、司法刘复已宣布继续办公”，百政因之停顿，而安徽民众“要求管主席组织廉洁省政府”⑧，最后“始经调人以暂设常务委员三人为转圜，主席问题应候中央覆电解决”。至 18 日，各省政府委员齐集省政府，拟照上

---

① 《中央政会核准兼厅委员得派代表出席省务会》，上海《民国日报》1927 年 8 月 21 日第 2 张第 2 版。其中所谓“与秘书资格相当之人”者系指军事厅参谋长，因为军事厅厅长之下为参谋长，与各厅厅长之下为秘书不同。

② 《中央议定补救兼职委员办法》，《申报》1927 年 8 月 12 日第 2 张第 7 版。

③ 《国民政府公报》宁字第 10 号（1927 年 8 月 1 日），第 16 页。

④ 《管鹏当选皖省政府主席》，上海《民国日报》1927 年 8 月 16 日第 2 张第 1 版。

⑤ 沈云龙访问，陈三井、陈存恭记录，郭廷以校阅：《周雍能先生访问纪录》，中央研究院近代史研究所 1984 年版，第 107—108 页；《安徽省政府委员就职》，《广州民国日报》1927 年 8 月 23 日第 7 版。

⑥ 《安徽省政府正式成立》，《申报》1927 年 8 月 16 日第 2 张第 6 版。

⑦ 《管鹏当选皖省政府主席》，上海《民国日报》1927 年 8 月 16 日第 2 张第 1 版。

⑧ 《皖省政府之主席问题》，《申报》1927 年 8 月 21 日第 3 张第 9 版。

述办法解决，“孰知两派仍未能融洽，教厅长何世桢双方劝解，舌敝唇焦，相持至八时许，张秋白忽急转直下，表示常务委员不合法，自愿放弃主张，承认管氏为主席，请管即日接收省政府印信”①。围绕皖省主席问题而起的政争遂得解决。

此外，《省政府组织法》规定各省政府内设秘书长，但未规定其为简任还是荐任职务。为此，福建省政府主席杨树庄在8月底电询国民政府：“省政府秘书长是否为简任职”。国民政府对此态度显然有所保留，只是决定由“秘书处查照粤苏先例电覆”②，而不是按照粤苏两省秘书长为荐任职的实际给予明确回答。

当时握有实权的政治分会对《省政府组织法》也有不同的反应。广州政治分会主席李济深以广东政务较他省繁，《省政府组织法》又定委员数为9—15人，借机在原来委派11人的基础上，又将自己的亲信刘栽甫连同许崇清、徐景唐、梁漱溟一并推荐为省政府委员。③ 中央政治会议虽同意增加委员数，但因刘栽甫经监察院据传有案拒绝任命，后经过协商，改任伍观淇。④ 浙江政治分会亦在7月26日决议，“省政府值日委员二人应改为常务委员二人，由省政府委员互选，任期一年，期满改选”，在函知省政府查照的同时，亦函报中央备核。⑤

各省在《省政府组织法》实施过程中出现的上述问题，虽然最终多得以暂时解决，但无不为《省政府组织法》的重新修正埋下伏笔。

第二节　《省政府组织法》的两次修正

1927年7月修正《省政府组织法》，只是南京国民政府为了在与武汉

---

① 《皖省政府主席解决》，《申报》1927年8月27日第2张第8版。

② 洪喜美编：《国民政府委员会会议纪录汇编》（一），台北“国史馆”，1999年，第413页。

③ 陈红民辑注：《胡汉民未刊往来函电稿》第1册，广西师范大学出版社2005年版，第509—510页。

④ 同上书，第510、512、513页。

⑤ 浙江省政府秘书处编印：《浙江省临时政治会议及政治会议浙江分会会议纪录汇刊》，1928年5月，第56—57页。

国民政府政治对峙中占据优势，而被迫向各省实力派放权的暂时之计。随着南京政府的地位稳固，对省制的改革势在必行。

一 中央特别委员会与《省政府组织法》的第一次修正（1927年10月）

1927年7月15日，武汉国民政府宣布实行“分共”，消除了宁汉间对立的障碍。武汉方面以及南京方面的反蒋派系都企图把责任和批判集中到蒋介石一人身上，来实现国民党内部的团结。与此同时，面对直鲁联军及孙传芳残部的进逼，实现团结成为南京国民政府内部的共识。兵败徐州的蒋介石因不堪忍受外有武汉方面“东征讨蒋”、内有桂系逼宫的双重压力，而且先前在6月徐州会议上支持自己的冯玉祥此时也公开支持武汉，被迫于8月13日宣布下野。随后，经各方面的调停，掌握南京政府实权的桂系联合“西山会议派”，与汪精卫派讨价还价，最终以清党与确立党权为条件，于9月16日成立国民党各派合流的过渡机关——中国国民党中央特别委员会，代替国民党中央执行委员会、监察委员会行使职权，实现“宁汉合流”。中央特别委员会实行完全的势力均衡与集体领导体制，委员会不采用主席制，常务委员会选举蔡元培、汪精卫、谢持为委员，作为各自势力的代表。它的成立，在表面上结束了国民党中央分崩离析的局面，实现了国民党党内统一，同时也使南京国民政府确立了其正当性。中央特别委员会成立后，依据1927年3月《修正国民政府组织法》，推定国民政府委员，组织国民政府。9月20日，新的南京国民政府和军事委员会成立。桂系掌握国民政府的实权，在党内依靠“西山会议派”。

在此前后，中央特别委员会指导下的南京国民政府推行一系列新政。9月17日，国民政府大学院正式成立，并接受李石曾及蔡元培的建议，效法法国学制，以大学区为教育单元，先在北平、江苏、浙江试办大学区，以各省大学校长处理该区内教育行政。9月19日，中央特别委员会召开第3次大会，议决“中央执委会政治委员会或称政治会议及其他政治分会一律取消，其职务属于党部者仍由中央党部执行，属于政府者仍由国民政府或省政府执行，各地政治分会限于十月一日以前取消”[1]。随后，中央特别委员会又陆续改组各省党部和省政府，并因安徽省政府此前发生省主席问题，在改组安徽省政府时，决定改变省主席产生方式，由此前省政府委员互选改由国民政府指定。上述这些举措均涉及省制变动，势必引起本来存在很多问题的《省政府组织法》的重订。

为了刷新政治并统一各省政府组织，国民政府委员谢持、蔡元培在9月28日国民政府委员会会议上，以国民政府公布施行《省政府组织法》以来窒碍颇多为由，先后提议应修正、补充，交法制局[2]审核起草。谢持认为：各省省政府主席既然已决定由中央政府指定，其职权应有相应规定。蔡元培也在随后的发言中，补充指出前次决定之《省政府组织法》所存在的种种问题：（1）省主席之外设有常务委员二人，以及以省政府委员轮值，此种规定实属窒碍难行；（2）各厅对外不能发厅令，亦有窒碍，应规定何种事项得发厅令；（3）各厅俸给、公费各省不同，有的省份视事繁简确定，有的省份一律无分别，也应有划一规定等，应一并交法制局讨论。谢、蔡的提议经国民政府委员会议决，“交法制局讨论”[3]。

就在法制局奉命讨论《省政府组织法》修订问题之时，国民政府又谋求将各省军事权收回中央，于9月30日决议，“各省政府范围内之军事应如何规定，军事厅应否设立，及各军长官任命方法，统交军事委员会拟具办法呈候核定”[4]。10月2日，何应钦呈文国民政府，以江苏为国府首都，一切军事由军事委员会办理，同时江苏未设省防军，军事厅无事可办，反耗经费，请求裁撤江苏省军事厅并辞厅长。[5] 10月7日，国民政府针对何的呈文，决议“江苏军事厅着暂裁撤，至将来应否设立，另行统筹决定。该兼厅长已任命为浙江省政府委员，所请辞去江苏军事厅长兼职之处，应予照准”；“关于各省军事厅应否裁撤，各省省防军应否组织，交军事委员会统筹具复”。[6]

---

① 《特委会第三次大会》，《申报》1927年9月20日第1张第4版。

② 1927年6月初，中央政治会议决定复设法制局，并在6月9日议决任命王世杰为局长。

③ 洪喜美编：《国民政府委员会会议纪录汇编》（二），台北“国史馆”，2000年，第13页。

④ 同上书，第18页。

⑤ 中国第二历史档案馆编：《国民党政府政治制度档案史料选编》下册，安徽教育出版社1994年版，第298页。

⑥ 洪喜美编：《国民政府委员会会议纪录汇编》（二），台北“国史馆”，2000年，第25页。

10月上旬，司法部呈文国民政府，以各省“有已设司法厅者，有未设者，有设司法筹备处者，各省极不一致，而司法情形又复杂异常”，在权衡当时各种为谋司法统一而设计的方案（主张各省仍设司法厅、主张各省不设司法厅及主张规定司法厅办事权限三种方案）后，提议“裁撤各省司法厅，实行高等法院院长制度，并指定事项，严立权限及考成办法，责令各法院院长分别奉行”①。此案经10月12日国民政府第7次会议议决，“通过，明令发表”②。

与此同时，浙江省也因9月30日国民政府决议该省政府改组后委员及厅长名单中，没有一如以往，任命司法、土地两厅厅长，亦呈文国民政府，询问该两厅“是否裁撤，如系裁撤，该管事务应由何处接办”。该案被“交常务委员处理”③。

法制局局长王世杰得令后，将有关省政府组织法的修正问题提交该局编审会议详细研究。编审会议最终吸收谢持、蔡元培的部分意见，拟就《修正省政府组织法草案》16条，其中修正的只有3处：（1）废除值日委员制，省政府仅设主席一人，由国民政府指定；（2）明白规定省政府主席权限，以便在增加行政上之便利同时，仍保存委员制精神；（3）明白规定省政府委员会与省政府各厅关系。④

10月21日，国民政府常务会议逐条对《修正省政府组织法草案》进行讨论修正，并经王世杰出席说明，最终通过。⑤ 10月23日，国民政府正式公布《修正省政府组织法》。其内容主要包括：

（1）省置省政府，由国民政府任命9—13名委员组成省政府委员会，依据中国国民党党义及国民政府法令，综理全省政务。

（2）省政府委员不得兼任他省行政职务。

（3）省政府委员会设主席1人，由国民政府就省政府委员中指定，执行省政府委员会决议案并处理常务；省主席因故不能执行职务时，由省政府委员会互选1人，呈政府核实后暂行代理。

（4）明定省政府委员会会议分例会和特别会两种，例会由省主席召

---

① 《中华民国国民政府公报》第3号（1927年10月），第42—44页。

② 《南京令裁司法厅》，《大公报》1927年10月14日第2版。

③ 洪喜美编：《国民政府委员会会议纪录汇编》（二），台北“国史馆”，2000年，第18、25页。

④ 《省府组织法将修正》，上海《民国日报》1927年10月17日第1张第3版。

⑤ 洪喜美编：《国民政府委员会会议纪录汇编》（二），台北“国史馆”，2000年，第38页。

集，在主席认为有必要或三名以上委员提议时，应召集特别会。

（5）省政府委员会设秘书处，由秘书长一人及秘书若干人组织，承省主席之命办理秘书处事务；省政府下设民政、财政、建设各厅，必要时得增设教育、农工、实业、土地等厅，各厅设置与废止由国民政府决定；各厅设厅长一人，由国民政府任命省政府委员兼任。

（6）省政府职权包括：在不抵触国民政府法令范围内，得对省行政事项发省令；任免所属机关荐任官吏，应依省政府委员会议决并呈请国民政府核准；如认为省内各机关简任官吏存有溺职行为，得由国民政府弹劾；如认为所属各机关命令或处分有违背法令、侵越权限或其他不当情形时，得停止或撤销。

（7）省政府各厅对于主管事务，除法令别有规定或省政府委员会已有议决外，得以厅令行之。

（8）每月月终，省政府须将施政情形报告国民政府。①

很显然，最终出台的《修正省政府组织法》，改动内容并不限于上述法制局编审会议所拟的几点。具体言之，新颁《省政府组织法》除沿用1927年7月颁行《省政府组织法》第四条“省政府委员不得兼任他省行政职务”（改为第三条）、第五条第二款“厅设厅长一人，由国民政府任命省政府委员兼任之”（改为第九条第三款）、第十二条“省政府各厅组织条例另定之”（改为第十条）、第十三条“本法自公布之日施行”（改为第十八条）外，条文多有修正（见表1—3）。

表1—3　　1927年7月《省政府组织法》与1927年10月《省政府组织法》对照（相异部分）

1927年7月《省政府组织法》	1927年10月《省政府组织法》
第一条　省置省政府，在中国国民党中央执行委员会指导下，奉国民政府命令，综理全省政务。	第一条　省置省政府，依中国国民党党义及国民政府法令，综理全省政务。
第二条　省政府由国民政府任命委员九人至十五人组织省政府委员会，行使其职权。	第二条　省政府由国民政府任命省政府委员会九人至十三人组织省政府委员会行使其职权。

① 《中华民国国民政府公报》第1号（1927年10月），第11—12页。

续表

1927 年 7 月《省政府组织法》	1927 年 10 月《省政府组织法》
第三条　省政府委员会设主席一人，由委员互选之，每日以委员二人轮流值日，协助主席执行日常政务。	第四条　省政府委员会设主席一人，由国民政府就省政府委员中指定之。
	第五条　省政府委员会主席执行省政府委员会之决议案并处理常务。
	第六条　省政府委员会之例会由主席召集之，有必要时或委员三人以上之提议，应即召集特别会。
	第七条　省政府委员会主席因故不能执行职务时得由该委员会互选一人暂行代理主席职务，但须呈政府核示。
第十一条　省政府设秘书长一人，秘书若干人，组织秘书处，承委员会之命办理秘书事务。	第八条　省政府委员会设秘书处，设秘书长一人、秘书若干人组织之，承省政府委员会主席之命办理省政府委员会秘书处事务。
第五条　省政府下分设民政、财政、建设、军事、司法各厅，于必要时得增设教育、农工、实业、土地等厅，分管省行政事务。	第九条　省政府下分设民政、财政、建设各厅，于必要时得增设教育、农工、实业、土地等厅，分管省政府事务；各厅之设置、废止由国民政府决定行之。
第六条　省政府得颁布省单行章程，但不得与政治会议之决定或国民政府之法令抵触。	第十一条　省政府于不抵触国民政府法令范围内，对于省行政事项得发省令行之。
第八条　省政府有任免省属各机关荐任官吏之权。	第十二条　省政府对于所属机关荐任官吏之任免，应依省政府委员会之议决，呈请国民政府核准行之。
第九条　省政府有弹劾省属各机关简任官吏之权。	第十三条　省政府对于省内各机关简任官吏，认为有溺职行为时，得由国民政府弹劾之。
第七条　省政府对于所辖地方官吏之命令或处分，认为违背法令，或侵越权限，或妨害公益时，得停止或撤销之。	第十四条　省政府对于所属各机关之命令或处分，认为有违背法令、侵越权限或其他不当情形时，得停止或撤销之。

续表

1927 年 7 月《省政府组织法》	1927 年 10 月《省政府组织法》
	第十五条　省政府各厅对于主管事务，除法令别有规定或省政府委员会有议决外，以厅令行之。
第十条　省政府于每月终须将施政情形报告政治会议及国民政府。	第十六条　省政府于每月终须将施政情形报告国民政府。

据上表可知，修正前后《省政府组织法》间的变化有：

（1）《省政府组织法》虽仍坚持“以党治国”精神，但已由“以党组织治国”变为“以党义治国”，并将省政府“在中国国民党中央执行委员会指挥之下，奉国民政府命令，综理全省政务”，改为“依中国国民党党义及国民政府法令，综理全省政务”。

（2）调整省政府委员人数，由“九人至十五人”改为“九人至十三人”。

（3）废除值日委员制，省政府仅设主席一人，“由委员互选”改为“由国民政府就省政府委员中指定”，仅在省主席因故不能执行职务时，得由省政府委员会互选一人，在呈经国民政府核示后，暂行代理其职务。

（4）明白规定省政府主席、省政府委员会权限，不仅明确省政府委员会例会由主席召集，如有必要或委员三人以上提议应召集特别会，并将“省政府有任免省属各机关荐任官吏之权”，修正为省政府对于所属机关荐任官吏之任免，应依省政府委员会之议决，呈请国民政府核准行之。同时将原设省政府内，对省政府委员会负责的秘书处，改设于省政府委员会之下，对省主席负责。

（5）调整省政府下设各厅，删去原来必设的军事、司法两厅，并规定各省各厅设置与废止须由国民政府决定。

（6）明白规定省政府各厅对于主管事务得以厅令行之。

上述所列变动中，“（3）、（4）、（6）”系根据谢持、蔡元培二人意见所改，毋庸赘述；“（1）”主要是“西山会议派”的主张。一来，当时国民党中央执行委员会职权由中央特别委员会所代行，删去“中央执行委员会”字样顺理成章；二来，实际控制特别委员会的“西山会议派”主干人物邹鲁及谢持，早在广州时代就对汪精卫、胡汉民公开宣称“以党组织治国”一事表示质疑，认为中国共产党就是借此控制国民党，壮大自身力量。至于“（5）”，则与当时省政府军事、司法两厅是否设置，因为国民政府试图收回各省军权与司法部的废厅改院提议，国民政府尚在筹议有关。而“（2）”省政府委员人数变化，则与“（5）”具有连带关系，因为省政府不设军事、司法两厅，其原有委员数自然相应减少2人。

10月28日，南京国民政府改组江苏、江西两省政府。同日，司法部提议，在司法厅裁撤后、高等法院未成立前，为了便于衔接，暂时将各省司法行政事务交由与高等法院院长职分相当的高等审判厅厅长接办，得决议：“办法通过，即发令裁撤司法厅，并附列此种办法。”①

《省政府组织法》颁行后，不知是故意还是疏忽，在南京国民政府所颁发的各省省政府各厅印信中俱无“省政府”字样。此事引起江苏省省政府委员何玉书的质疑，何氏随即向南京政府提议，在各厅之前应冠以“省政府”字样。在他看来，省“政府之组织系联合各厅而成，省政府之与各厅系整个的，而非分离的，即无各厅不成其为省政府，无省政府亦不足以成各厅也，故各厅名称其上必冠以省政府字样，始足以表示其真义”，以民政厅为例，其全称应为“××省民政厅”，如称为“××民政厅”，则是脱离省政府而独立，与《省政府组织法》原则不符。② 11月22日，国民政府根据何玉书的提议，决议“决定用‘某某省政府某某厅印’”③。

正当南京国民政府有意将新颁《省政府组织法》在江苏、江西先行施行，以为各省模范之时，政局已经变得不能为其所控制。中央特别委员会的成立与国民政府的改组，在表面上结束了国民党中央分崩离析、宁汉对峙的局面，但因其为国民党各派系七拼八凑的暂时妥协结果，一开始就因在国民党章程上无法理依据，合法性遭到各处质疑。同时宁方实力派蒋介石、胡汉民、吴稚晖消极无为，汉方汪精卫、唐生智因特委会剥夺汪的“合法领袖”地位亦对其极力反对。④ 加上桂系的军事力量有限，桂系与“西山会议派”之间的结盟又是一时投机行为，彼此间缺乏坚定的军事和

① 洪喜美编：《国民政府委员会会议纪录汇编》（二），台北“国史馆”，2000年，第48—49、50页。

② 民国法政学会编：《国民政府省行政法·提议书》，1928年，第250页。

③ 洪喜美编：《国民政府委员会会议纪录汇编》（二），台北“国史馆”，2000年，第73、76—77页。

④ 杨天石主编：《中华民国史》第六卷（1926—1928），中华书局2011年版，第541页。

政治共识，且不为蒋介石所容，中央特别委员会成立伊始即地位岌岌可危。当汪精卫等人在广东公开掀起反对中央特别委员会的运动后，由蒋系人物所控制的南京特别市党部和浙江省党部，乘机联名通电否认中央特别委员会，山东、奉天、直隶、吉林等省党部和北平特别市党部也纷纷效尤。

1927 年 12 月 28 日，中央特别委员会因各方反对而自行结束。中央特别委员会主导修正颁行的《省政府组织法》不及推广实施，即随之而终。

二　农矿、工商两部增设与《省政府组织法》的再次修正（1928 年 4 月）

中央特别委员会结束后，国民党内部又相继出现“宁汉对抗”与“宁粤对立”的局面。在复杂的派系斗争中，蒋介石纵横捭阖，利用宁粤相争坐收渔利，先后打击了桂系，排斥了胡汉民，驱逐了汪精卫，并于 1928 年 1 月 8 日通电恢复国民革命军总司令职务，随后又复任中央政治会议主席。2 月 3—7 日，在蒋介石主导下，国民党二届四中全会在南京召开。蒋介石通过此次会议，如愿当选为中央常务委员会兼军事委员会主席、中央政治会议主席、组织部部长，重新集党、政、军大权于一身。尽管如此，其地位仍不稳定，“尚未得到老一辈同志所承认。他仍被认为军事的，而非政治的人物”①，并未真正统一国民党。为了确保北伐大业的完成，蒋介石在复任之初即决定，“先求北伐之完成，再谋全国之统一”，本此主张暂时向各实力派谋求妥协。② 在此背景之下，国民党二届四中全会通过“改组国民政府案”，据此制定《国民政府组织法》11 条，虽恢复主席制，职权则与 1925 年时大致相当，另设有常务委员 7—9 人。同时，为了安排国民党内各派系要人，以消除党内分裂而促成全面团结，国民党二届四中全会决定国民政府添设农矿、工商、内政三部。

将原来国民政府中的农工部拆分为农矿、工商两部，虽然依据的是孙中山在《建国大纲》中的观点，即其认为从前农矿、工商合二为一不足以谋发展，但此举在江苏省政府委员兼农工厅厅长何玉书看来，实际打破了

① 董显光：《蒋总统传》，中国文化学院出版部 1980 年版，第 108 页。

② 周美华编注：《蒋中正总统档案·事略稿本》第 2 册，台北“国史馆”，2003 年，第 233 页。

原来省政府内各厅与中央各部间所确定的连带关系，从而引发重新确认省政府各厅与中央各部间关系的问题。

2月14日，何玉书在江苏省政府委员会第33次会议上，提议“拟请省政府呈请中央，从速确定省行政制度”。其理由是：国民党二届四中全会后，中央政务各机关虽已悉依《建国大纲》分部设置，而“省行政制度仍沿前例，不免多所隔阂”，即如农工厅，在1927年10月21日修正的《省政府组织法》中已有明文规定设置，但因现今“国民政府之新组织则农矿、工商各立一部，无复农工部之设置，是农工厅已失指导连贯之枢机”，实有必要重新改订办法，而且建设、教育、实业、土地各厅，就《省政府组织法》而言，皆有类似情形。①

显然，何玉书的提议系基于其所任厅的自身利益考量而发。在何玉书看来，各省省政府乃中央政府外派，省政府设厅应与中央政府设部保持一致，在国民政府此前所确定的中央政府各部组织法中，均规定“本部对各省区最高级行政长官执行本部事务，有指挥监督之责”，实际指的就是中央各部对于各省政府下设对应厅拥有一一对应的监督、指挥之权。在省制未变的情况下，原有农工厅势必将受农矿、工商两部的双重兼管，或者农工厅所管事务将面临缩小之可能。

事实上，当时与何玉书持相同意见的人并不乏见。何玉书所提请定省制的提案一经提出，即得到江苏省政府委员会的一致同意，“当经通过，即转呈国民政府核办”②，并根据何的提议，以商务行政与农工厅关系密切，决议在省制未议决确定之前，暂由农工厅兼办商务。③

2月21日，该提案经由国民政府委员会第40次会议决议，“送中央政治会议”，另由秘书处函文江苏省政府，“可就行政经验，对于改订省政制度、划分各厅权限等事，迳向中央政治会议陈述意见”④。2月22日，第一百二十九次政治会议与会委员在审议该提案时，一致认为省制有改订之必要，决议，“修正《省政府组织法》，先交法制局起草”⑤。

---

① 《江苏省政府为请确定省制以资遵守理合录案请察核示遵》，1928年2月17日，台北“国史馆”藏，典藏号：001-051110-001。

② 《苏省委员请定省制》，《晨报》1928年2月22日第3版。

③ 《苏农工厅兼理商务行政》，《申报》1928年2月25日第2张第7版。

④ 洪喜美编：《国民政府委员会会议纪录汇编》（二），台北“国史馆”，2000年，第149页。

⑤ 《一百二十九次中央政治会议》，《中央日报》1928年2月23日第1张第2面。

3 月 3 日，法制局将草拟的《修正省政府组织草案》及说明书，一并送交中央政治会议。说明书认为，"中央与地方彼此职务范围、性质既不一致，其所设之机关自亦不能尽同。凡中央所设之部，在省政府中势不能一一有一相当之厅，但使中央各部对于各厅'执行本部主管事务有监督指示之权'，则凡归中央任何一部监督指挥之事务，即令分隶于省政府之数厅，亦不必有何障碍。实则此种指挥监督权在中央各部组织法中均有明文规定"，因此"现行省政府组织尚无根本修改之必要"，但因未能规定省政府所属各厅处权限，以致出现以下两种流弊：（1）中央政府各部虽然对于各厅执行其主管事务有监督指挥之权，但不知其主管事务应该归何厅办理；（2）省政府各厅处间时因权限不清而发生争执。①

因此，法制局所拟草案"已将各厅权限一项加入，组织法系 17 条，现拟增加 8 条，共为 25 条，其组织大纲为省政府之下设秘书处、民政厅、财政厅、建设厅，计一处三厅，于必要时得增设教育厅"②。此"较旧组织法并无多大变动"，仅"将省政府各厅之权，限斟酌各省实际情形厘订明晰，藉祛此弊。此外则不过就各厅名称及其他一二事项，略加文字的修改而已"③。其修改的重点放在对省政府所属各厅处组织以及其职掌的厘定上（见表 1—4）。

表 1—4　法制局所拟《修正省政府组织法草案》与 1927 年 10 月《省政府组织法》的对照④

法制局所拟《修正省政府组织法草案》	1927 年 10 月《省政府组织法》对应内容
第一条　省置省政府，依中国国民党党义及国民政府法令，综理全省政务。	第一条
第二条　省政府于不抵触国民政府法令范围内，对于省行政事项得发省令。	第十一条
第三条　省政府各厅对于主管事务，除法令别有规定或省政府委员会别有决议外，以厅令行之。	第十五条

① 《修正省政府组织法草案》，上海《民国日报》1928 年 3 月 7 日第 2 张第 1 版。
② 《法制局之省制草案下星期三政会讨论》，上海《民国日报》1928 年 3 月 4 日第 1 张第 4 版。
③ 《法制局草拟修正省政府组织法》，《申报》1928 年 3 月 6 日第 3 张第 9 版。
④ 《法制局草拟修正省政府组织法》，《申报》1928 年 3 月 6 日第 3 张第 9 版、3 月 7 日第 2 张第 8 版。

续表

法制局所拟《修正省政府组织法草案》	1927 年 10 月《省政府组织法》对应内容
第四条　省政府对于省内各机关简任官吏，认为有溺职行为时，得向国民政府弹劾之。	第十三条
第五条　省政府对于所属各机关之命令或处分，认为有违背法令，逾越权限，或其他不当情形时，得停止或撤销之。	第十四条
第六条　省政府由国民政府任命省政府委员九人至十三人组织省政府委员会行使其职权；省政府委员不得兼任他省行政职务。	第二条及第三条
第七条　省政府下设左列各厅处：秘书处、民政厅、财政厅、建设厅；省政府于必要时增设教育厅、实业厅、土地厅。	第九条　省政府下分设民政、财政、建设各厅，于必要时得增设教育、农工、实业、土地等厅，分管省政府事务。
第八条　在试行大学区制之省区，本法第十三条所列教育厅事务由各该区大学依大学区组织条例掌理之；在未设实业厅之省区，本法第十四条所列举第一款至第六款事项由建设厅掌理之，同条第七款至第九款事项由民政厅掌理之；在未设土地厅之省区，本法第十五条所列土地厅事务由民政厅掌理之。	新增
第九条　秘书处掌理事务如左： 一、关于一切机要及省政府委员会会议事项； 二、关于撰拟、保存、收发文件事项； 三、关于省政府委员会会计事项； 四、关于编制、统计及报告事项； 五、关于记录省政府各厅处职员之进退事项； 六、关于典守印信事项； 七、其他不属于各厅事项。	新增

续表

法制局所拟《修正省政府组织法草案》	1927 年 10 月《省政府组织法》对应内容
第十条　民政厅掌理事务如左： 一、关于县市行政官吏之任免及监督事项； 二、关于地方自治事项； 三、关于地方行政区划之确定及变更事项； 四、关于警政及公共卫生事项； 五、关于选举事项； 六、关于社会救济事项； 七、关于礼俗、宗教事项。	新增
第十一条　财政厅掌理事务如左： 一、关于赋税及公债事项； 二、关于省政府预算决算事项； 三、关于省库收支事项； 四、关于官产事项； 五、其他财政及金融事项。	新增
第十二条　建设厅掌理事务如左： 一、关于开发交通事项； 二、关于开辟商埠口事项； 三、关于发展水力事项； 四、关于兴建工厂事项； 五、关于建造森林事项； 六、关于发展矿业事项； 七、关于建筑新市新村事项； 八、其他建设事项。	新增
第十三条　教育厅掌理事务如左： 一、关于各级学校事项； 二、关于教育及学术团体事项； 三、关于图书馆事项； 四、其他教育行政事项。	新增

续表

法制局所拟《修正省政府组织法草案》	1927 年 10 月《省政府组织法》对应内容
第十四条　实业厅掌理事务如左： 一、关于农林、畜牧、水产之保护、监督及奖进事项； 二、关于一般工业及商业之保护及奖励事项； 三、关于工厂事项； 四、关于商品之陈列、检查及实验事项； 五、关于度量衡之检查及推行事项； 六、关于交易所及各种公司之监督事项； 七、关于农人、工人、商人团体事项； 八、关于劳资争议事项； 九、关于佃夫地主争议事项。	新增
第十五条　土地厅掌理事务如左： 一、关于土地登记事项； 二、关于土地测量及调查事项； 三、关于荒地收放事项； 四、关于土地之强制收用事项。	新增
第十六条　省政府各厅处间关于职权发生争议时，由省政府委员解决之。	新增
第十七条　省政府设主席一人，由国民政府就省政府委员中指定之；省政府主席为简任职。	本条第一项根据第四条改定，第二项系新增。
第十八条　省政府主席之职权如左： 一、执行省政府委员会之决议案； 二、处理省政府日常事务； 三、召集省政府委员会之例会，有必要时或委员三人以上之提议，应由主席召集特别会。	根据第五条及第六条改定。
第十九条　省政府主席因故不能执行职务时，得由省政府委员会互选一人，暂行代理主席职务，前项代理除国民政府明令特许者外，其期以一月为限。	大体根据第七条，但因该条“但须呈报国民政府核示”一语微欠妥洽明晰，改为“前项代理，除经国民政府明令特许外，其期以一月为限”。

续表

法制局所拟《修正省政府组织法草案》	1927年10月《省政府组织法》对应内容
第二十条　省政府秘书处设秘书长一人，由国民政府任命之，承省政府主席之命综理秘书处事务；秘书长为简任职。	本条第一项根据第八条改定，第二项系新增。
第二十一条　省政府各厅设厅长一人，综理各该厅事务，监督所属职员及所辖官署，厅长为简任职。	新增
第二十二条　省政府秘书处及各厅各设秘书一人至三人，承各该长官之命办理秘书事项；省政府各厅处视事务之繁简酌量分科办事，各科设科长一人、科员若干人，承各该长官之命分掌各科事务；省政府各厅因职务上之必要，得酌设技正、技士及视察员，其员额应由各该厅厅长提出省政府委员会议定之。	新增
第二十三条　省政府各厅处因缮写文件及其他事务得酌用雇员。	新增
第二十四条　省政府各厅处办事细则，由省政府委员会议定之。	新增
第二十五条　本法自公布日施行。	第十七条

应该说，法制局所拟的《修正省政府组织法草案》只注意到，中央所设之部不必在省政府有一个对应之厅，却忽略了南京国民政府自1927年11月以来，虽规定设立实业部，却因为部长孔祥熙辞职，并未真正设立过的事实，而且此刻为安置要人，又将农工部一分为二，划分为农矿、工商两部。如何清晰厘订各厅彼此间的权限，实际又与各部主管事务的划分紧紧纠缠在一起。

事实上，1928年3月7日第131次中央政治会议在讨论法制局所提交的省政府组织法修正草案时，与会委员蔡元培就对草案所拟各厅权限规定存有疑义。他认为，此前各省省政府设立农工厅，立意并不甚明，《省政府组织法》规定该厅的职掌主要以农工待遇问题为主，“若改为实业厅，则将与建设厅分不清矣。中央既有建设委员会、农矿、工商各部，则省未便改为实业厅”。对此，时任农矿部部长的易培基附和，并进而指出，“此应斟酌各省情形之需要与否，以便即行决定之”，考虑到当时其他相关各部部长未曾与会，主张另由相关各部会议考虑与商决，然后提交中央政治会议审议通过。易培基的此一提议得到与会人员的一致赞成。鉴于此案各厅权限厘订涉及相关各部，中央政治会议最后决议，“《修正省政府组织法》交前次推定审查内政、农矿、工商三部组织法草案审查委员会之五人，外加交通部长审定”①。

4月4日、14日，审查委员薛笃弼、王伯群、易培基、孔祥熙、张人杰等，先后在建设委员会，两次召开审查会议，将法制局起草的《修正省政府组织法草案》修正通过（见表1—5）。

表1—5　审查委员会对法制局所拟《修正省政府组织法草案》的修正②

法制局所拟《修正省政府组织法草案》	审查委员会的修正案
第一条　省置省政府，依中国国民党党义及国民政府法令，综理全省政务。	第一条　省置省政府，依中国国民党党义及中央政令，综理全省政务。
第二条　省政府于不抵触国民政府法令范围内，对于省行政事项得发省令。	第二条　省政府于不抵触中央政令范围内，对于省行政事项得发省令。
第三条　省政府各厅对于主管事务，除法令别有规定或省政府委员会别有决议外，以厅令行之。	第三条　省政府各厅对于主管事务，除中央法令别有规定或省政府委员会别有决议外，以厅令行之。
第四条　省政府对于省内各机关简任官吏，认为有溺职行为时，得向国民政府弹劾之。	删去本条。
第五条　省政府对于所属各机关之命令或处分，认为有违背法令，逾越权限，或其他不当情形时，得停止或撤销之。	第四条　照原案。

① 《中央政治会议速纪录第131次》，1928年3月，中国国民党文化传播委员会党史馆藏，典藏号：中央0131。

② 《中央政治会议速纪录第137次》，1928年4月，中国国民党文化传播委员会党史馆藏，典藏号：中央0137。

续表

法制局所拟《修正省政府组织法草案》	审查委员会的修正案
第六条　省政府由国民政府任命省政府委员九人至十三人组织省政府委员会行使其职权；省政府委员不得兼任他省行政职务。	第五条　删去第一项“省政府委员”中“省政府”三字； 增加第二项，“省政府委员会集会时，省政府委员不得派代表出席”； 省政府委员不得兼任他省行政职务； 增加第四项，“省政府委员为简任职”。
第七条　省政府下设左列各厅处：秘书处、民政厅、财政厅、建设厅； 省政府于必要时增设教育厅、实业厅、土地厅。	第六条　省政府下设左列各厅处：秘书处、民政厅、财政厅、建设厅； 除试行大学区制之省区，省政府之下设教育厅；于必要时得增设农矿厅、工商厅。
第八条　在试行大学区制之省区，本法第十三条所列教育厅事务由各该区大学依大学区组织条例掌理之； 在未设实业厅之省区，本法第十四条所列举第一款至第六款事项由建设厅掌理之，同条第七款至第九款事项由民政厅掌理之； 在未设土地厅之省区，本法第十五条所列土地厅事务由民政厅掌理之。	第七条 第一项，“第十三条”改为“第十二条”。 第二项改为“在未设农矿厅或工商厅之省区，本法第十三条及第十四条所列各该厅事务由建设厅掌理之。 第三项，删去。
第九条　秘书厅掌理事务如左：（原文略）	第八条　照原案。
第十条　民政厅掌理事务如左：（第一、二、三、四项原文略） 五、关于选举事项； 六、关于社会救济事项； 七、关于礼俗、宗教事项。	第九条　（一）（二）（三）（四）照原案。 （五）前加一项，定为（五）“关于保卫团事项”。 （五）改为（六）。 （六）改为（七），改为“赈灾及其他社会救济事项”。 （七）改为（八）。 增加（九）“关于禁烟事项”。
第十一条　财政厅掌理事务如左：（第二、三项原文略） 一、关于赋税及公债事项； 四、关于官产事项； 五、其他财政及金融事项。	第十条　（二）、（三）照原案。 一、关于省税及省公债事项； 四、关于公产事项； 五、其他省财政事项。

续表

法制局所拟《修正省政府组织法草案》	审查委员会的修正案
第十二条　建设厅掌理事务如左： 一、关于开发交通事项； 二、关于开辟商埠口事项； 三、关于发展水力事项； 四、关于兴建工厂事项； 五、关于建造森林事项； 六、关于发展矿业事项； 七、关于建筑新市新村事项； 八、其他建设事项。	第十一条 一、关于公路铁道之建筑事项。 删去（二）。 （三）改为（二），“关于河工及其他水利事项”。 删去（四）、（五）、（六）。 （七）改为（三）。 增加（四）“关于各种土地之测量及其他土地建设事项”。 （八）改为（五）。
第十三条　教育厅掌理事务如左：（第一、二、四项原文略） 三、关于图书馆事项。	第十二条　（一）、（二）、（四）照原案。 三、关于图书馆、博物馆事项。
第十四条　实业厅掌理事务如左： 一、关于农林、畜牧、水产之保护、监督及奖进事项； 二、关于一般工业及商业之保护及奖励事项； 三、关于工厂事项； 四、关于商品之陈列、检查及实验事项； 五、关于度量衡之检查及推行事项； 六、关于交易所及各种公司之监督事项； 七、关于农人、工人、商人团体事项； 八、关于劳资争议事项； 九、关于佃夫地主争议事项。	第十三条　农矿厅掌理事务如左： 一、关于农业、渔业、畜牧、森林之一般保护监督及奖进事项； 二、关于农业、渔业各团体之组织、指导事项； 三、关于农村改良事项； 四、关于佃夫地主间之争议事项； 五、关于矿业之一般保护监督事项； 六、关于矿务警察及矿工待遇事项。
	第十四条　工商厅掌理事务如左： 一、关于工商业之一般保护监督事项； 二、关于工厂事项； 三、关于商港事项； 四、关于商品之陈列及检查事项； 五、关于度量衡之检查及推行事项； 六、关于劳工团体事项； 七、关于商会及其他商人团体事项； 八、关于劳资争议事项。

续表

法制局所拟《修正省政府组织法草案》	审查委员会的修正案
第十五条　土地厅掌理事项如左：（原文略）	删去本条。
	增加一条，定为第十五条："省政府各厅长之任免，得由国民政府各主管部院及委员会呈请政府核准行之。"
第十六条　省政府各厅处间于职权发生争议时，由省政府委员会解决之。	第十六条　省政府各厅处间于职权发生争议时，由省政府呈请国民政府裁决之。
第十七条　省政府设主席一人，由国民政府就省政府委员中指定之，省政府主席为简任职。	第十七条　省政府设主席一人，由国民政府就省政府委员中指定之。
第十八条　省政府主席之职权如左：（原文略）。	第十八条　（照原文）。
第十九条　（原文略）。	第十九条　（照原文）。
第二十条　（原文略）。	第二十条　（照原文）。
第二十一条　（原文略）。	第二十一条　（照原文）。
第二十二条　（原文略）。	第二十二条　（照原文）。
第二十三条　（原文略）。	第二十三条　（照原文）。
第二十四条　（原文略）。	第二十四条　（照原文）。
第二十五条　（原文略）。	第二十五条　（照原文）。

据表1—5所示，审查会对于法制局所拟《修正省政府组织法草案》的审查修改，除为保持前后文意一致，对个别文字略作修订（如删去第十七条"省政府主席为简任职"，而在第五条增加"省政府委员为简任职"）外，主要体现在以下方面：

（1）将第一条、第二条中"国民政府法令"，以及第三条"法令"，分别改为"中央政令"与"中央法令"，其内实隐含"省政府"与"中央政府"对应之义，且"中央"比"国民政府"范围所指更为宽泛，除国民政府外，还可以涵盖国民党中央以及国民政府内部的院部会。如此一来，省政府不仅要遵依中央党部（包括中央执行委员会常务会议及中央政治会议）、国民政府，以及军事委员会等发布的政令，也要遵依各部会所颁行的政令。

（2）因为省政府设厅情况发生变化，原来拟设的土地厅不设，以及将实业厅拆分为农矿、工商两厅，不仅对相应条款做了改动（如第七条及第八条第二项），并将原定为实业厅职权划归农矿、工商两厅，同时对民政、财政、建设三厅的职掌中个别项做了调整，或者更加明确的规定。

（3）削弱省政府职权，加强国民政府对各省的控制：不仅删去第四条（省政府弹劾省内简任官吏溺职行为），并增加一条（省政府各厅长任免由国民政府各主管部院或委员会呈请政府核准），还将对各厅间因职权发生争议的处理权，由“省政府委员会解决”改为“由省政府呈请国民政府裁决”。

4月18日，张静江等将审查报告临时提出由中央政治会议第137次会议讨论。与会委员对于《修正省政府组织法草案》审查结果略有讨论。

（1）于右任认为，省政府各厅处组织法上对各自职掌范围均有规定，其职掌事项在《省政府组织法》中的规定可以删去。但蔡元培延续其一贯主张，认为以前各厅因为职权产生冲突，即因各厅职掌没有明了规定所起，坚持主张在《省政府组织法》中予以规定。

（2）王世杰提议，如非省政府委员兼厅长时，能否出席省政府会议，以及应否在二十一条予以规定。张静江认为，国民政府部长不兼委员仍可出席国民政府会议，省政府可援此例办理。但蔡元培认为，因为厅长系由委员兼任，此点不必规定。

（3）叶楚伧提议，省政府委员会能否向中央荐任厅长？对此，谭延闿认为，如省主席呈请，得由中央核定。

此外，薛笃弼主张在第十四条第一项“保护监督”下加“及奖进”三字，以及王世杰主张删去第十五条“得由国民政府……”中“国民政府”四字，皆通过。其余均无修改。①

4月27日，国民政府公布《修正省政府组织法》，共计25条，其要点如下：

（1）省政府依中国国民党党义及中央法令综理全省省务，在不抵触中央法令范围内，对省行政事项得发省令；各厅对主管事务，除法令别有规定或省政府委员会别有议决外，得发厅令。

（2）省政府委员九人至十三人，均为简任职，由国民政府指定主席一

① 《中央政治会议速纪录第137次》，1928年4月，中国国民党文化传播委员会党史馆藏，典藏号：中央0137。

人，另任秘书长一人；省政府主席因故不能执行职务时，由省政府委员互选一人暂代，除经国民政府明令特许外，以一月为限。

（3）省政府设秘书处、民政厅、财政厅、建设厅、教育厅，于必要时得增设农矿、工商二厅，未设农矿、工商二厅各省，该两厅职务由建设厅代办，在试行大学区制省份不设教育厅。

（4）各厅处设秘书一人至三人，酌量分科，科设科长一人，科员若干人，秘书、科长为荐任或委任，科员为委任；各厅因职务必要，得设技正、技士及视察员。

（5）省政府各厅处因职权发生争议时，由省政府呈请国民政府裁决。[①]

与1927年10月《省政府组织法》比较，除去相同的内容外，新组织法主要增加了三个方面的内容规定：（1）委员、厅长、秘书长均明定为简任职，而且委员不得派代表出席省政府委员会；（2）组织法第八条至十四条以及第二十、二十一条，分别规定各厅与秘书处之职掌以及厅长、秘书长职权；（3）组织法第二十二、二十三条规定各厅处各设秘书、科长、科员并酌设技正、视察员，以及各职员所掌事务。[②] 同时，新组织法极大地削弱了省政府职权，加强了国民政府对各省的控制。

此次《省政府组织法》修订，本因江苏省省政府感于中央部会增多，省政府所设的机关失去对应的指导连贯之机构，而提案要求改定省制而起，江苏省政府对此异常活跃。该省政府主席钮永建、委员叶楚伧在中央政治会议甫将《修正省政府组织法》通过、国民政府尚未明令颁布之时，即联名在4月20日该省第53次省政府会议上，提议呈请国民政府，按照新的《省政府组织法》第六条，将农工厅改为农矿厅，兼理工商厅职务，并由农工厅厅长何玉书转任农矿厅厅长。提案顺利通过，并送交中央政治会议。[③]

4月25日，中央政治会议委员在讨论此案时，对于江苏省政府事先未与主管机关接洽，即行提出中央政治会议，以及提案中由农矿厅兼理工商厅的做法，均持异见，认为前者在手续上有不合法之处，后者也与《修正省政府组织法》中"凡未设立厅者，归建设厅管理"之规定不符。经叶楚伧解释

---

① 中国第二历史档案馆编：《国民党政府政治制度档案史料选编》上册，安徽教育出版社1994年版，第299—303页。

② 谢振民编著、张知本校订：《中华民国立法史》上册，中国政法大学出版社2002年版，第465页。

③ 《苏省府拟改农工厅为农矿厅》，《申报》1928年4月23日第3张第9版。

后，才得到主席谭延闿及蔡元培的支持，对于由何玉书担任农矿厅厅长之提议，也得以顺利通过。当讨论江苏省省政府应设何厅时，也由谭延闿根据叶楚伧的建议，以“省府应设农矿厅或工商厅，或二厅同时并设，由省政府自行审量，人选问题由省政府拟定后，除呈中央政治会议外，应照《省政府组织法》第十五条同时经会中央主管机关”，同时将该案提交复议。①

据当时报纸披露，“闻【江苏】省府方面主张以何【玉书】任农矿厅长，至工商厅长一职，或须另设，或并归建设厅，尚在审议中”②。至5月2日，中央政治会议始根据江苏省政府主席钮永建的提案以及农矿部部长易培基的提议，决议任命何玉书为江苏农矿厅厅长，解决的只是农矿厅设置的问题，尚不及工商厅，可见当时此事处理仍相当棘手，南京国民政府与江苏省政府之间达成了妥协。③

广州政治分会主席李济深鉴于广东省政府组织原分民政、军政、财政、建设、农工、司法、土地、实业、教育九厅，但土地、军事、司法三厅早经广州政治分会决议裁撤，而广东实业、农工两厅政务简单可不必独立设厅，早有改组广东省政府之意。为了有所依循，在其主导下，广州政治分会曾在1928年2月底致电中央政治会议，请求从速制定地方行政组织法，对此中央政治会议仅复以法制局正在起草《省政府组织法》。④ 在4月18日中央政治会议通过《修正省政府组织法》后，从南京回到广州的李济深，即于4月20日在广州政治分会第99次会议上，提议改组两广省政府案。会议最后决议，根据中央政治会议议决的《修正省政府组织法》，取消农工、实业两厅，省政府下只设秘书处及民政、财政、教育、建设各厅；同时将原来实业厅行政事务归并建设厅办理，在建设厅内增设实业科，农工厅行政事务归并民政厅办理，在民政厅内增设工事、农事两科，并决定由广州政治分会下设建设委员会负责起草省政府及各厅组织法。⑤ 不过，直至5月底，建设委员会才

---

① 《中央政治会议速纪录第138次》，1928年4月，中国国民党文化传播委员会党史馆藏，典藏号：中央0138。

② 《首都要讯》，《申报》1928年5月2日第2张第8版。

③ 《中央政治会议速纪录第139次》，1928年5月，中国国民党文化传播委员会党史馆藏，典藏号：中央0139。

④ 《中央政治会议广州分会寒电》，1928年2月，中国国民党文化传播委员会党史馆藏，典藏号：政11/4.1。

⑤ 邵元冲著，王仰清、许映湖标注：《邵元冲日记》，上海人民出版社1990年版，第418页；《广州政分会决改组粤桂省府》，《申报》1928年4月30日第3张第9版。

将各厅处组织法及省府委员会办事细则大体起草完毕。但广东省政府据此改组、成立则是6月中旬以后的事情。[①]

浙江省政府在《修正省政府组织法》颁行不久，因其规定与中央政治会议此前的相关决定以及事实上存在诸多的不妥，于5月16日电请政治会议解释：

（1）按照《修正省政府组织法》规定，省政府委员与各厅厅长任免，由各主管部院及委员会呈请国民政府核准并任命，这与3月14日中央政治会议第132次会议议决并通令各省遵照办理之“各特任官、各省省政府委员、各特别市市长任免，归政治会议议定”[②] 不同；

（2）1927年7月8日国民政府公布之《省政府组织法》明定省政府各厅长由委员兼任，而新颁《修正省政府组织法》又明文规定省政府各厅长为一当然兼职；

（3）新颁《修正省政府组织法》规定，省政府委员会集会时不得派代表出席，当兼厅长的委员因公请假而又须出席说明时，如不派代表出席，政务未免停顿，又应如何办理？[③]

需要说明的是，前文已提及浙江省政府曾于1927年8月8日向中央政治会议提议，委员兼厅长如有特殊情形不能到会时，可否派代表出席，以及代表出席人员权限如何规定的问题，当时政治会议的态度是，“应准以秘书或与秘书资格相等之人员代表出席，并得加入表决之数”[④]。及至此时，中央政治会议对此问题的态度有了明显变化。

1928年5月23日，中央政治会议第141次会议在讨论如何答复此案时，各委员对于省政府委员会集会时能否派代表出席以及代表权限，基本达成共识，认为厅长因公请假时可派代表列席省政府会议并陈述意见，但无表决权，而在厅长应否必为委员问题上则出现分歧。于右任主张厅长不必为委员，而王世杰则认为不应规定，得蔡元培赞同，认为如此办法，可以解决省政府委员人数满时再增设厅的困难。为了解决双方意见的对立，

① 《省政府改组之要讯》，《广州民国日报》1928年6月18日第3版。

② 《中央政治会议速纪录第132次》，1928年5月，中国国民党文化传播委员会党史馆藏，典藏号：中央0132。

③ 《浙江省省政府寒代电呈请解释关于省政府组织法三项》，1928年5月，中国国民党文化传播委员会党史馆藏，典藏号：政11/4.1。

④ 《中央议定补救兼职委员办法》，《申报》1927年8月12日第2张第7版。

张静江主张“厅长兼任委员，如十三人满后亦可增加，但必兼厅者始可补入”，谭延闿也提出“各省均十一人，留二缺备日后补入”的建议。[①] 会议最后根据王世杰的意见形成决议：（1）中央政治会议议决案及《修正省政府组织法》第十五条系规定任免前提议及决定任免的程序，而《修正省政府组织法》第五条系规定执行任免的机关，彼此文义并不冲突；（2）委员可以兼厅长，厅长不必一定由委员兼任；（3）“省政府委员会集会时，省政府不得派代表出席”，系指省政府委员不得派代表出席省政府委员会，参加省政府委员会表决，但兼厅的委员如因公请假，又有派员列席于委员会的必要时，自得派员列席陈述意见。[②]

需要指出的是，南京国民政府这次出台颁行的《修正省政府组织法》，在当时所产生的影响仍然极其有限。除在北伐军占领山东后，依据该组织法组织山东省政府，继而又在6月初及中旬允准山东在已设各厅之外增设农矿、工商两厅外，[③] 在其他各省则很少实施，各省仍多各自为制。随着北伐的结束，全国在形式上实现统一，政治权势格局的调整和重组，《省政府组织法》再次面临重订。

由于此时中国尚处在孙中山所称的“军政时期”，国民党内部各派系对于建立一种什么样的政治体制尚无明确统一的意见。南京国民政府对于省制所进行的摸索和调整，主要体现的是这一时期在不同阶段掌握南京政府实权的国民党派系意旨与设想。

1927年4月，蒋介石联合胡汉民等国民党内部反共势力，建立南京国民政府，但政府实权为胡汉民等粤系人物所操控。为了改变这一局面，蒋介石提案矫正各机关委员人数过多以及委员兼职过多的局面，却被胡汉民等控制的政治会议，将该案转而变为厘订省行政法。由于当时南京政府与武汉政府对峙，《省政府组织法》在内容规定上多有向各省妥协之处。

宁汉合流后，在“西山会议派”的主导下，南京国民政府以《省政府组织法》公布施行以来窒碍颇多，提议修正。此次修正主要是为了纠正上

---

① 《中央政治会议速纪录第141次》，1928年5月，中国国民党文化传播委员会党史馆藏，典藏号：中央0141。

② 《中央政治会议对浙江省呈请解释关于省政府组织法三项的决议答复》，1928年5月，中国国民党文化传播委员会党史馆藏，典藏号：政11/4.1。

③ 《中央政治会议速纪录第140、143、144次》，1928年6月，中国国民党文化传播委员会党史馆藏，典藏号：中央0140、0143、0144。

次《省政府组织法》存在的种种弊端，力求收回各省的军权和司法权，与“统一”的局面相适应，但由于中央特别委员会遭到各方反对，该组织法颁布后，在实际上并没有产生多大影响。

1928年年初，蒋介石通过国民党二届四中全会重新集党、政、军大权于一身，但因其在国民党内尚未为老一辈同志所承认，为了安置要人以消除党内分裂，促成国民党内部的全面团结，在国民政府之下新添内政、农矿、工商三部。此举引起以前省政府各厅与国民政府各部间连带关系的重新厘定。最终出台的《修正省政府组织法》，侧重厘订各厅处的职权。

南京国民政府建立之初《省政府组织法》的修订和颁行，是在刷新政治的背景下进行的。由于当时南京国民政府对全国各省的实际控制力有限，三次颁行的《省政府组织法》在实际上产生的影响，自然也就非常有限。

第二章　“分权合作”与“集权”较量下的省制修正与筹议

1928年6月8日、12日，国民革命军先后克复平津，张作霖退回关外。6月15日，国民政府宣布“军政时期”结束，“训政时期”开始。根据孙中山所定《建国大纲》遗教，训政与军政两时期的差别，不仅仅是由“以党建国”转向“以党治国”，更在于具体政制的不同。下一步国家建设基本方针的确定、权力的重新分配以及政治体制的相应调整等，随即提上议事日程。

由于蒋介石在1928年年初重新上台后，为实现国家统一，采取“先北伐后统一”的务实策略，对于李宗仁、阎锡山、冯玉祥等实力派势力坐大采取容忍态度，南京国民政府虽然通过北伐在形式上实现了对中国的统一，但各实力派割据混战的格局并未得到根本改变。迄至1928年6月北伐告成之际，在南京国民政府之外，实际已经形成以政治分会为中心的四大军事势力：李济深第八路军控制下的广州政治分会，管辖广东和广西；李宗仁第四集团军掌控下的武汉政治分会，下辖湖南和湖北；冯玉祥第二集团军掌控的开封政治分会，管辖河南、陕西和甘肃；阎锡山第三集团军掌控的太原政治分会，管辖山西、绥远、察哈尔。张学良“东北易帜”后，国民政府又设立东北政务委员会，管辖东北三省，拥有较大的自主权。除江苏、浙江、安徽、江西、福建、广东等少数省份，其余多数省份是国民党和地方实力派等妥协的结果。“当时各省掌握实权者有的仍带军阀气质，因见革命行将成功，随风转舵而入党。中央实行羁縻政策，委以党政重权。”① 在这些省区，国民党不得不尊重地方实力派的地位。各地方实力派实际控制着各省的人事。

① 董霖：《六十载从政讲学》，台湾商务印书馆1991年版，第31—32页。

在南京国民政府重建之际，蒋介石坚持武力统一政策，采取整理军事、取消各地政治分会等集权措施，力图建立国民党一党专政与个人独裁，遭到各地方实力派的抵制。进退失据之际，蒋介石采纳胡汉民等所设计政制，改组国民政府，容纳各派实力人物从中分享一部分政治权力。以此为契机，蒋介石和胡汉民开始合作，形成蒋介石、胡汉民、谭延闿“三驾马车”的权力格局：蒋介石利用拼凑五院制的机会，继续推行削弱实力派的政策；胡汉民一方面帮助蒋介石巩固南京国民政府，一方面利用法律、立法权制衡蒋介石的权力；谭延闿则居中缓和二人关系。1930 年 9 月谭延闿病逝后，蒋介石兼掌行政院，打破了原有的权力格局，蒋胡关系趋于紧张。随着中原大战的结束，阎锡山、冯玉祥、李宗仁等实力派的威胁相继消除，蒋胡矛盾更加激化。1931 年 2 月，蒋介石以招宴中央执监委员为名拘押胡汉民，引起粤方人物一致反对，形成宁粤对峙局面。

在国民党内部各派系“分权合作”与“集权”两种不同主张的较量下，这一时期南京国民政府也对省制进行了修正和筹议。

第一节 《省政府组织法》的再次修订与颁行

1928 年 6 月初，国民党北伐军相继克复平津，12 月底张学良宣布东北“易帜”，国民政府在形式上完成统一，标志着“军政时期”结束，进入“训政时期”，由中国国民党实行训政，以为宪政时期做准备。根据孙中山所拟《建国大纲》规定，“训政时期”与“军政时期”的任务不同，政制设计亦各异。随着国民政府工作重心从军事北伐转向国家建设和稳固政权，政制调整势在必行。

1928 年 8 月，国民党二届五中全会在南京举行，主要解决统一后军事、财政及政府组织等问题。蒋介石及其控制的南京国民政府趁着军事胜利，标举孙中山“以党治国”主张，利用国家重建之机，力图建立国民党一党专政与个人独裁。按蒋介石最初的设想，“如欲必余任主席，则必有任免权；对各院与政治会议必有复议权；财政统一；常务会议有最后决定权；焕章入府；财政未统一前，各省不能向中央请求接济；政治分会不能为执行机关；主席任期等皆须切实解决也”[①]。然而，蒋介石系靠黄埔军校起家，在“以党治国”的体制下难以建立稳固地位，而且他在当时亦无足够的实力慑服各地方实力派。当蒋介石等本诸中央集权主义，试图借助各地政治分会存废问题、整顿军事案等，改变当时的中国政治权力格局时，立即遭到国民党内部各派系及各地方实力派的强烈反对，出现严重的政府危机。在进退失据之际，蒋介石只好一方面向各省实力派妥协，在政治分会问题上让步，允许其年底取消；一方面为平衡各派系利益，接受胡汉民、孙科等人建议，确立党治制度，并改组国民政府，实行五院制。政制调整被置于各派系间的角力之下。

一　第一期民政会议前后有关修正省制之提议

北伐成功后，国民党基本上实现对全国的统一。1928 年 10 月上旬，南京国民政府相继公布《中华民国训政纲领》和《国民政府组织法》，规定由国民政府总揽中华民国立法权，国民政府设立行政、立法、司法、考试、监察五院；由国务委员组成国务会议，处理国务，并调解五院关系，会议主席由国民政府主席担任；公布法律、发布命令，须经国务会议议决，并由国民政府主席及五院院长署名。10 月 8 日，国民党中央执行委员会决议，任命蒋介石、谭延闿、胡汉民等 16 人为国民政府委员，并任命蒋介石为国民政府主席、谭延闿为行政院院长、胡汉民为立法院院长、王宠惠为司法院院长、戴季陶为考试院院长、蔡元培为监察院院长，形成各派联合执政的权力格局。10 月 26 日，国民政府发表《国民政府训政时期施政宣言》，宣布军政结束，进入训政时期，即由国民党代行政权，治权则授予国民政府。中央政治会议成为“全国实行训政之最高指导机关”，在党的系统以内，政府有义务执行其决议案。

中央政府初具雏形，省及省以下地方政府的组织问题随即引起时人的注意。时任南京国民政府内政部参事的孔宪铿首先在国民党中央机关报纸《中央日报》上撰文指出：“中央政府组织完成以后，还只像人身有了头，有头没有手足还是不行，因此现在更应该赶快把地方政府组织好。”在孔宪铿看来，组织省政府时需要注意：（1）在介乎中央与几个省之间的政治

① 《蒋介石日记》1928 年 8 月 8 日。

分会真正取消之后，省的立法工作应该由什么机关去办；（2）省政府组织应该由委员制改为省长制。为此，他还提出了一个省政府组织大略：省政府设省长一人，省长之下分设数厅，省长由国民政府简派，直接对国民政府负责，各厅长只是帮助省长的官吏，由省长荐请国民政府委派，直接对省长负责；每省设一立法（或省政）委员会，专任各该省立法工作，其委员由省党部推选，其主席由委员自行互选，省立法或省政府委员会直接受省党部监督。[①] 这是一个独任制的省政府组织法设计，并力图发挥省党部的作用，即通过省党部推选委员组织省立法或省政府委员会，来专任省一级的立法工作。

10 月 22 日，江苏士绅马良、黄以霖、王清穆、张一麐等人致电南京国民政府，专就江苏省政治的实际情况发表对于省制改革的意见，主张完全以人才为标准，具体言之：（1）省政府委员应尽采择本省人才；（2）主席委员应选资深望重之文治人员；（3）兼厅委员应选旨趣纯正、能力丰富之人员；（4）专任委员应选长于学识、富于研究之人员。[②] 这是一个体现地方自治诉求的省制。

上述吁求省制改革的呼声，并未得到南京国民政府的积极回应。但在蒋介石看来，“训政时期，内政急须整顿，并拟先从苏、皖、浙、赣、闽五省着手，令内部于最近期内先行召集五省民政厅长来京，开东南民政会议，注重实施，期收速效，以树全国风声”[③]。

12 月 15—25 日，第一期民政会议在南京召开。江西省民政厅厅长杨赓笙和浙江省民政厅厅长朱家骅分别向会议提议，要求颁定各省民政厅组织法。杨赓笙之提案认为，“各省《省政府组织法》暨各省各县《县政府组织法》先后奉令颁行遵照，惟民政厅组织法未奉明令规定，组织各殊”，而且“内政部组织法缜密周详，各省民政厅为内政部承宣机关，其法自应以内政部为规矩，各省更不得歧异以昭统一”，并拟具《各省政府民政厅组织法》草案 16 条，请求公决。[④] 朱家骅之提案认为，按照现行《省政府组织法》第二十三条规定，各厅处组织原则上仅能设科，“惟民政厅职掌

① 孔宪铿：《地方政府问题》，《中央日报》1928 年 10 月 15 日第 1 张第 3 面。
② 《马良等电陈苏政意见》，《申报》1928 年 10 月 23 日第 4 张第 6 版。
③ 《东南内政会议先声》，上海《民国日报》1928 年 11 月 9 日第 2 张第 1 版。
④ 内政部第一期民政会议秘书处编印：《内政部第一期民政会议纪要》，1929 年，第 120—123 页。

范围，本较各厅为广，而对于训政方面之工作亦较为繁重，若仅分科办事，应付殊多困难”，主张“于各科之外，分设各处”，办理水陆警察、指导自治及土地、卫生行政各事宜，亦拟具《省政府民政厅组织条例》12条，请求公决后呈经行政院核准公布施行。①

上述两案经合并审查，由民政司报告，以此前内政部所拟定《民政厅组织条例》呈请国民政府颁行，结果奉指令，“查省政府各厅处之组织已大致规定于最近公布之《修正省政府组织法》第二十一、第二十二、第二十三各条之中，而《修正省政府组织法》第二十四条复规定省政府各厅处办事细则由省政府委员会议定之。其立法本旨，无非大纲由中央立定，而细节在地方自拟，俾各省政府于遵循中央法令之下，仍有因地制宜之余地。是以省政府民政厅组织条例，无须由中央政府颁行”。杨、朱二人只好将原案撤回，另定施行细则。②

此外，第一期民政会议“以土地行政分掌于民政、建设二厅，于推行上诸多窒碍”，议决“请修正《省政府组织法》，于各省增设土地厅”③。1929年1月14日，内政部部长赵戴文将此案呈交行政院，经国民政府转送中央政治会议。1月23日在中央政治会议讨论此案时，孙科指出广东土地厅设立多年毫无成绩，原因即在土地法未公布、土地制度未确定，得到赵戴文赞同，决议“交立法院”。④ 2月2日，立法院第十一次会议又将此案“付法制委员会会同经济委员会审查”⑤。不过，2月22日法制、经济两委员会联席会议审查结果，认为“土地法正在起草中，关于土地行政将来应为有系统之组织，在土地法未颁布前，省府似无增设土地厅必要”。3月9日，此议经立法院第十六次会议通过。⑥

与此同时，卫生部部长薛笃弼在1929年1月，依据1928年12月1日国民政府颁行的《全国卫生行政系统大纲》第四条规定“各省设卫生处，

① 内政部第一期民政会议秘书处编印：《内政部第一期民政会议纪要》，第123—125页。

② 同上书，第120页。

③ 《行政院公报》1929年第14期，第40页。

④ 《中央政治会议速纪录第172次》，1929年1月，中国国民党文化传播委员会党史馆藏，典藏号：中央0172。

⑤ 《立法院第十一次会议·修正省政府组织法增设土地厅案》，《国民政府立法院会议录》(1)，第98页。

⑥ 邵元冲著，王仰清、许映湖标注：《邵元冲日记》，上海人民出版社1990年版，第509页；《行政院公报》1929年第50号，第22页。

隶属于民政厅，兼受卫生部之直接指挥监督”，拟订《省卫生处组织条例草案》，呈请行政院转呈国民政府发交立法院审议。[①] 该案经1月29日行政院第13次会议决议通过，但立法院在2月16日审议该案时，认为“本案不成立”[②]。2月23日，在中央卫生委员会第一次会议上，委员全绍青（天津市卫生局局长）、胡定安（南京市卫生局局长）、黄子方（北平市卫生局局长）及胡鸿基（上海市卫生局局长）等人，听闻《省政府组织法》因各省添设土地厅问题正在立法院修改，提议乘此时机建议南京国民政府将各省卫生行政设厅专管，一并规定于《省政府组织法》中。[③] 薛笃弼随后根据中央卫生委员会决议，缮具前拟《省卫生处组织条例草案》原案一份，呈请行政院转呈发交立法院审核。不过，最终该案被立法院搁置不议。[④]

二 决议修正《省政府组织法》

1929年3月，蒋介石在胡汉民、谭延闿支持下，借武汉政治分会“违法”改组湖南省政府，趁机将各处政治分会撤销，并主导国民党“三大”通过《确定训政时期党、政府、人民行使政权治权之分际及方略案》，确定中央对地方权力的压倒性优势的原则，继而又通过扣押李济深，公开对桂系用兵等措施，相继控制两湖地区。蒋介石及南京国民政府声势大振。

为了“造成国家之统一”，国民党中央一方面特设中央执行委员会“特派员制度”，加强对各省党务的控制和领导，规定特派员拥有各省党务的最高权力，[⑤] 一方面为了加强各省地方人事的控制，改变以往“各省高级行政人员仅据军事领袖电保，中央即照请任命，究竟其人为何如人，有何经历、学历，中央既无案可稽，亦未存留备案”的局面，根据戴季陶提议，通过两条用人原则：（1）以后各处保荐简任、荐任人员，须将其籍贯、年龄、履历详细呈报中央备核；（2）以后各省兼厅长之省政府委员，

① 《国民政府公报》第19号（1929年2月6日），第45页。

② 《国民政府立法院会议录》（1），第138—139页。

③ 《呈行政院呈送拟订省卫生处组织条例草案请转呈发交立法院复加审查准予设立并将省设省卫生厅处加入省组织法中请核示文》（1929年3月8日），《卫生公报》第1卷第4期，第53—55页。

④ 《呈行政院呈为根据卫生行政系统大纲各省设置卫生处因列入省组织法内申述意见祈鉴核文》（1929年10月2日），《卫生公报》第1卷第11期，第55—56页。

⑤ 秦孝仪主编：《革命文献》第79辑，“中央文物供应社”1979年版，第36页。

须在就职前来京向国民政府报到，接受任命。①

至5月中下旬，蒋介石与冯玉祥矛盾激化，冯玉祥起兵反蒋。5月24日，蒋介石、胡汉民控制下的国民政府解除冯玉祥的本兼各职，并通过收买冯部下韩复榘、石友三等倒戈，迫使冯玉祥在27日通电下野。

为更好地规划桂系、冯玉祥之后的中国政局，改组国民政府，根据蒋介石、戴季陶、胡汉民提议，国民党三届二中全会于6月10—18日在南京召开。全会在胡汉民主导下，对于党务、政治、军事、建设均有具体决定：规定训政时期为6年，至1935年完成；重申国民党在地方实施党政双轨制的精神（即地方党部与地方政府是平行的机构，并不存在直接的权力隶属关系）；“中央与地方间一切法令规程之抵触处重新审订，拟交立法院汇集审订，限三个月内办理完竣”，以及“由教育部定期停止试行大学区制”等。②

此外，还有各方所提建议案未及议决，被转交中央常务委员会解决。其中，就包括亲蒋介石的南京特别市党部执行委员会向国民党三届二中全会提交的呈文，提出了两项建议：

第一，规定“中央委员不得兼任地方行政长官”。理由有三：（1）地方政务纷繁，各主管机关须有正式任命官吏亲往负责，若由中央委员兼任，势必长期请假遥领，委任属官代理，或奔走中央、地方两地，顾此失彼，两受其弊；（2）中央与地方有统属关系，现在中央委员大都兼有中央政治机关职务，若再兼任地方职务，有时两机关事务集中一身，冲突之处在所难免；（3）各人精力有限，既任一职，对于不在同一地方的另一职务，万不能妥善兼顾。

第二，规定“军人不得兼任省政府委员，并修正《省政府组织法》，裁撤不兼厅委员”。理由是：军人知识、技能长于武事，民政非其所夙习，若由军人主持省政，不仅用非所学，贻军民之诮，甚至会出现类似桂系、冯玉祥叛难的局面；而《省政府组织法》第五条之所以规定省政府委员名额为9—13人，只是因为在军事时期为了集中各方人才来巩固省政府基础，现在训政业已开始，各省政府不兼厅委员人数既多，都半整日无所事

① 罗家伦主编：《革命文献》第23辑，“中央文物供应社”1984年影印再版，第467页。

② 中国国民党中央委员会党史史料编纂委员会编：《中国国民党历届历次中全会重要决议案汇编》（一），“中央文物供应社”1978年版，第137页。

事，甚或侨寓省外，坐领干薪。①

6 月 27 日，国民党中央召开第十九次常务会议开会审议南京特别市党部执行委员会的提案，对于第一个建议，认为“按来呈原意在使中央委员集中中央处理党政，未为不善，但中央认为必要，使之兼任地方重要职务时，则与不负责任而游离于外省不同，中央须统筹内外，为事择人，故此时不得定此限制”，直接予以否决；并对第二个建议，议决“交政府照此原则，斟酌情形采纳施行”。②

需要指出的是，南京特别市党部执行委员会提出的第二个建议中，实际包括两件事情：其一为规定现役军人不得兼任省政府委员，并裁去不兼厅委员；其二为修正《省政府组织法》。7 月 10 日，中央政治会议第一百八十六次会议在核议该案时，与会委员意见纷纷。

对于前者，孙科表示，“省政府委员不以军人兼任是很好的，但现在是事实上的结果，很不容易办到。其次也非易事”，主张各省平均做一个决议：（1）省政府委员人数不能超过兼厅委员人数的三分之一，或者不兼厅委员及不兼地方行政官的委员人数不得超过三分之一；（2）不能以现役军人为省政府委员。不过，胡汉民认为，“定不得超过半数好些，此后省政府委员有缺就不补了，其可淘汰者亦渐为减去”。

至于《省政府组织法》是否应该修改，叶楚伧认为“自不能常常修改”，但鉴于当时各省在实施《省政府组织法》时存在诸多问题：委员从就职起，因办事细则从无规定，以致未兼厅委员直至改组可不到省府办公；各省政府对外名义亦未明确，或用省主席名义，或用省政府委员会名义，各省参差不齐，而省政府会议又无法定人数；各厅职权及相互关系未明订，各厅有相关之事，办法无从统一等诸缺点，仅主张在《省政府组织法》未修改之前订一补充条例予以补救。

对此，胡汉民也承认，“从前所订（省政府）组织法确有不好之处”，“前因每值一省光复之后即须组织省府，而委员人选亦以克复该省之关系人充之，故委员人数遂多，不以政治情形，不以地方需要为标准，其各厅关系为何，职权为何，均未想到”，主张修改《省政府组织法》，“政治会

① 南京特别市党部：《请规定现役军人不得兼省府委员并裁撤不兼厅委员案》，1929 年 6 月，中国国民党文化传播委员会党史馆藏，典藏号：政 11/20.3。

② 《中国国民党中央执行委员会常务委员会会议录》第 8 册，第 401—402、407 页。

议可定一原则，交立法院去修改”。

孙科赞同修改《省政府组织法》，但表示此举“不容易”，主张“由政治会议指定委员，将原有《（省政府）组织法》审查，同时再电各省政府征求意见，以实际上之经验供参考之资料，因前此所订《（省政府）组织法》均为一种理想，以后又可将各省可呈报之材料加以研究，再行决定原则，交立法院去修改条文”①。

最后，中央政治会议根据胡汉民、孙科的提议，就关于《省政府组织法》审查问题做出决议：（1）限一个月内完成对《省政府组织法》的审查，决定一个原则，交立法院修改；（2）省政府永久组织法应指定问题征集各省政府意见，限于两星期内汇集，交立法院参考；（3）指定戴季陶、孙科、胡汉民、谭延闿、赵戴文、叶楚伧、古应芬、刘纪文、李文范9人审查，由古应芬召集。②

为了和解决桂系、冯玉祥之后的政局相适应，南京国民政府将制定永久的《省政府组织法》提上议事日程。

三　各省政府的修改意见

7月31日，古应芬等审查委员召开审查会议，经过讨论，对《省政府组织法》做了以下修正：

（1）根据胡汉民的意见，决定“不兼厅委员不得超过兼厅委员人数之半”，将省政府委员人数由9—13人改为7—9人，并接受南京特别市党部执行委员会提议，修改第五条条文，规定现役军人不能兼省府主席及委员；

（2）在第五条下增加一条，明确规定省政府委员会职权6款；

（3）修改第十七条关于省政府主席的产生方式，由“指定”改为“任命”；

（4）修正第十八条省政府主席职权第一款，将“执行省政府委员会之议决案”改为“代表省政府执行省务会议之议决案”；

① 《中央政治会议速纪录第186次》，1929年7月，中国国民党文化传播委员会党史馆藏，典藏号：中央0186。

② 《中央政治会议函国民政府》，政治档案，中国国民党文化传播委员会党史馆藏，典藏号：政11/4.1。

（5）认为第二十三条为办事手续，不必在组织法中予以规定，将其全删。[①]

稍需说明的是，修正案第五条第五款中的“不能”在随后编遣实施会议的决议中被改为“不得”。8月5日，编遣实施会第6次会议根据何应钦的提议，决议“今后各省政府主席不得兼任军职，各师师长不得兼任政务官”[②]。

此外，修正案增加了关于省政府职权的规定，至于“省政府下各厅处有无另定组织条例之必要，如须制定，究竟应由何机关议定”，则不免让人产生疑问。对此，立法院法制委员会于8月6日议决，“省政府下各厅处应如何组织，似宜于《省政府组织法》内加以详细之规定，现在《省政府组织法》正拟修改，关于省政府下无各厅处组织条例，似无另定之必要”[③]。

对于现役军人不得兼省政府主席及委员的规定，冯玉祥在其日记中为我们提供了一个反对者的看法。1929年8月3日，冯玉祥写道：“编遣后，各总指挥、军人取消，且军人不准兼省委，又无妥当办法安顿，如何能安？政府只看到别人是坏的，但是有兵没人带，怎能不闹乱子？”[④] 8月24日，冯玉祥又在日记中记道：“……三、现在反蒋最力者是何成濬，只因时机未到，尚无决心。至唐生智、陈调元、刘镇华等反对，表面是反对三全大会，实则因为编遣以后，总指挥、军长名义全行取消，军人又不准兼省委。”[⑤]

官媒《中央日报》则与冯玉祥的悲观态度相反，表现得极为乐观，认为“军人不得兼省府主席及委员”的规定是“各省省政府总整理”的契机，解除这些“于军队中资望素深”的军人在省政府中所担任的简任要职，“必能为实施编遣之创导，坚定人民之信赖，一振国人之视听”；“中央苟能乘此机会，于省政府之组织法，如认为须加修正，则从速修正；委员之进退亦严加考核而重为整理。自兹以后，使各省政局表现十分稳定之景象，亦训政推行前之要着也”[⑥]。

不过，在当时实施这项决议并不容易。8月21日，中央政治会议第

---

① 《各省省政府对于省政府组织法之意见》，1929年7月，中国国民党文化传播委员会党史馆藏，典藏号：政11/4.1。

② 《编遣实施会议》，《申报》1929年8月7日第2张第7版。

③ 《立法院法制委员会第二十八次常会议事录》（1929年8月6日），《国民政府立法院会议录》（三七），第470页。

④ 中国第二历史档案馆编：《冯玉祥日记》（Ⅲ），江苏古籍出版社1992年版，第26页。

⑤ 同上书，第37页。

⑥ 《各省省政府之总整理》，《中央日报》1929年8月9日第1张第3版。

192 次会议临时提议阎锡山电请任命自己的亲信李培基为绥远省主席时，主席蒋介石力主贯彻现役军人不兼省委或主席的规定，以李培基为现任师长，师长不能兼任主席为由，试图否决，遭到内政部部长赵戴文反对。赵戴文认为，李培基为绥远人，对于绥远省情形极熟悉，主张在李培基出任绥远省主席后即可开去其师长职务。赵的主张最后获得通过。①

事实上，在当时不兼军职的省主席只有两广及江浙等省的情况下，尽管此前编遣实施会议已将军职不兼省主席及省委的决议公布，慢慢设法解决不想解除军职者或是最佳办法。当由拥护蒋介石分子主导的陆军军官学校特别党部根据编遣实施会议决议通过的“各省政府主席不得兼任军职、师长不得兼任政务官”一案，呈请将各兼军职之省主席及省委一律于双十节前解除兼职时，中央政治会议也就自然将该案封存不决了。②

这是力主集权中央的蒋介石不愿看到的结果。8 月 31 日，蒋介石借在上海淞沪警备司令部招待新闻记者之机，大肆宣传其时召开的编遣实施会议对于政治及财政所做出的决议，主张实行军民分治、中央地方行政人员不兼任，国家税归中央，实现财政统一。③

相比之下，各省政府对于《省政府组织法》的意见反馈则颇为迟缓。中央政治会议在 7 月 10 日本决议“分电各省府，限二星期内呈复”，该省政府“就各省政府遵行与观察所及，此项组织法有无不便，及应行修正之处”④，结果“及二星期后，再发电催促，至今又已二星期矣”。即便如此，截至 8 月 27 日，当时 27 省之中也只有江西、广东、湖北、湖南、辽宁、吉林、黑龙江、察哈尔 8 省复电，未有复电者则有 19 省之多。鉴于这种局面，8 月 28 日召开的中央政治会议第 193 次会议只好再做一决议，将该案“暂行保留，电催未有复电各省，限九月十五日以前呈送意见，各省意见仍交古委员等审查”⑤。

① 《中央政治会议速纪录第 192 次》，1929 年 8 月，中国国民党文化传播委员会党史馆藏，典藏号：中央 0192。

② 《中央政治会议速纪录第 193 次》，1929 年 8 月，中国国民党文化传播委员会党史馆藏，典藏号：中央 0193。

③ 《蒋主席昨日在沪招待新闻界》，《中央日报》1929 年 9 月 1 日第 1 张第 1 版。

④ 《中政会通电各省府查询对省府组织法之意见》，《天津益世报》1929 年 8 月 1 日第 1 张第 3 版。

⑤ 《中央政治会议速纪录第 193 次》，1929 年 8 月，中国国民党文化传播委员会党史馆藏，典藏号：中央 0193。

在中央政治会议催促之下，各省才陆陆续续呈报对于1928年4月颁行的《省政府组织法》的意见，略如表2—1所示。

表2—1 各省政府对于1928年4月《省政府组织法》的意见①

省别	呈交时间	省主席	主要意见
吉林	8月1日	张作相	遵行半年，尚无不便，暂缓修改
广东	8月12日	陈铭枢	此等歧形苏维埃组织，在法理、实验上一无是处。 (1) 省政府主席职权除处理日常事务与召集例会外，还执行委员会决议案，一切政务既有各厅主管，如决议案由主席执行，不过将决议分别通知各厅。而且不兼厅之委员人数超过各厅厅长。 (2) 组织法第二条规定“各厅对于主管事务，除中央法令别有规定或省政府委员会别有决议者外，以厅令行之”，并未规定必须经省政府委员会决议事项，实际上亦难规定，如事事待议而行，行政不免濡滞；若事事集于主管，会议等于骈枝。 (3) 第八条秘书处系承主席之命综理事务，似主席于各厅主管之外犹有同等政务可以执行，又不知其所执行为何事。
江西	8月15日	朱培德	施行以来，尚无不便，并无修改意见
察哈尔	8月18日	杨受源	(1) 各省情形不同，行政不能施以完全统一的法令，其事务有全省一致性质而非中央法令所能因应得宜，亦非县单行法规所僭越，于不抵触中央法令范围内，自宜施以统一的省单行法。现行组织法第二条规定“省政府于不抵触中央法令范围内得发行省令”，并无明文规定制定省单行法的权限，为免各县自为风气，且与《建国大纲》第十七、十八两条符合，应于该条末加“并得制定省单行法规”九字。 (2) 按省组织法规定，省府职权在综理全省政务，省府对一省治安负实际权责，小盗土匪固可由警团缉捕，倘有股匪扰害公安时，境内驻军虽负有镇戍剿办之责，因军政分明，省府若无监督考核之权，驻军剿办不力，省府无可奈何，进而影响其他政务进行，应于省组织法中明定省政府有督促辖境内驻军剿匪之权，并有权考核其是否出力，随时呈请中央奖惩。

① 《省政府组织法案》，1929年8—9月，中国国民党文化传播委员会党史馆藏，典藏号：政11/4.2。

续表

省别	呈交时间	省主席	主要意见
湖南	8月19日	何健	(1)第二条拟请修正为“省政府于不抵触中央法令范围内，对于省行政事务事项得制定省单行法规并发布省令”。原组织法仅予省政府对省行政事项有发布省令权，事实上省政府因应实际需要及执行便利，往往有制定省单行法规。际兹训政实施，省行政事项日益纷繁，在中央法令范围内因应情势制定法规以促进训政建设进展，自为正当办法。 (2)第六条“省政府下设左列各厅”之下拟请增加“其组织规则由省政府自行制定，呈请国民政府核准施行”。按第八条至第十四条对于省政府各厅处职掌已有明白规定，第二十条至第二十二条对于省政府各厅处组织亦规定大纲，然各厅处似应依照其职掌另行制定详细组织规则，方可统系分明推行便利，将制定规则之权付之省政府，以各省设厅多寡不一不必一律，其职务分配亦自各有繁简。 (3)第六条建设厅之后拟请增列“教育厅”三字，并删去“除试行大学区制之省区外省政府之下设教育厅”。按试行大学区制业经国民党三届二中全会议决废止，各省教育事项自应由教育厅专管，省政府之下设置教育厅已为当然事实。 (4)第七条拟请删去“在试行大学区制之省区，本法第十二条所列教育厅事务，由各该区大学依大学区组织条例掌理之”。 (5)省得制定单行法规，则撰拟编审之事不可无专管机关，故在第八条秘书处掌理事务拟增加一项“关于撰拟、编审省单行法规事项”。 (6)公共体育场与文化健康有关，故在第十二条教育厅掌理事务拟增加一项“关于公共体育场事项”。 (7)秘书长为出席省务会议之一员，现在各省政府秘书长不乏由委员兼任者，若以法文规定由委员兼任愈为周安。故第二十条拟请于“秘书长为简单职”下增加“得以省政府委员兼任”。 (8)第五条规定省政府委员不得兼任他省行政职务，则兼任本省行政职务当在不加禁止之列，事实上近年来各省政府厅长均由委员兼任者，列席省务会议即可处理该管行政事务，若以非委员充任厅长，则有悖各厅构成省政府之一员之原则，各厅长既明定以委员兼任，原法第五条亦明定委员为简任职，本条自毋庸重复规定，故第二十一条拟于“省政府各厅设厅长一人”之下增加“以省政府委员兼任”，并删去“厅长为简任职”。

续表

省别	呈交时间	省主席	主要意见
辽宁	8 月 20 日	翟文选	施行以来，尚无不便处
黑龙江	8 月 21 日	万福麟	奉行以来，并无不便
云南	8 月 24 日	龙云 （胡瑛代）	现行省组织法系军政时期一时权宜之计，《建国大纲》但存省长制主张，并无委员制规定，当此实施训政之际，为地方行政统一及敏活，宜根本打消此制，由中央简放省长以一事权，如因一时未便更张，可就现时组织法酌加修正，不设不兼厅委员。
河南	8 月 27 日	韩复榘	省组织法第五、六、七、九、十、十一、二十二各条应加修正： （1）第五条规定“省政府由国民政府任命委员九人至十三人组织省政府委员会行使其职权”，因委员过多，不兼职者往往不能出席会议，以致不足法定人数不能开会。 （2）第六、七条因大学区制现已取消，有关大学区制省区与非大学区制省区之教育事权划分规定应删正。 （3）省组织法第九条第一项关于县市行政官吏任免监督事项规定，与《县组织法》第二章第十一条规定“县政府设县长一人，由民政厅提出合格人员二人至三人，经省政府议决任用之”不符，为免两歧，应将由民政厅提出议决之意加入该项条文内。 （4）豫省河务事项向归民政厅管辖，而组织法第九条民政厅掌理事务及事项内并无涉及河务之事，建设厅掌理事务第二项却列有关于河工事项，豫省河工关系甚重，若照此条则现在任务出现规定外，若强为分隶则对于事实或又有窒碍之处，且河防关系民生，骤脱民政范围，窒碍不独豫省。 （5）各厅处用人多寡应视事务繁简而定，省组织法第二十二条规定“省政府各厅处各设秘书一人至三人，承各该长官之命办理秘书事务”，事务简单机关设秘书一人不嫌其少，事务繁赜机关设秘书三人犹不足用，可将该条改为“各设秘书一人至五人”。 （6）县市组织法已明定县市政府财政局长任免应呈请省政府执行，且省组织法第九条第一款民政厅掌理县市行政官吏任免及监督事项，故参照此意酌予增订第十条财政厅掌理事务，在第三款与第四款间增加一款“关于县市财政官吏之任免及监督事项”，并将原第四款改为第五款，在“公产”前冠“省”字以与中央与县市地方公产区别。

续表

省别	呈交时间	省主席	主要意见
			（7）修正建设厅掌理事务：根据《铁道部暂行条例》第十二条规定，将第一款修正为“关于公路、省有或商办铁道电车之建筑、管理、保养、事业事项”；第二款原文仅云关于河工及水利工程事项，关于保养及航运管理并未提及应归某厅，亦未明文规定，故将其修正增入；第三款原文职务意义不甚圆满，增加“指导”二字；第四款土地一项，江浙各省均设专局掌理，其事务不仅以测量建筑而止，整理一层关于农业政策尤属重要，故修正增入；第五款增加“行政”二字以明建设厅掌理不仅在建筑工程，尚有其他行政事项。
山东	8月28日	陈调元	据省府委员兼建设厅长孔繁霨提出修改意见，在组织法第十一条规定建设厅掌理事务第四款下，拟补充：（一）关于电气工程或监理事项；（二）关于港政、航政及航空兴办或监理等事项。
河北	8月29日	徐永昌	（1）省政府各厅长事实多由省政府委员兼任，由非委员而任厅长者甚少，但原组织法对此并无明文规定，原第五条第二项后拟增加“省政府委员得兼任厅长”。 （2）因大学区制现经取消，原第六条原文自不适用，除试行大学区以下全部删改为教育厅字样，并将教育厅列于各厅之后。 （3）拟删去原第七条“在试行大学区制之省区本法第十二条所列教育厅事务由各该区大学依大学区组织条例掌理之”。 （4）原第十条第四款关于公产事项，意义稍嫌广漠，其文字与前数款亦欠一律，拟修正为关于省产事项。 （5）财政厅所管税项固以省款为原则，惟因各种关系及受中央委托代管国税为事实上不可免，原第十条第五款拟增“关于代管国税收支事项”数字。 （6）因技士人员需要较多，亟宜推广任用，原第二十二条末项下拟增“技佐”二字。 （7）原第二十二条末项后拟增一项“技正为荐任职，技士技佐为委任职”，因技正原为荐任，自应以明文规定。 （8）原第二十二条第二项“科员”之下、“若干人”之上拟增“办事员”三字，第三项“科员之下为委任职”等字之上拟增“办事员”三字，因各厅处均有办事员名目，并不在雇员之列。

续表

省别	呈交时间	省主席	主要意见
绥远	9月2日	李培基	现行省制与职省情形尚无不合之处
福建	9月3日	民政厅长陈乃元兼代	(1) 省政府委员人数改为七人至九人； (2) 已经任命委员久未就职，仍由中央予以限期，逾期应另补； (3) 现职军官不得兼任委员； (4) 中央若采用主席制，自不可设常务委员，若仍采用委员制精神，似有设立常务委员制必要； (5) 对委员请假应严加限制，并不得同时超过三分之一； (6) 省政府委员兼职宜严格限制； (7) 省政府对省内中央直辖机关应有监督权； (8) 教育厅掌理事务应规定关于学校教育、社会教育、地方教育以及学术团体事项等。
江苏	9月9日	钮永建	最感不便，以为亟应修改者有： (1) 第九条第一项职权应归委员会处理； (2) 第十条第二项预算决算下添“编制”二字； (3) 第十三条内增加“关于农田水利事项”一项； (4) 第十八条第二项“处理省政府日常”下添“及紧急”三字； (5) 增加“凡关于两厅以上之事项由各关系厅会同办理之”等语，按省组织法第九条第一项关于县市行政任免及监督事项属于民政厅掌理，县政府之下分设公安、财务、教育、建设各局均受县政府指挥监督，与各厅受省政府指挥监督同，各厅既对省政府负责，县长应直接向省政府委员会负责，如果任免权均由民政厅掌理，县长只知以民政厅为主管机关，其他即非所问，省政府委员会徒有其指挥监督之名，对于县长惩奖、进退势不免有干预民厅之嫌，以次及于县政府以下各局，除名对于主管厅负责外，亦视县政府为虚设。今后欲收上下指挥之效，必以行政系统为重，除县长为荐任职，应绝对由委员会呈请任免监督外，其各县局局长亦应查照县组织法，由县长提出合格人员，呈由主管厅转请省政府核准委任。 此外，对于第十、十三、十八各条均略有修正意见。

续表

省别	呈交时间	省主席	主要意见
四川	9月9日	刘文辉	省府成立，一切组织尚未臻完善，仅就目前实施所及，尚无何种不便及应行修改之处。
浙江	9月10日	张静江	(1) 现行省组织法并无常务委员规定，实际上各省有设置者，有未设置者，当兹训政伊始，事务加繁，此项常务委员似有设立必要，拟明文增订一条，内容为“省政府设常务委员二人，协助主席襄理日常事务，前项常务委员由委员互推之”； (2) 主席因故不能执行职务时，原规定委员互选一人代理，既设常务委员，拟将第十九条第一项修改为“省政府主席因故不能执行职务时，由委员会推常务委员一人暂行代理主席职务”； (3) 依第五条第二项规定省政府委员集会时不得派代表出席，但兼任厅长省府委员如因公或因病缺席，该厅有紧急重要政务须提交省委员会讨论，且须出席说明并阐发意见时，如不得派代表出席，政务未免有停顿之虞，拟于第五条第二项下增加但书，“但兼厅长之委员如因公或因病请假而有派员列席于委员会之必要时，得派员列席陈述意见，但无表决权”； (4) 现行省组织法设主席一人，并设民政、财政、建设、教育、农矿、工商六厅，委员会内不兼主席或厅长之委员不宜过多以免政务迂缓沉滞，亦不宜过少致失集思广益精神，拟将省政府委员人数折中规定为九人至十一人； (5) 现行省组织法对于土地登记及土地行政规定属于民政厅职掌，土地测量属于建设厅职掌，但土地登记与丈量关系密切，清丈土地又为土地行政重要事项，拟将第九条民政厅掌理事务第十项修改为“关于各种土地之登记、测丈、收用、处分及其他土地行政事项”，第十一条建设厅掌理事务第四项修改为“关于不属于土地行政之测量事项”； (6) 市县地方财政内含市县自治经费，自治经费又与地方自治事务关系密切，区乡镇亦属地方，拟将第九条民政厅掌理事务第二项修改为“关于市县区乡镇地方自治及其经费事项”；

续表

省别	呈交时间	省主席	主要意见
			（7）原法各厅职掌规定疏略，拟将第十条财政厅掌理事务项下增加数项，并修改建设厅、教育厅、农矿厅、工商厅掌理事务； （8）拟于第十五条后增订一条，“省政府各厅处处理事务，其性质有涉及于两厅以上者，由主管厅会同关系厅会核办理，但不能确定属于何厅主管者，由省政府委员会议决，于必要时并呈请国民政府核定”； （9）现行省组织法规定各厅处设秘书一人至三人，各厅处仍有因事务繁剧虽有秘书三人不敷办公，拟将第十六条修改为“省政府各厅处秘书员额如因事务繁剧有增设必要时，得提出省政府委员会议决，呈由国民政府核准增设，但至多不得过五人”。
安徽	9月10日	方振武	（1）省主席责任重大，现有职权却极简陋，应不提高，如遇紧急事务主席有临时处置权，但于处置后须报告委员会追认；另第四条规定应改为省主席提案议交之特权； （2）省府委员人数原为九人至十三人，（不兼厅）委员因无专司，每旷职，常会遂不易召集，要政乃多所停顿，应减少委员人数，并明文限制无故旷职者。
湖北	9月10日	民政厅长方本仁代	（1）省组织法第二条末加入“及制定省单行法规”一语； （2）第十条后加入一条“省政府一切命令集公文须经全体委员署名行之”； （3）第六条修改为“省政府下设民政、财政、教育、农矿、工商、土地等厅”。
热河	9月13日	汤玉麟	奉行以来无不便之处，惟试行大学区制既经奉令停止，第六条第六项应请仅留“教育厅”三字，其余十七字应请删除，并删去第七条“在大学区制之省区，本法第十二条所列教育厅事务，由各该区大学依大学区组织条例掌理之”等语。
山西	9月17日	商震	颁行年余无不便及应行修改之处，惟省政府无指挥军队规定，设有土匪，警力薄，若无军队协助，恐于缉匪、清乡不无困难，须授省政府指挥军队的特权。

据表2—1可知，尽管国民政府一再电催各省呈复对于1928年4月颁行的《省政府组织法》的意见，然而在当时27个省份当中，仍只有20省遵令电复意见（未复的省份是青海、宁夏、贵州、甘肃、广西、新疆、陕西7省）。其中，吉林、黑龙江、辽宁、江西、绥远以及四川6省，或因奉行《省政府组织法》时间不长，或不愿改变《省政府组织法》规定，均表示出维持现状的诉求；其余14省则分别对《省政府组织法》第一、二十三、二十四、二十五等条之外的各条款提出了意见，甚至增添了条款。具体言之，在第二、五、六、七、九、十、十一、十三、十八、二十二等条，分别有3省及3省以上省份发表了意见；在第八、十二、十六等条分别有2省发表意见；在第三、四、十四、十五、十七、十九、二十、二十一等条分别有1省发表意见。各省当中，浙江、河南、湖南、河北4省的意见最多，而且较为具体。这与上述各省的实际情况有关。以浙江为例，该省《省政府组织法》是在立法院尚未成立，在事实上又不能不对相关事项进行规定的情况下，参酌本省情形拟订，经省政府会议通过施行，同时送请中央备案。这与1928年4月国民政府所颁行的《省政府组织法》之间难免存在抵触或应行修改之处，当中政会来电征询省制意见之时，即经省政府会议议决，由各厅处签注意见，交由省政府委员陈布雷审查，再经提经省政府会议讨论后复电中央。①

此外，时任广东省政府主席的陈铭枢在1929年9月11日第195次中央政治会议上报告广东经济及财政收支等事项时，提及对于省内中央直辖机关监督的问题，认为“对于中央在地方之各机关，地方行政长官不能监督、制止，似有未尽妥善之处，地方行政长官应由中央付以监督之权”。此议得到胡汉民首肯，认为有讨论价值，提议交由政治报告组审查。② 主席蒋介石据此提议，“各种政务报告可交审查，省政府对于地方之中央机关就近监督一层，可交审查《省政府组织法》各委员审查”，得通过。③

① 《浙江省政府组织法》，《申报》1929年8月31日第3张第12版。

② 《中央政治会议速纪录第195次》，1929年9月，中国国民党文化传播委员会藏，典藏号：中央0195。

③ 《中央第一九五次政治会议》，《申报》1929年9月12日第2张第1版。

四　确定中央与地方政府权限

在南京国民政府着手修改《省政府组织法》之时，还有一件事值得关注，那就是中央与地方权限划分的问题。关于地方制度的问题，换句话说，也就是中央与地方权限划分的问题。因为如地方制度不确定，则中央与地方权限范围不能划分清楚。

自训政伊始，中央与地方权限划分问题即成为粤派人物关注重点，并谋求解决。1929 年 3 月国民党第三次全国代表大会召开前夕，时任南京市市长的刘纪文等 13 人向大会提案，认为“我国频年政治之紊乱，不在立法之不良，而在中央（地方）权限之不清，以致本为中央之事，而地方政府不明权限擅自处置者，亦有为地方之事而中央加以变更者”，此类事件虽事后更正，但对于政治前途影响匪浅，建议“现当训政时期，此项中央地方权限之重要问题极应提早划分明确，俾中央地方各有遵守”[①]。与此同时，广东省党部、广州特别市党部也分别向大会提议《关于地方举办之事务已经直属中央或统属未定者须明定其监督管辖权限案》《根据均权制度之原则划分中央与省县之权限以便训政实施案》。这些提案均未经大会讨论，即被移交国民党第三届中央执行委员会讨论。[②] 该问题未被大会重视。

1929 年 6 月国民党三届二中全会召开前夕，南京市市长刘纪文联合上海市市长张群、汉口市市长刘文岛、广州市市长林云陔，再次提议《确定中央与地方政府权限以明系统而利建设案》，以“本党自建国以来，法制未臻完密，遂致中央及省市县各级政府间之职权俱少规定，其间或因抵触而生争执，或缘因循而存观望，因之种种建设事业多延搁不理，或阻碍不前”；“值此基初定，凡百草创，此种分歧之象实所难免，就年来经验所得，尤以税收、土地、交通、公用、公安等事，为中央与地方争执之点”，遵照《建国大纲》第 10—13 条及第 17 条，拟具中央及省市县政府间关于上述各项权限划分标准，向大会建议：

① 刘纪文：《请划分中央与地方权限案》，1929 年 3 月，中国国民党文化传播委员会党史馆藏，典藏号：会 3.1/8.118。

② 《第三次全国代表大会三月廿七日决议移交中央执行委员会会议案目录》，《中央党务月刊》第 10 期。

（1）关于税收，应由中央责成国民政府根据 1927 年 7 月公布之《财政部划分国家收入地方收入暂行标准案》，训令各级政府切实施行；

（2）关于土地，应规定凡未经升科纳赋者由中央政府管理，其已经升科纳赋者由地方政府管理，其他如现订土地法原则规定为都市土地局、县土地局职权中公有土地之管理及土地测量登记与估价等均应厉行；

（3）关于交通，应规定凡经过两省（或特别市）以上之陆路、水路及其他交通事业由中央开发经营，其连贯两县（或普通市）以上者由省政府开发经营，其在一市一县管辖区域之内者由市县政府开发经营；

（4）关于公用，应规定由地方政府经营管理，或由人民在地方政府管理之下自行经营；

（5）关于公安，应规定不论其在国都所在地或其他特别市区，均由该地方政府管辖。①

南京、上海、汉口、广州为当时国民政府四大直辖市，政治、经济地位十分重要，四大直辖市市长的这一联衔提案引起全会的重视。该提案在国民党三届二中全会提出后，经全会主席团决定交由中央政治会议核议，继在 7 月 3 日由中央政治会议第 185 次会议决议，交行政院确定。② 随后，行政院政务处遵照行政院命令，就提案各点分别签注意见：

（1）关于税收，主张由行政院呈请国民政府重申前令，即通令各级政府切实奉行国民政府 1928 年 11 月 22 日明令公布的《划分国家收入地方收入标准案》；

（2）关于土地，如未经升科纳赋者则产权尚未确定，应属于国有土地范围，其管辖职权业经财政部呈准之《统一土地制度案》内详细规定；已升科纳赋之土地，产权既经确定，其管理方法不外征税及土地行政两方面，而土地契税及田赋收入业经《划分国家收入地方收入标准案》明确为地方收入，关于土地行政之测量登记收用及其他土地建设等事项亦经《省政府组织法》第九条第十款、第十一条第四款以及《特别市组织法》第五条第三款分别规定，而且土地法及不动产登记法正由立法院起草，不日当可施行，原案所拟土地办法可毋庸另定；

① 刘纪文等：《确定中央与地方政府权限准以明系统而利建设案》，1929 年 6 月，中国国民党文化传播委员会党史馆藏，典藏号：政 2/10.4。

② 《中央政治会议速纪录第 185 次》，1929 年 7 月，中国国民党文化传播委员会党史馆藏，典藏号：中央 0185。

（3）关于交通，原提案所拟办法用意本甚完善，然查国民党对内政策第十五条规定，交通事业虽以国家经营为原则，但除“企业之有独占的性质者及私人之力所不能办者，如铁路航路等”及其他交通要点外，尚非绝对不许私人经营，原拟案仅称“由政府开发经营”，未及私人能否经营，应否于该条之后，加入“但人民于不抵触党纲党义及法令范围内，亦得自行经营之”，以期意义周洽；

（4）关于公用，二中全会《关于确定行政事项之统属案》业经决议，各市诸如电话、电灯、电车、自来水等公用事业归各市政府监理，且第192次政治会议解释“监理”二字意义又经宣布在案，将来各省市公用事业应如何监督，政府及人民两方自能有所遵循，在监督法未颁行以前，自无必要另行订立；

（5）关于公安，依《特别市组织法》第五条第十一款，特别市内公安事项由各特别市政府管辖，但同法第五条第二项又规定“首都公安事项得由国民政府令以法令定其管辖”，现南京特别市公安局改组为首都公安局既经国务会议通过，且明令归内政部管辖，应请再呈国府加以核定。①

行政院政务处的上述签注，指出了刘纪文等人提案各点与国民党对内政策以及国民政府所颁行的法规之间存在的龃龉之处，所据不谓不正当，经由行政院第37次会议决议，“除首都公安局应遵照府令仍归内政部管辖外，余照签注通过”，并呈请国民政府鉴核转报中央政治会议。②

9月18日，中央政治会议第196次会议审议《关于确定中央与地方政府权限以明系统案》。会上，刘纪文对于行政院会议将首都公安局划归内政部管辖的决议结果非常不满，认为“公安局若直属中央，在行政上实在办不通。若市政府一切执行事宜全由公安局办理，而公安局因不在市政府管辖之下，所以对于市政府的命令，使一概不接受，这是很困难的”，倾向采取美国制度，全国设警务总监，同时将首都公安局划归南京市政府直辖。孔祥熙也表示：“公安局已归内政部管辖，则对于市政府的公事要执行才好。”戴季陶主张，因市政府在未能成为地方自治机关时，在行政系统上属于中央，“其所用之高级警察官可由内政部委任，而指挥监督之权

① 《行政院关于确定中央与地方政府权限意见（附行政院政务处签注）》，1929年9月，中国国民党文化传播委员会党史馆藏，典藏号：政2/10.3。

② 《行政院通过中央与地方政府权限案》，《申报》1929年9月20日第2张第8版。

责归诸地方”。讨论结果，会议根据胡汉民提议，将该案交由中央政治会议政治报告组及法律组会同审查。①

为了影响中央政治会议对该案的审查结果，刘纪文在9月18日中央政治会议散会后，两度呈文中央政治会议，一文陈述首都公安局改隶内政部后，南京特别市政府各局因该局不予协助，办事极感困难；另一文详陈将首都公安局划归市政府直辖的各方面理由，并从法律以及与国外比较等方面考虑，提出三个解决办法以供中央政治会议参考：（1）首都公安局仍归市政府直辖，同时受内政部指导；（2）设警察总监，总辖全国警务，各省、特别市警察均归其指挥、训练；（3）设警务行政机关，任卫戍与治安之责，市政府为行政便利起见，亦设少数警察执行市行政，如此警务署为首都防卫警察，市公安局为首都行政警察。②

9月20日，南京市政府呈文中央政治会议，声称南京市公安局自4月1日改隶内政部后，对于市政府令行案件无一遵办。不过，同日首都公安局局长姚宗亦呈文中央政治会议，表示市公安局自改称首都公安局、隶属内政部后，地位较以前有所提高，职权行使大为便利，请求在立法院审查该局组织法之际，将此进一步制度化，并表示对于南京特别市市政范围内关于公安各项事宜愿意负责协助。③ 这些意见均被送交政治报告组、法律组，以备审查时参考。

9月25日，政治报告组、法律组召开联席会议，共同审查《确定中央与地方政府权限案》，结果如下：（1）关于税收，《划分国家收入地方收入标准案》业经国民政府于1928年11月22日颁布，拟请由国民政府重申前令，切实执行；（2）关于土地，立法院已在起草土地法及不动产登记法，不久即可提出，拟将行政院签注中关于土地事件的意见，以及中央各部与地方政府间关于此事件争点，一并送交立法院参考；（3）关于交通，拟照行政院意见另定一决议案；（4）关于公用，因刘纪文等提案内所言各

---

① 《中央政治会议速纪录第196次》，1929年9月，中国国民党文化传播委员会党史馆藏，典藏号：中央0196。

② 《南京特别市长刘纪文呈文中政会陈首都公安局改隶内政部后职府各局复该局不予协助办事极感困难》，1929年9月，中国国民党文化传播委员会党史馆藏，典藏号：政2/10.5；《南京特别市长刘纪文就市公安局归属权呈文》，1929年9月，中国国民党文化传播委员会党史馆藏，典藏号：政2/10.8。

③ 《南京特别市政府呈政治会议文》《首都公安局长姚宗呈文》，1929年9月，中国国民党文化传播委员会党史馆藏，典藏号：政2/10.6。

节业经《监理公用事业案》解决，无须另为规定；（5）关于公安，首都公安局仍应归内政部管辖，但为市行政便利计，拟请由公安局另编市行政警一部，归南京市政府直接指挥，其章程由行政院另定。①

很明显，审查意见是在调和行政院和刘纪文的意见之后做出的，其中关于税收、土地、公用，直接照行政院签注；关于交通，因审查委员认为刘纪文等人提案与行政院意见均属妥善，故决照行政院意见另定一决议案；关于公安，则采纳了刘纪文为解决首都公安局与市府关系所提的第三个办法，认为各国首都公安局均归内政部，这种制度甚为妥当，但市政府的行政警察亦很重要。

10 月 2 日，第 198 次中央政治会议讨论《确定中央与地方政府权限案》。决议结果，关于税收、土地及公用三项，顺利“照审查意见通过”；关于公安项，因内政部代理部长赵戴文坚持“行政警察是无须有的”，由会议主席蒋介石要求刘纪文与内政部“商量一下”；关于交通项，对于行政院意见的“但书”（即“但人民于不抵触党纲党义及法令范围内，亦得自行经营”）条文略有改动，因戴季陶提议将后半句改为“亦得呈请主管机关核准经营之”，继在蒋介石力主下改为“亦得呈请国民政府核准之”②。10 月 9 日，国民政府根据中央政治会议决议结果，正式公布《确定中央与地方政府权限》。③

不过，因《划分国家收入地方收入标准案》（即 1928 年 7 月由全国财政会议议决，经当时预算委员会呈请中央政治会议核准，11 月 22 日由国民政府颁行）与 1927 年 7 月国民政府公布的标准案相较，在关于司法经费一项前后存在一些出入，财政部担心这会引起各省误解，请求财政委员会诠释。具体言之，前颁标准仅最高法院及各省大理分院经费由国家支出，其他各级司法经费由地方支出；后颁标准则于中央司法经费项下说明司法经费均由国家支出，于地方司法经费项下说明此项经费在承审制度未废以前，暂应由地方经费支出。财政委员会对此核议后认为，前颁标准纯

---

① 《政治报告组、法律组关于确定中央与地方政府权限一案审查案》，1929 年 9 月，中国国民党文化传播委员会党史馆藏，典藏号：政 2/10. 14。

② 《中央政治会议速纪录第 198 次》，1929 年 10 月，中国国民党文化传播委员会党史馆藏，典藏号：中央 0198；《中央政治会议第 198 次会议咨国民政府文》，1929 年 10 月，中国国民党文化传播委员会党史馆藏，典藏号：政 2/10. 14。

③ 中国第二历史档案馆编：《国民党政府政治制度档案选编》下册，安徽教育出版社 1994 年版，第 274—275 页。

重事实，条文与历来办法相合，而后颁标准兼采理论，在中央司法费项下列办法并附以时效，其所列项目既为地方司法费，则说明此项经费包括地方各级司法机关，不得以下文时效内有承审制度字样，遂谓暂为地方支出者仅承审制度经费，现在各省承审制度均未全废，则各省以下地方司法经费当然仍作地方经费列支，并据此于10月5日呈文中央政治会议，请求补充解释并通令遵行。因财政部此举“系将现行划分国地收支标准内关于司法一项之文义加以诠释以免误会，尚无不合”，得中央政治会议允准“照办”。[①]

问题并未因此而结束。由于当时南京国民政府对于各省的控制不足，各省对《划分国家收入地方收入标准案》的执行力度各异：在南京国民政府可直接控制省份执行得比较彻底，如广东省国家地方收支自1929年3月财政特派员公署成立后就划分清楚，分别管理，不仅将向属省库的厘金、糖捐等拨归国家收入，而且各项收支均已遵照奉颁划分标准案切实执行。[②] 而在其未能控制的省份，却是另一番景象。如湖南省，虽不像山东省一开始就因某种税种的归属，直接导致省方与财政部特派员在国税地方税划分上大起争执，[③] 将国税遵照国地收支标准分别划归中央直辖各国税机关管理，但因该省为支出为数甚巨的军费等项而挪借地方款，呈文国民政府，要求将盐税各项附加税按月划解省库，并将前由地方款垫付的军费、恤金、司法、党务各费由省国税收入项下支付。[④]

交通、铁道两部也因所管交通事业中之铁道、电信、邮政等项，在事实上“国有铁路如胶济、京沪、道清、南浔等线均在一省之内，国营电信、邮政之在同一省市范围以内，通信尤属比比皆是”，担心“各该事业而均直隶于中央，归职部等主管，倘各省市县政府误解该议决案，以之为根据要求划分”，会同呈文行政院转呈国民政府咨请中央政治会议，将《确定中央与地方政府权限案》议决案中第三项所叙“陆路、水路或其他

---

① 《财政委员会呈为前颁划分国地收支标准条文不明补充解释请予通令遵行》，1929年10月，台北“国史馆”藏，典藏号：001－0120700－031。

② 《广东省呈复该省国家地方收支早经令饬财政厅遵照奉颁〈划分国家地方收支标准案〉切实执行划分清楚》，1929年11月，台北“国史馆”藏，典藏号：001－0120700－031。

③ 《山东国税地方税划分之争执》，《申报》1929年9月13日第3张第11版。

④ 《湖南省政府呈为该省支出军费等项为数甚巨均由地方款挪借未能悉合奉颁〈划分国地收支标准案〉恳饬财部转令将盐税各项附加按月划解省库并将前由地方各款内垫付军费等分别拨送以维现状呈复鉴核令遵》，1929年11月，台北“国史馆”藏，典藏号：001－0120700－031。

交通事业"，解释为专指普通舟车道路、河渠桥梁等无全国一致性质事项。1930 年 2 月 12 日，第 216 次中央政治会议在讨论此案时，刘纪文又提出："当时提出本案时，各省市的电灯电话原拟归地方政府办理，现在南京市的电话还是由交通部管理，请于审查本案时加以注意。"结果，中央政治会议决议，此案"交经济组审查，由孙委员科召集开会，刘委员纪文参加"①。

2 月 20 日，经济组开会审查该案。审查时，南京市市长刘纪文与交通部因为利益产生分歧。刘纪文主张："水路、陆路之交通事业，似应于舟车道路、河渠桥梁以外加入电话一项，方与原案意旨相符。至邮政、电报有独占性质、非私人之力所能办者，遵照对内政策第十五条，当然为国家经营。原呈所谓倘各省县市政府误解解决案致交通事业分崩离析一节，似亦毋庸顾虑也。"交通部则因历年设置电话负债颇多，若改管机关，则债务难理；电话须全国各地通盘筹划，技术人员之支配亦须统一两个原因，认为城市电话管理权限仍应交由交通部办理。双方态度十分坚决。经讨论，审查会最后调和双方意见，拟解释中央与地方权限案第三项所叙陆路、水陆或其他交通事业，"系专指普通舟车道路、河渠桥梁等项无全国一致之性质者而言。惟城市电话亦属于地方交通事项，其已经交通部主办者应仍由部继续办理，各地方未及经营而其能力可以自行举办者，经交通部之核准，亦得由地方自行举办，如地方无力兴办，仍由交通部统筹办理"②。2 月 26 日，第 218 次中央政治会议"照审查报告通过"③。

中央政府与省政府也因预决算编制产生隔阂。1929 年 11 月，行政院根据审计院院长于右任的呈请，通饬各省政府将所属机关编制的 1928 年度逐月收支计划书送交该院审核。对此，湖南省政府接连以该省财务、政权秩序因连年兵祸破除无余、湘南各属档案因"共匪"焚烧县署多不完全为由，请求一面饬令各属就可能范围内赶行编造各表册，一面仿照山东、浙江先例，参照湘省情形，组设编制局决算委员会，选派经验丰富、专门

① 《中央政治会议速纪录第 216 次》，1930 年 2 月，中国国民党文化传播委员会党史馆藏，典藏号：中央 0216。

② 《刘纪文对于审查行政院请解释中央与地方权限案内第三项之意见》《经济组对于国府请解释确定中央与地方权限案内第三项"陆路水路或其他交通"一语之审查报告》，1930 年 2 月，中国国民党文化传播委员会党史馆藏，典藏号：政 2/10. 15。

③ 《中央政治会议速纪录第 218 次》，1930 年 2 月，中国国民党文化传播委员会党史馆藏，典藏号：中央 0218。

人才充任委员，编制1928年度总决算。对此，监察院、行政院认为该省“所拟补救办法尚属可行”[①]。不过，当贵州在1930年2月亦以该省因1928年10月以后发生军事而收支预算难于汇办、决算无从办理时，审计院核复后态度相当强硬，坚持该省“应照十七年度实收实支分别编制表册补报，自十八年度起按照程序详细造报以昭划一”[②]。

由上可知，尽管南京国民政府确定了中央与地方政府权限，但由于内部利益之争以及南京国民政府当时对于全国的控制力有限，其所起的实际成效并不是很大。

五 《省政府组织法》出台与颁行

1929年10月23日，古应芬、谭延闿、胡汉民、戴季陶、叶楚伧、刘纪文、孙科、赵戴文在中央政治会议之后继续开会，根据各省的电复意见，逐条审查《省政府组织法》，当日因“讨论甚详，及半已十二时，乃散归”，次日又在国民党中央常务委员会会议后，“续开省政府组织审查，十一时完归”[③]。经过两天的审查，审查会完成对1928年4月颁行的《省政府组织法》的审查修改。其具体情况如表2—2所示：

表2—2 审查会对1928年4月《省政府组织法》的审查修改情况[④]

条文	修改情况	备注
第一条	照原文	
第二条	改为“省政府于不抵触中央法令范围，得发布省令并得制定省单行条例及规程，但关于限制人民自由，必须经国民政府核准”	前段照湖南省政府意见所拟

① 《湖南省政府呈复奉饬造十七年预算及各县市收支总数并十七年决算表册送核呈除十七年度预算业经赍送财部核转在案并编制十七年度总决算困难情形及拟组设决算委员会缘由呈请鉴核备案令遵》，1929年12月，台北“国史馆”藏，典藏号：001－0120700－031。

② 《贵州省政府呈复关于十七年度预算并未成立及决算困难办理情形恳请准免造报伏乞核示》《审计院函复文官处核覆贵州省政府决算困难情形应就十七年度实收实支分别编制表册补报报请转呈饬遵由》，1930年2—5月，台北“国史馆”藏，典藏号：001－012070－311。

③ 《谭延闿日记》1929年10月23、24日，台湾中央研究院近代史所藏。

④ 《各省省政府对于省政府组织法之意见》，1929年11月，中国国民党文化传播委员会党史馆藏，典藏号：政11/4.1。表中备注非档案所列，系笔者所加。

续表

条文	修改情况	备注
第三条	照原文	
第四条	照原文	
第五条	增加第五款，“现役军人不得兼省政府主席及委员”	照审查会修正案通过，“不能”改为“不得”
新增一条	改（二）为一 改为“关于增加或变更省民负担之事项”； 改（七）为二 改为“关于省行政设施或变更事项”； 改（六）为三； 改（一）为四； 增加五 关于地方自治之监督事项； 改（五）为六 关于两厅以上管辖之事项； 增加七 关于声请省内各国军及督促所属军警、团防维持治安、绥靖地方事项； 改（三）为八	照审查会修正案，增加关于省政府职权的规定，并作修改
第六条	第一项 添“教育厅”于“财政厅”后； 第二项 删去“除试行大学区制之省区外”； 第三项 改为“省政府于必要时得增设农矿厅、工商厅及其他专管局所”	
第七条	第一项 删； 第二项 改为“在未设农矿厅或工商厅之省关于各该厅事务由建设厅掌理之”，并入第六条	
第八条	照原文	
第九条	第一款 改为“关于行政官吏之任免及监督事项”； 第二款 改为“关于县市区乡镇地方自治及其经费事项”； 第三款 照原文； 第四款 改为“关于警察及保卫事项”； 第五款 改为“关于公共卫生事项”； 第六至第九款 照原文； 第十款 在“登记”下加“测丈”二字	照浙江省政府意见

续表

条文	修改情况	备注
第十条	第一款　照原文； 第二款　在预算决算下添“编制”二字； 第三款　照原文； 第四款　“公产”字上添加“省”字； 第五款　照原文	照江苏省政府意见 照河南省政府意见
第十一条	第一款　加但书“但关于省铁道之建筑须经铁道部之核准”； 第二款　删； 第四款　改“测量”为“测丈”； 第三、五款　照原文	照河南省政府意见 照河南省政府意见 照浙江省政府意见
第十二条	第一款　照原文； 第二款　“关于社会教育事项”； 改第二款为第三款； 第四款　“关于图书馆、博物馆及公共体育场等事项”； 第五款　照原文	照浙江省政府意见
第十三条	第三款　删“农村组织及”五字，并在该款后加“关于农业渔业等各团体之事项”； 删去第六、七款，其余照原文	
第十四条	删去第六、八款； 第七款，改为“关于商会及其他工商行政之事项”； 其他照原文	
第十五条	在“任免”与“国民政府”之间，添加“由行政院呈请”数字	
第十六条	“呈请国民政府”改为“呈请行政院”	
第十七条	改为“省政府设主席一人，由国民政府就省政府委员中任命之”	照审查修正案
第十八条	第一款　照旧； 第二款加“及紧急”三字，放第三款； 另第二款，“代表省政府监督全省行政机关职务之执行”； 原第三款改为第四款	广东省陈铭枢提议
第十九条	第一项“会”字删，“互选”改为“互推”，余照原文； 第二项 照原文	

续表

条文	修改情况	备注
第二十条	照原文	
第二十一条	“官署” 改为 “机关”，余照原文	
第二十二条	第一、二、三项 照原文； 第四项，“技士” 下加 “技佐”	
第二十三条	删	照审查修正案
第二十四条	照原文	
第二十五条	照原文	

据表2—2可知，审查会此次修改幅度较大，在原案二十五条当中，除第一、三、四、八、二十、二十四、二十五等条仍照原文外，对于其余各条则或直接采用审查修正案和浙江、河南、湖南、江苏、河北等省省政府的修正意见，或吸纳上述省份的意见做或多或少的修正，并在此基础上拟具了《省政府组织法修正案草案》二十四条，其主要原则为：（1）规定省政府委员人数为7—9人，不兼厅委员名额不得超过兼厅委员人数一半，以避免此前委员太多，以致省政府会议有时不足法定人数难以开议的情况发生；（2）现役军人不得兼任省政府委员；（3）规定省政府委员会及主席职权，以免以前因各项职权未有规定，致各省省政府对外事件层次不一，或用主席名义，或用委员会名义；（4）将各厅权限间有冲突者整理清楚。[①]

10月29日，孙科单独对《省政府组织法修正案草案》提出修改意见：（1）将第一条改为“省置省政府，依中国国民党《建国大纲》及中央法令，综理全省政务”；（2）将第六条第七款改为“关于声请省内国军及督

① 《中央政治会议速纪录第203次》，1929年11月，中国国民党文化传播委员会党史馆藏，典藏号：中央0203。

促所属军警团防维持治安、绥靖地方之事项”；（3）调换《省政府组织法》中对教育厅与建设厅规定的顺序，即将第十一条改为第十二条，第十二条改为第十一条。①

11月6日，中央政治会议召开第203次会议，审查会拟就的《省政府组织法修正案草案》以及孙科所提出的修正意见，一并被提出讨论。在叶楚伧代表审查会报告《省政府组织法》修改原则之后，由于当日会议主席胡汉民坚持“草案不必条文讨论，审查会报告确定了原则，条文尚须交立法院整理”，中央政治会议在根据孙科的修正意见修正第一条以及第六条第七款后，并没有围绕审查会所拟的修正案展开讨论，而是将重点放在对《省政府组织法》修改原则的确定上（如表2—3所示）。

表2—3　1929年11月6日中央政治会议讨论《省政府组织法》修改原则情况②

	提议人	提议内容	决议结果（主导者）
①	陈肇英	（1）第六条第八款“关于对于各县市长……”之“市”是指特别市还是普通市，且是否需要规定？	原案无须修改（胡汉民）
		（2）因立法院已将土地法草就完毕，不日公布，第七条所列各厅之外，是否有增设土地厅之必要？	
②	古应芬	第六条第六款要否增加“关于选举监督事项”？	原案第五款已可包括，不必再加（胡汉民）
③	戴传贤	“关于”二字并不是权，而是一种要做的范围，第六条第一款及第九款可以用“关于”二字，而二至八项均不适用，因用“关于”二字可以把本事牵连到别的事上去，而且不能谓之职权，主张删去	将第六条“省政府委员会之职权如左”改为“省政府委员会会议之事项如左”，其余仍照原案（孙科）

① 《各省省政府对于省政府组织法之意见》，1929年11月，中国国民党文化传播委员会党史馆藏，典藏号：政11/4.1。

② 《中央政治会议速纪录第203次》，1929年11月，中国国民党文化传播委员会党史馆藏，典藏号：中央0203。

续表

	提议人	提议内容	决议结果（主导者）
④	刘芦隐	第六条第八款规定“关于各县市长及其局长之任免事项”，而全省官员不能以此为限，如财、教、建各厅所委职官是否亦须经省政府委员会任免？	任期、任免皆无须规定，第八款改为“关于省政府所属全省官吏任免之事项”（胡汉民）
⑤	邵元冲	省政府委员之任期要否规定？	
⑥	吴铁城	财政厅、教育厅之科长以下职员怎任免？	
⑦	叶楚伧	第六条第八款规定之后，第九条第一款是否也改正？同时第十、第十一、第十二条是否亦须增加一项？	第九条第一款不必更改，而各厅掌理之事务也毋须增加一项（胡汉民）
⑧	陈立夫	第九条第三款改到第六条第三项，第六条共为十项	无异议（陈立夫）
⑨	陈果夫	（1）厅长是否由委员兼任？ （2）不兼厅的委员要否把他规定工作，如巡视全省政治等？	不规定（胡汉民）
⑩	叶楚伧	关于劳资争议之仲裁事项，归于民政厅抑归工商厅掌理？	归民政厅（戴季陶）

据上表可知，当日中央政治会议对于《省政府组织法》修改原则的讨论，主要集中于省政府委员会与各厅职权的划分上（②③④⑥⑦⑧⑩），也涉及省政府厅处设置（①）、省政府委员任期应否规定（⑤）、厅长是否由委员兼任及不兼厅委员职权（⑨）；会议主席胡汉民左右了当天讨论中多数议题（①②④⑤⑥⑦⑨）的结果，此外根据孙科（③）、陈立夫（⑧）、戴季陶（⑩）的意见各形成一项决议。

中央政治会议将《省政府组织法》原则通过后，随即送交立法院，由该院具体办理条文的修改。[①] 11 月 16 日，立法院第 60 次会议决议，将中央政治会议通过的《省政府组织法修正案草案》原则，交由该院法制委员

① 《中央政治会议函关于会议省政府组织法修正草案议决原则通过交立法院请查照办理由》，《国民政府立法院公报》第 12 期，“公牍”，第 468 页。

会审查。①

在此前后，仍有不少地方陈述对于1928年4月《省政府组织法》修改的意见。11月8日，江苏省执行委员会将镇江县执委会常务委员陈斯白拟具《修正省政府组织法意见》五项：(1) 提高省政府主席职权；(2) 中央有部者，省可设厅，县可设局；中央有会者，省县可设会；(3) 交通水利及农田水利分别界限，明定主管机关；(4) 取消不兼处、不兼厅委员；(5) 县市长之任免须提经省政府委员会议通过等，转呈中央执行委员会采择施行。不过，中央政治会议核议后，认为“原呈所列意见第一、二及第四、五条，或早经（省政府组织法）审查委员会讨论，或已采为原则，可毋庸议，第三条则送立法院参考”②。需要指出的是，这一审核意见直至12月18日才由中央政治会议转交立法院。③

11月22日，新疆省政府主席金树仁复电政治会议，陈述对于1928年4月《省政府组织法》意见，称“现行省府组织法二十五条，职府恪遵奉行，惟边省情形与内地不同，谅为诸公所洞见，似稍加变通，以期推行尽利。如蒙中央允准，再行详陈一切”。对此，中央政治会议于12月6日复电，以《省政府组织法》原则业经制定，该省政府若有意见可径向立法院陈述。④

与此同时，蒋介石也因为自身力量的空前增大，开始谋求改变此前确定的政治格局，谋求进一步集权。早在1929年11月底，有报纸披露，蒋介石“日内将发布一关于刷新政治之论文，内含十余项，为限制无范围之公费，在中央有职务者不能再兼省务，国务委员应驻京，无公事（不得）离开等”⑤。

1930年1月15日，立法院法制委员会第45次常会根据法制委员会孙镜亚、王用宾、罗鼎三委员共同初步审查的结果，对原草案逐条进行审

① 《立法院第六十次会议》，《申报》1929年11月17日第3张第9版。

② 《各省省政府对于省政府组织法意见》，1929年11月，中国国民党文化传播委员会党史馆藏，典藏号：政11/4.1。

③ 《中央政治会议函将镇江县执行委员会拟具修正省政府组织法意见第三项交本院查照参考由》(1929年12月18日)，《国民政府立法院公报》第13期，“公牍”，第14—15页。

④ 《各省省政府对于省政府组织法意见》，1929年11月，中国国民党文化传播委员会党史馆藏，典藏号：政11/4.1。

⑤ 《蒋拟于日内发表刷新政治文章》，《大公报》1929年11月27日第1张第3版。

查。结果，“将标题改为《省政府组织法草案》，并将条文修正通过”①。

表 2—4 立法院法制委员会对政治会议通过之《省政府组织法修正案草案》修正情况②

政治会议通过之原案	立法院法制委员会修正案	修改原因说明
《省政府组织法修正案草案》	《省政府组织法草案》	省政府组织法曾于1928年修正公布，其标题为《修正省政府组织法》，此次再经修正，拟改称为《省政府组织法》，以免标题之冗长，并于第二十二条第二项订明，1928年公布之《修正省政府组织法》于本法施行日废止。
第一条 省政府依国民政府《建国大纲》及中央法令，综理全省政务。	第一条 省政府依本法及其他中央法令，综理全省政务。	查《建国大纲》中言之制度及其地位、性质、组织与现在之省政府（完全）不同，故本条将“国民政府建国大纲”各字删去，另加改正。
第二条 省政府于不抵触中央法令范围内，对于省行政事项得发省令，并得制定省单行条例及规程，但关于限制人民自由、增加人民负担者，须经国民政府核准。	第二条 省政府于不抵触中央法令范围内，对于省行政事项得发省令，并得制定省单行条例及规程，但关于限制人民自由、增加人民负担者，须经国民政府核准。	
第四条 省政府对于所属各机关之命令或处分，认为有违背法令、逾越权限或其他不当情形时，得停止或撤销之。	第三条 省政府对于所属各机关之命令或处分，认为有违背法令、逾越权限或其他不当情形时，得停止或撤销之。	

① 《立法院第七十二次会议·法制委员会关于修正省政府组织法草案审查报告》（1930年1月18日），《国民政府立法院会议录》（3），第203页。

② 同上书，第203—216页。

续表

政治会议通过之原案	立法院法制委员会修正案	修改原因说明
第十七条　省政府设主席一人，由国民政府于省政府委员中任命之。 第五条　省政府由国民政府任命委员七人至九人组织省政府委员会行使其权限； 省政府委员为简任职；省政府委员会集会时，省政府委员不得派人代表出席； 现任军人不得兼省政府主席及委员。	第四条　省政府设主席委员一人，特任； 委员六人至八人，简任，组织省务会议行使职权； 省务会议时，省政府委员不得派人代表出席； 省政府主席及委员不得兼任中央或他省行政职务； 现任军人不得兼省政府主席及委员。	原案第十八条对于省政府主席之职权再三注重提高，以杜尾大不掉之弊，故本条第一项特本其精神将主席改为特任。又按国民政府会议谓之国务会议、县政府会议谓之县政会议，故将省政府委员会改为省务会议，以示行政制度划一，名称亦较简便。
第六条　省政府委员会会议之事项如左： 1. 关于本组织法第二条、第四条规定事项； 2. 关于增加或变更省民负担之事项； 3. 关于地方行政区划之确定及变更事项； 4. 关于全省预算决算之事项； 5. 关于执行国民政府委托之事项； 6. 关于地方自治之监督事项； 7. 关于省行政设施或变更之事项； 8. 关于声请省内国军或督促所属军警团防维持治安绥靖地方之事项； 9. 关于全省官吏任免之事项； 10. 关于两厅以上管辖之事项。	第五条　左列各款事项应经省务会议之议决： 1. 关于本法第二条、第三条规定事项； 2. 关于增加或变更省民负担事项； 3. 关于地方行政区划之确定及变更事项； 4. 关于全省预算决算事项； 5. 关于处分省公产或筹划省公营业事项； 6. 关于执行国民政府委托事项； 7. 关于地方自治监督事项； 8. 关于省行政设施或变更之事项； 9. 关于咨调省内国军或督促所属军警团防绥靖地方事项； 10. 关于省政府所属全省官吏任免事项； 11. 其他省务会议认为应议决事项。	

续表

政治会议通过之原案	立法院法制委员会修正案	修改原因说明
	第六条　省政府主席之职权如左： 1. 召集省务会议，于会议时为主席； 2. 代表省政府执行省务会议之议决案； 3. 代表省政府监督全省行政机关职务之执行； 4. 处理省政府日常及紧急事务。前项省务会议除例会外有委员三人以上之提议，或主席认为有必要时，应召集特别会。	
第十九条　省政府主席因故不能执行职务时，得由省政府委员互推一人暂行代理主席职务；前项代理除国民政府明令特许者外，其时间以一月为限。	第七条　省政府主席因故不能执行职务时，得由省政府委员互推一人暂行代理主席职务，其期以一月为限。	本条系将原案第十九条两项合并。
第七条　省政府下设左列各厅处：秘书处、民政厅、财政厅、教育厅、建设厅，省政府于必要时得增设农矿厅、工商厅及其他专管机关，在未设农矿厅或工商厅之省，关于各该厅事务由建设厅掌理之。	第八条　省政府设左列各厅处：秘书处、民政厅、财政厅、教育厅、建设厅，省政府于必要时得增设农矿、工商厅及其他专管机关，在未设农矿厅或工商厅之省，关于各该厅事务由建设厅掌理之。	
第八条　秘书处掌理事务如左： 1. 关于一切机要及省政府委员会议事项； 2. 关于撰拟保存收发文件事项；	第九条　秘书处掌理事务如左： 1. 关于一切机要及省务会议事项； 2. 关于撰拟保存收发文件事项；	

续表

政治会议通过之原案	立法院法制委员会修正案	修改原因说明
3. 关于省政府委员会会计事项； 4. 关于编制统计及报告事项； 5. 关于记录省政府各厅处职员之进退事项； 6. 关于典守印信事项； 7. 其他不属于各厅事项。	3. 关于会计庶务事项； 4. 关于编制统计及报告事项； 5. 关于记录省政府各厅处职员之进退事项； 6. 关于典守印信事项； 7. 其他不属于各厅事项。	
第九条　民政厅掌理事务如左： 1. 关于县市行政官吏之提请任免及指挥监督事项； 2. 关于县市区乡镇地方自治及其经费事项； 3. 关于警察及保卫事项； 4. 关于公共卫生事项； 5. 关于选举事项； 6. 关于赈灾及其他社会救济事项； 7. 关于劳资及佃业之争议事项； 8. 关于礼俗宗教事项； 9. 关于禁烟事项； 10. 关于各种土地登记测丈收用及其他土地行政事项。	第十条　民政厅掌理事务如左： 1. 关于县市行政官吏之提请任免事项； 2. 关于县市所属地方自治及其经费事项； 3. 关于警察及保卫事项； 4. 关于公共卫生事项； 5. 关于选举事项； 6. 关于赈灾及其他社会救济事项； 7. 关于劳资及佃业之争议事项； 8. 关于礼俗宗教事项； 9. 关于禁烟事项； 10. 关于各种土地登记测丈征收及其他土地行政事项。	
第十条　财政厅掌理事务如左： 1. 关于省税及省公债事项； 2. 关于省政府预算决算编制事项； 3. 关于省库收支事项； 4. 关于省公产事项； 5. 其他省财政事项。	第十一条　财政厅掌理事务如左： 1. 关于省税及省公债事项； 2. 关于省政府预算决算编制事项； 3. 关于省库收支事项； 4. 关于省公产管理事项； 5. 其他省财政事项。	

续表

政治会议通过之原案	立法院法制委员会修正案	修改原因说明
第十一条 教育厅掌理事务如左： 1. 关于各级学校事项； 2. 关于社会教育事项； 3. 关于教育及学术团体事项； 4. 关于图书馆、博物馆、公共体育场等事项； 5. 其他教育行政事项。	第十二条 教育厅掌理事务如左： 1. 关于各级学校事项； 2. 关于社会教育事项； 3. 关于教育及学术团体事项； 4. 关于图书馆、博物馆、公共体育场等事项； 5. 其他教育行政事项。	
第十二条 建设厅掌理事务如左： 1. 关于公路铁道之建筑事项，但关于省铁道之建筑须经铁道部之核准； 2. 关于河工及其他水利工程事项； 3. 关于不属土地行政之测丈事项； 4. 其他建设行政事项。	第十三条 建设厅掌理事务如左： 1. 关于公路铁道之建筑事项； 2. 关于河工及其他航路工程事项； 3. 关于不属土地行政之测丈事项； 4. 关于其他建设行政事项。	本条第二款系采用镇江县党部执行委员会提案，将交通水利规定由建设厅职掌，而以农田水利划归农矿厅职掌。
第十三条 农矿厅掌理事务如左： 1. 关于森林蚕桑渔牧矿业之计划管理及监督保护奖进实行； 2. 关于整理耕地及垦荒事项； 3. 关于农业经济改良事项； 4. 关于防除植物病虫害及保护益鸟益虫事项； 5. 关于农业渔业各团体事项； 6. 其他农矿行政。	第十四条 农矿厅掌理事务如左： 1. 关于森林蚕桑渔牧矿业之计划管理及监督保护奖进实行； 2. 关于整理耕地及垦荒事项； 3. 关于农田水利整治事项； 4. 关于农业经济改良事项； 5. 关于防除植物病虫害及保护益鸟益虫事项； 6. 关于农业渔业各团体事项； 7. 其他农矿行政。	本条第三款规定之理由见第十三条说明。

续表

政治会议通过之原案	立法院法制委员会修正案	修改原因说明
第十四条　工商厅掌理事务如左： 1. 关于工商业之一般保护监督及奖进事项； 2. 关于工厂事项； 3. 关于港口事项； 4. 关于商品之陈列及检查事项； 5. 关于度量衡之检查及推行事项； 6. 关于商会工会及其他工商业团体事项； 7. 其他工商行政事项。	第十五条　工商厅掌理事务如左： 1. 关于工商业之保护监督及奖进事项； 2. 关于工厂事项； 3. 关于港口事项； 4. 关于商品之陈列及检查事项； 5. 关于度量衡之检查及推行事项； 6. 关于商会工会及其他工商业团体事项； 7. 其他工商行政事项。	
第二十条　省政府秘书处设秘书长一人，由国民政府任命之，承省政府主席之命，综理秘书处事务；秘书长为简任职。	第十六条　秘书处设秘书长一人，简任，承省政府主席之命，综理秘书处事务。	
第二十一条　省政府各设厅长一人，综理各该厅事务，监督所属职员及所辖机关，厅长为简任职。 第十五条　省政府各厅长之任免，由行政院呈请国民政府核准之。	第十七条　各厅设厅长一人，由行政院就省政府委员中提请国民政府任命之，综理各该厅事务，指挥监督所属职员及所辖机关。	本条系将原案第二十一条、第十五条合并。
第三条　省政府各厅对于各主管事务，除中央法令别有规定或省政府委员会别有决议者外，以厅令行之。	第十八条　各厅于不抵触中央法令或省务会议议决之范围内，对于主管事务得发厅令。	

续表

政治会议通过之原案	立法院法制委员会修正案	修改原因说明
第十六条 省政府各厅处间关于职权发生争议时，由省政府呈请行政院裁决。	第十九条 各厅间或与专管机关间发生职权争议时，由省政府呈请行政院裁决之。	
第二十二条 省政府各厅处各设秘书一人至三人，承各该长官之命办理秘书事务；省政府各厅处视事务之繁简酌量分科办事，各科设科长一人，科员若干人，承各该长官之命分掌各科事务；省政府各厅处秘书及科长为荐任职或委任职，科员为委任职；省政府各厅因职务上之必要时，得酌设技正、技士、技佐及视察员，其员额应由各该厅长提出省政府会议议定之。	第二十条 各厅处各设秘书一人至三人，荐任，承各该长官之命办理机要事务；各厅处视事务之繁简分科办事，每科设科长一人，荐任，科员四人至十二人，委任，承长官之命办理各该科事务； 各厅于必要时得酌设技正、技士、技佐及视察员，其名额由各该厅长提出省务会议议定之。	
第二十三条 省政府各厅处办事细则由省政府委员会议定之。	第二十一条 各厅处办事细则由省务会议议定之。	
第二十四条 本法自公布日施行。	第二十二条 本法自公布日施行；民国十七年四月二十七日公布之《修正省政府组织法》于本法施行日废止。	

据表2—4可知，除条文文字整理外，法制委员会对于《省政府组织法修正案草案》的修改主要有六处：

（1）根据1928年修正公布的省政府组织法标题为《修正省政府组织法》，将草案标题改为《省政府组织法草案》，并在第二十二条第二款标明，1928年公布之《修正省政府组织法》于本法施行日废止；

(2) 认为《建国大纲》中所言制度及其地位、性质、组织与“现在”省政府完全不同，删去第一条中“国民政府建国大纲”各字，并将“及中央法令”改为“本法及其他中央法令”；

(3) 因有数委员主张提高省政府主席职权，以便逐渐达到宪政时期，将省政府主席由以前与省府委员一样的“简任”职改为“特任”职；

(4) 依据国民政府会议谓为国务会议、县政府会议谓为县政会议，将“省政府委员会”改为“省务会议”，以求保持一致；

(5) 规定省政府主席与委员不得兼任中央官职；

(6) 根据镇江县党部执行委员会提案，分别修改建设厅职权规定之第二款，及农矿厅职权第三款，将交通水利规定由建设厅职掌，同时将农田水利划归农矿厅职掌。

总体而言，法制委员会的审查基本是遵从中央政治会议通过的原则，“只整理文字，其余无多变更”，变动较大的有两条：(1) 在审查时有数委员主张提高主席职权，以便逐渐达到宪政时期；(2) 省政府主席与委员不应兼任中央官职。对此中央政治会议并无决定。

1 月 18 日，立法院第 72 次会议将该审查修正案提出讨论，会议结果将第一、四、五、十、二十二等条均修正通过，其余各条则无异议通过：(1) 第一条，将“本法”改回“国民政府建国大纲”；(2) 第四条，将“省务会议”改回“省政府委员会”，省主席与委员均为简任，并删去省政府主席与委员不得兼任中央职务的规定；(3) 第五条，将第十一款中“省务会议”改回“省政府委员会”；(4) 第十条，将第四款中“公共卫生”改为“卫生行政”，并删去第十款中“登记”二字；(5) 第二十二条，删去该条第二款。① 当日立法院会议还省略三读，将《省政府组织法》全案一致公决通过。

2 月 3 日，国民政府公布新修正的《省政府组织法》，主要内容包括：

(1) 省设省政府，依国民政府建国大纲及中央法令综理全省政务。

(2) 省政府在不抵触中央法令范围内，对于省行政事项得发省令，并制定省单行条例及规程，但关于限制人民自由、增加人民负担之事项，得经国民政府核准方可执行；对于所属机关的命令或处分，若认其有违背法

① 《立法院通过省政府组织法》，《中央日报》1930 年 1 月 20、21 日第 1 张第 3 版。

令、逾越权限或其他不当情形时，有权令其停止或撤销。

（3）省政府设委员7—9人，简任，组织省政府委员会行使职权，并由国民政府就委员中任命1人为主席；省政府委员会开会时，委员不得派代表出席；省政府主席与委员均不得兼任他省行政职务；现役军人不得兼省政府主席及委员。

（4）省政府委员会讨论与议决省政府职权之行使、增加或变更人民负担、地方行政区划之确定与变更、全省预算与决算、省公产之处分或省公营业之筹划、国家委托事项之执行、地方自治之监督、省行政之设施或变更、咨调省内国军及督促所属军警团防绥靖地方、省政府所属全省官吏任免，以及其他认为应行议决各事项。①

同日，国民政府还根据“现役军人不得兼省政府主席及委员”，训令直辖机关、行政院及各省政府，“本府嗣后选任省政府主席或委员，概依规定办理”②。

据上述可知，新颁《省政府组织法》的最终定案，广泛吸取了中央各派别以及各省省政府甚至个别基层党部的意见，可以说又是一次各方意见大妥协的结果。与前颁《省政府组织法》相较，新修正《省政府组织法》具有以下特点：（1）将“国民政府建国大纲”取代“中国国民党党义”，和中央法令一并成为省政府综理政务的主要依据；（2）扩大省政府职权，使其除关于限制人民自由、增加人民负担者须经国民政府核准外，“得制定单行条例及规程”，拥有立法权；（3）减少了省政府委员人数，由此前9—13人减为7—9人；（4）规定现役军人不得兼任省政府主席及委员；（5）加强国民政府对各省省政府委员及主席人选的主导作用，明确规定各厅厅长由行政院就省政府委员中提请国民政府任命，省政府主席由国民政府就省政府委员中任命；（6）除秘书处及各厅所掌事务外，对于省政府委员会及省主席职权均有详细列举；（7）规定各厅间或专管机关间发生职权争议时，由省政府呈请行政院裁决。

《省政府组织法》中虽然规定各厅厅长应由行政院就省政府委员中提请国民政府任命，但实际上很难操作，因而对具体程序则付之阙如。这与

① 中国第二历史档案馆编：《中华民国史档案资料汇编》第五辑第一编·政治（一），江苏古籍出版社1991年版，第93—97页。

② 《国民政府公报》第387号（1930年2月5日），第7页。

当时南京国民政府的实际控制力有关。有鉴于此，其时代理内政部部长一职的钮永建于9月中旬呈文行政院，建议“此后各省政府所属各厅厅长之任用，似应先由中央任命省政府委员，指定主席，并饬各委员造具履历送由钧院发交主管各部会同审查资格，商定某委员堪以兼任某厅厅长，会呈钧院提出会议议决呈请任命”，得行政院第87次会议决议，转交国民政府。①

9月27日，国民政府第95次国务会议针对内政部呈文称“此后各省政府委员兼任厅长，应否由院发交各主管部审查资格后提交会议议决呈请任命”，议决“各厅厅长应依照法规，经行政院决议，至其审查资格之手续，由行政院制定之”②。

随后，行政院根据钮永建的提议拟具《省政府各厅长选任规则》五条，提交行政院第94次会议，决议“规则转国府备案”。规则规定了省政府各厅长选任的具体程序：国民政府任命各省政府委员以后，将全体委员履历材料发交行政院，供该院作为确定厅长人选的依据；行政院再将履历材料发交有关主管部会，主管部会根据下达材料提出意见和名单呈报行政院，经行政院国务会议议决后，由院长提交国民政府简任。③

当然，因为行政院院长谭延闿于1930年9月22日突然病逝，国民党中央决定由国民政府主席蒋介石兼任行政院院长，选任规则有所修正。国民党三届四中全会在11月17日修正通过《中华民国国民政府组织法》，删去原法中“以国务会议处理国务”，将负有讨论国务之责的国务会议移至行政院，将“国务会议”改称“国民政府会议”，“行政院会议”改称“国务会议”。11月21日，第100次国务会议将规则第三条中“行政会议”改为“国务会议”，并备案。④

① 《行政院呈为各省政府委员兼任厅长应否由院发交各主管部审查资格呈请任命》，1930年9月，台北“国史馆”藏，典藏号：001－0120430－011。

② 《国民政府公报》第586号（1930年9月30日），第3页。

③ 《行政院呈为遵令拟具省政府各厅长选任规则缮呈鉴核备案以便由院公布施行由》（附《省政府各厅长选任规则》），1930年11月，台北“国史馆”藏，典藏号：001－0120430－011。

④ 中国第二历史档案馆编：《国民党政府政治制度档案选编》下册，安徽教育出版社1994年版，第320页。

第二节 胡汉民、蒋介石关系决裂前后的省制筹议

蒋介石在胡汉民支持下，从 1929 年蒋桂战争开始，到 1930 年中原大战结束，先后打败了长期与之对峙的李宗仁、冯玉祥、阎锡山等实力派，完成军事上的统一。由于 1930 年 9 月 22 日谭延闿的突然逝世，蒋介石兼任行政院院长，打破了既有权力格局的平衡。蒋、胡的关系开始龃龉不断，更因召开国民会议、约法之争关系日趋紧张。1931 年 2 月，蒋介石囚禁胡汉民，拥胡人物及反蒋各派齐聚广州开府建政，国民党再度分裂。

这一时期的省制筹议，因为胡汉民、蒋介石关系发生变化而受到影响。

一 《省政府组织法》的再次修正与颁行

1929 年，蒋介石采取政治分化与军事打击双管齐下的方针，相继打败桂系、冯玉祥、唐生智、张发奎，南京国民政府实际控制区域从蒋桂战争以前的苏、皖、浙、赣、闽、沪五省一市，逐渐扩大到湘、鄂、豫、鲁、苏、皖、浙、粤、赣、闽、沪十省一市，但“晋、冀、察、绥四省为阎锡山部所据；陕、甘、宁、青四省为冯玉祥部所据；桂省为李宗仁部队所据……其余辽、吉、黑、热四省偏于东北，川康滇黔四省偏于西南，虽名属中央，实同中立，蒙疆及西藏自更无论了”①。

如何规划政制，刷新政局，备受时人关注。1929 年 12 月 27 日的《申报》称：“蒋对于刷新政治已拟有新政策，定于十九年元旦公布，并另拟电文一通，内容系请国内各地著名报馆，自十九年一月一日起，关于党务、政治、军事、财政、外交、吏治等及其他各项，尽量批评及贡献，以使中央之采纳而谋国体之完善。该电业经拟就，约 27 日可发表。”② 不过，文电因故并未发表。

① 顾祝同：《墨三九十自述》，台湾“国防部”史政编译局 1981 年版，第 86 页。

② 《蒋主席拟就刷新政治计划》，《申报》1929 年 12 月 27 日第 2 张第 6 版。

与此同时，蒋作宾亦拟有条陈邮寄谭延闿等人，“大概在主张法治、经济、外交三大原则。法治在主张开国民会议，通过宪法，使人民有参政机会。经济在主张制定经济方案，召集最高经济会议，决定方案，积极照行，并添设垦殖部，主管大规模经营西北及其他垦殖事业。外交在主张与邻国互不侵犯，加入仲裁，尤须择定能援助我建设者，特别与之亲交云云”，结果谭延闿将此案“分致各同志讨论”①。

蒋介石因整理两广事务于1930年2月初赴粤，不及出席推迟到3月1日召开的国民党三届三中全会，“闻蒋所拟刷新政治方针案，仍决在三中全会内提出讨论，其中有缩减政费、裁减骈枝机关等亦占一部分，关于现有之各部中本可合并而无需另设部者，亦建议合并以节政费。经三中全会议决以后，蒋回京即可实施”②。此案有两要旨，“一是政府内部组织的改革，一是要政府和舆论接近”③。

3月4日，国民党三届三中全会以求国家意志统一、施政方针连贯为名，决议通过由蒋介石主导下中央常务委员会提出的《防止官吏兼职案》，规定政务官得任兼职，但中央官吏不得兼任地方官吏、各院部会官吏不得兼任其他院部会官吏、各省市官吏不得兼任其他省市官吏四项原则，事务官除在本机关外不得兼职④，同时将叶楚伧提议的《委员制适用标准》提出讨论，决“交（中央）政治会议”。

不过，局面很快发生变化，中国再次陷入战乱。阎锡山先是趁蒋介石军队在湘鄂、豫南及两粤先后用兵疲惫之际，于1930年2月迭电蒋介石，危言要挟，继而再与冯玉祥、李宗仁、石友三等相呼应，更在3月19日正式称兵反蒋，揭开中原大战序幕。随后各路反蒋势力齐聚北平。7月13日，汪精卫、冯玉祥、阎锡山、桂系及“西山会议”派等各反蒋派系，纠集成立“中国国民党中央党部扩大会议”，“仿效民初政客办法，企图以根本法做政争的工具”，以起草约法与召集国民会议相号召，并为争取政客加入和吸收

---

① 《蒋作宾日记》1929年12月27日条、1930年1月15日条，江苏古籍出版社1990年版。

② 《裁减骈枝节省经费已列入刷新政治案内候三中全会议决实行》，《大公报》1930年2月5日第1张第3版。

③ 曹伯言整理：《胡适日记全集》第6册，联经出版事业公司2004年版，第100页。

④ 中国国民党中央执行委员会编：《中国国民党历届历次中全会议议决案汇编》（一），台北“中央文物供应社”1978年版，第156页。

各省政府的拥护，确定采用委员制以及联邦制为约法的起草原则。[①]

在此背景下，南京方面的各种集权举措不得不有所收敛。3月26日，中央政治会议根据政治报告组审查意见，讨论“委员制适用标准案”，认为“际兹训政开始，所有政治上组织方式甫经厘订就绪，正宜假以时日，待其循序进行之后，究竟有无当流弊，再行体察情形分别取舍。本案暂时似可不必讨论”[②]。当然，4月初东北的张学良在大局紧张之时，与东北政务委员会各委员核定后，决定“今后除军事而外，如关于地方之行政、外交诸项，统遵中央命令办理”[③]，则多少让南京方面感到宽慰。

8月初，谭延闿、张静江、戴季陶等因“中国国民党中央党部扩大会议”在7月25日谈话会决定以党建国之基础条件七条，其中一项即为关于地方之关系按照《建国大纲》采均权制度，[④] 而当时南京中央政府各部夺取省营事业，“往往将各省已经兴办之事宜，不审辨性质如何，均请划归各部直辖，事实上时有鞭长莫及之患，既违均权之旨，复碍建设之进行，实则各部对于各省所营事业，除由中央直接经营者外，凡地方业已经营及应归地方经营之事业，处于监督领导之地位，始收指挥如意之效”，以国家制度必求内外相维、通力合作而权能共进繁荣为由，向中央政治会议提议转交国民政府令各主管院部，“除由中央直接经营者外，凡地方业已经营及应归地方经营之事业，处于监督领导之地位”[⑤]。

提案只列理由，并未提出具体办法，只说“凡地方经营及应归地方经营之事业”，各部应处于指导监督地位，即是说，应归中央的归中央、应归地方的归地方，但究竟哪些应归地方、哪些应归中央则并未明确规定。提案人实际希望借此订一个方案。

8月6日，中央政治会议在核议该案时，各委员态度各异：工商部部长孔祥熙认为此案措辞应加注意，如工商部有商品检验局负责检验对外贸易的出口货物，广东省政府亦设有生鱼检验局，工商部与该省政府经几次商讨，决定用工商部名义作为省政府代办，“各部与各省政府应办之事业已难划分”；主席谭延闿表示，孔祥熙所言只及其中之一，因为各部设在

---

① 陈之迈：《中国政府》，上海人民出版社2012年版，第17页。

② 《中政会二二〇次会议》，《中央日报》1930年3月27日第1张第1版。

③ 《除军务事宜而外凡地方行政外交事项统遵中央命令》，《盛京时报》1930年4月8日第4版。

④ 《扩大会发表具体方针》，《天津益世报》1930年7月26日第1张第3版。

⑤ 《谭延闿张人杰戴传贤亦倡均权制度》，《天津益世报》1930年8月15日第1张第3版。

各省的机关可分为直接的及要省政府代办两种，各部或且有类似事件难于解决，希望讨论出一个办法来；当戴季陶提议指定几个人去审查，确定一个详细办法时，陈立夫认为需要区分情况再决定分权，而孙科主张由行政院临时处理，胡汉民则认为“唤起各部的注意也好”，因为“中央与地方之间是省，省既不是地方，又不是中央，所以各部与省有此类事实发生时，只能说是中央与省争，或可说中央与中央争，中央与地方有什么事可争？中央设于各省的机关，有的可委托省去办，有的一定要自己直接去办理，但那些是可以委托的，那些是要自办的，谁也分不开，只有各院部会自己晓得”。因为“现在的省组织法虽已改过，但权还是很大的，一时无法使之成为一个地方与中央之间的连络机关”。该案最终根据胡汉民的提议，“详细规定是没有办法规定的，只能临时去处理”，决定“交政府去注意”①。

9 月 22 日谭延闿的突然病逝，使得蒋介石与胡汉民之间失去缓冲，二人关系日益恶化。与此同时，蒋介石采用“远交近攻”的策略，成功争取到东北张学良的支持，并最终在 1930 年 10 月取得中原大战的胜利。作为酬答，蒋介石任命张学良为全国陆海空军副司令、军事委员会北平分会副委员长（蒋本人自任总司令、委员长），张学良实际控制东北四省（辽宁、吉林、黑龙江、热河）、华北五省（冀、察、晋、鲁、绥）及北平、天津、青岛三市。

“军权”牢牢在握的蒋介石急于摆脱胡汉民所标榜的、高高在上的“党权”限制，通过倡导“民权”和颁布约法来对妨碍他集权的胡汉民发起挑战。10 月 3 日，蒋介石自开封致电国民党中央党部，主张于 3 个月后提早召开国民党第四次全国代表大会，以便确定召集国民会议议案，颁布宪法的日期，制定训政时期适用的约法。②

此举遭到胡汉民抵制。在胡汉民看来，召开国民会议必须有先决条件，即“须脱离了军阀的淫威和压迫，社会已渐趋安静等”，并不同意此时制定训政约法。③ 经各中委非正式商妥，决定于 11 月 12 日召集国民党

① 《中央政治会议速纪录第 238 次》，1930 年 8 月，中国国民党文化传播委员会党史馆藏，典藏号：中央 0238。

② 《四中全会下月召集蒋委员向中央建议之原电》，《中央日报》1930 年 10 月 30 日第 1 张第 3 版。

③ 《国家统一与国民会议之召开》，《天津益世报》1930 年 10 月 17 日第 1 张第 3 版。

三届四中全会，主要任务是整理党务、刷新政治。

围绕这两个主题，各中委及各省市党部纷纷提案。大致而言，关于整理党务的提案，包括规定各级党部指导政治方案、各省市党部在整理期间对于同级政府应有权审核其决算、各级政府嗣后对各级党部所咨交重要建议案须切实办理等案；关于军事的提案，包括请恢复师本位制，取消军长、指挥等名义以利编遣实施案，省政府主席不得兼任军职，总指挥名义应一律取消，以师为单位以及现任军官不兼政务官案等；关于政治的提案，包括整理财政、缩小省区、确定省县权责案以及遵孙中山遗嘱速召国民会议树立全民政治等。①

在11月13日各组审查会上，由于当时蒋介石、胡汉民两派党争严重，结果“军事组对何应钦之现任军官不兼政务官案，辩论甚烈。大会对国民会议问题空气不佳，缩小省区、制定约法亦有少数人反对，编遣会有取消之意”②。因为胡汉民的坚持，蒋介石以主席团名义所提“定期召开国民会议、制定约法以立建国之基础”的提案，被做了颇多修正。③ 当张群在国民党四中全会第三次大会上重提蒋介石的提案时，由于胡汉民力排众议，会议仍将“制定约法”四字删去，仅决议于1931年5月5日召集国民会议。④

应该说，当时蒋介石、胡汉民在集权中央一事上态度是一致的，二人间的分歧在于如何集权，即集权于何处。所以，蒋、胡间存在的分歧，并不影响他们在改革中央行政组织问题上的共识。

11月17日，国民党四中全会第五次会议根据蒋介石、戴季陶、胡汉民、王宠惠提议，通过《刷新中央政治改善制度整饬纲纪确立最短期内施政中心以提高行政效率案》，决定变更行政院组织，将农矿、工商两部暂行合并为实业部等。⑤ 继而国民政府开会议决，“所有农矿、工商两部事务，限12月10日结束，移交实业部继续办理”⑥。

---

① 《四中全会正式开议各委员提案摘要》，《申报》1930年11月14日第1张第4版、第2张第5版。

② 《国民会议问题如何》，《大公报》1930年11月14日第2张第5版。

③ 蒋永敬：《民国胡展堂先生汉民年谱》，台湾商务印书馆1981年版，第493页。

④ 《中国国民党第三届中央执行委员会第四次全体会议第三日速记录》，1931年5月，中国国民党文化传播委员会党史馆藏，典藏号：政3.2/36。

⑤ 《国民政府公报》第632号，第10—14页。

⑥ 《国民政府训令第649号》（1930年11月29日），《国民政府立法院公报》第25期，第3页。

对于国民政府农矿、工商两部合并为实业部的这一变动，当时就有报纸敏锐指出，“各省农矿厅、工商厅亦因系统关系势须变更”①。事实上，新设实业部在成立伊始，就对当时所行《省政府组织法》详加研究，认为建设、农矿、工商设立三种之组织，实于中央系统殊多不便。为此，部长孔祥熙在1931年1月行政院召开第10次国务会议时，提议转呈国民政府令立法院，“将《省政府组织法》重加修正，建设一厅改为实业厅，其第二、第三两项关于农矿、工商两厅之规定即行删除；第十三、十四、十五三条建设、农矿、工商三厅掌理事务并予酌量归并，或建设厅暂行仍旧，但将农矿、工商两厅合并为实业厅，其现时各省已设农矿、工商两厅者即行合并，仅设一厅者即改为实业厅，仅有建设厅者或改组实业厅，或另设实业厅”，当经决议，“送立法院”。②

按当时所行《省政府组织法》第八条规定：“省政府设建设厅，于必要时得增设农矿厅、工商厅及其他专管机关，在未设农矿厅或工商厅之省，关于各该厅事务由建设厅掌理之。”就其立法本意而言，当时之所以规定建设、农矿、工商三厅并设，系为便于中央主管部会指挥监督。事实上，各省情形不一，有仅设建设厅者，有并设农矿厅者，有三厅同设者，其时山西设有农工厅、陕西呈报暂行将农矿厅合并建设厅之议。因为行政系统极为庞杂，且因事权划分不明，不免时有争执。③

立法院将此案提交该院第130次会议讨论，议决“付法制委员会审查”④。2月11日，立法院法制委员会第107次会议指定刘师舜、黄右昌二人共同初步审查，并将审查结果提交2月25日该委员会第109次会议讨论。当日各委员详加研究后，“佥以为建设厅似应仍旧，毋庸修改；至农矿、工商两厅则应合并为实业厅，以收行政系统划一之效”⑤。法制委员会本此原则，仅将《省政府组织法》第八条条文加以修正，并将第十四条、第十五条合并为一条，以下各条仅依次递降序数，均未修正，其中：第八

① 《农商合并》，《大公报》1931年1月22日第2张第5版。

② 《行政院咨请修正省政府组织法第八条第十三条第十四条第十五条各条条文改建设厅为实业厅或仍旧设置建设厅但农矿工商两厅则合并为实业厅由》，《国民政府立法院公报》第27期，第13—14页。

③ 《各省府建农工三厅组织变更》，《中央日报》1931年2月14日第2张第4版。

④ 《国民政府立法院会议录》（五），第104页。

⑤ 《立法院法制委员会第一百零七次会议议事录》《立法院法制委员会第一百零九次会议议事录》，《国民政府立法院会议录》（四〇）。

条第一项未变更，第二项定为“省政府于必要时得增设实业厅及其他专管机关”，第三项规定“未设实业厅之省，所有该厅事务由建设厅兼办”；同时将第十四、第十五两条所定农矿、工商两厅职掌并作一条，定为实业厅职掌。①

3月7日，立法院第134次会议讨论法制委员会的审查报告，结果“照审查报告修正通过，建设厅应仍旧，毋庸修改，农矿、工商两厅则应合并为实业厅”，并缮具《修正省政府组织法》全案呈由国民政府公布。②国民政府随即将该案提交第十五次国民政府会议讨论，决议“照公布，另令行政院须发通令，凡未设建设厅省分可暂缓设，其所司事务因另指定兼代掌管机关，将来如有设立建设厅之必要时，须先呈准施行”③。

3月23日，国民政府公布《修正省政府组织法》全案。根据新颁《修正省政府组织法》，除实施党治和委员会会议外，规定省政府采委员制，委员名额仍维持7—9人，中有一人为省政府主席，主席除在省政府会议时担任主席和对外代表省政府外，还有处理日常紧急事务之权，故其实权与首领制的省长已相差无几；省政府内除秘书处外，设民政、财政、教育、建设、实业五厅，或民政、财政、教育、建设四厅，各厅处分掌职权，并按事务繁简分设三科或四科等。④ 当然，与1930年《省政府组织法》相较，新的《省政府组织法》最大的变化，就是将农矿厅和工商厅合并为实业厅。

二 缩小省区之筹议

为了稳定中原大战后的政局，蒋介石在中国国民党三届四中全会召开前夕，提出召开国民会议和制定约法主张，但胡汉民只同意召开国民会议，反对制定约法。当然，胡汉民为了缓和蒋介石对自己的敌意，也同意

① 《修正省政府组织法第八条第十三条第十四条条文建设厅为实业厅或仍旧设置建设厅但工商农矿两厅则合并为实业厅案审查报告》，《国民政府立法院会议录》（五），第195—201页。

② 《立法院第一三四次会议》，《中央日报》1931年2月8日第1张第4版。

③ 转引自《辽宁省实业厅为奉令改农矿厅为实业厅给各县训令》（1931年6月25日），辽宁省档案馆编：《奉系军阀档案史料汇编》（11），江苏古籍出版社、香港地平线出版社1990年版，第719页。

④ 《国民政府公报》第728号（1931年3月24日），第1—4页。

"政治会议各组审查之件，俟内政部召集之内政会议而后决，中央常会主张之件交地方自治组审查，或者从此可以党权不高于一切"①。与此同时，粤派人物为了缓和胡蒋间的紧张气氛，提出缩小省区案，作为平稳中原大战后政局的办法。

缩小省区是一个自清末以来几十年间争论不决的问题。通过缩小省区的办法解决省制存在的种种问题的呼声，晚清以来一直不断。最早提出缩小省区主张的是康有为，他在戊戌变法时就主张裁撤行省，以"道"为中央以下的一级行政区域。民国初年，宋教仁为改变当时各省都督集军政大权于一身、省自为政的局面，明确提出"中国今日宜缩小省区"。熊希龄组阁后，亦将改革省制列为三大施政方针之一，其做法为"拟仿汉宋之治，改定地方行政为两级，以道为第一级，以县为第二级"。但这一主张被袁世凯所召集的政治会议否决。1917 年，内政部曾发布《改划全国行政区域意见书》，主张将中国本部 18 省及新疆省划分为 47 省，其余则不改划，还重新拟定了各省区名称。南京国民政府成立后，国民政府委员宋渊源鉴于当时四川境内各派军人纠争不断，原因即为省区过大、人人欲为主席，在 1928 年 3 月 26 日国民政府纪念周上提出缩小省区之说，认为只要将四川划为数省，则川乱立平，且推此而论全国，均因省区过大，不易统一。尽管赞成此说者颇有人在，其中更不乏党国要人（如谭延闿、李烈钧等就公开表示赞成缩省），但因当时舆论意见纷歧，加之国民政府正注全力于北伐军事，无暇及此，此议随即被搁置。②

及至 1930 年国民党三届四中全会召开前夕，缩小省区说经由粤系人物再次被提出。驻美公使伍朝枢首先从华盛顿以电报形式向大会提出两案，其中一案即为缩小省区案。提案以"吾国行省幅员大、交通阻、民情异、别畛域，且便于军人割据"为由，主张仿效法国大革命后改 40 省为 87 州之例，缩小中国各省现有区域，将原有各省区划分为 2—3 个省区，即把当时中国 28 省划分为 80—90 省。伍朝枢还提议全会讨论中央与地方权限划分是否规定于宪法之中。③ 由于提案系电报传递，所述理由及办法

① 陈红民辑注：《胡汉民未刊往来函电稿》第 7 册，广西师范大学出版社 2005 年版，第 415 页。

② 《由来也渐之缩小省区问题》，《天津益世报》1931 年 4 月 12 日第 1 张第 2 版。

③ 伍朝枢：《缩小省区案》，1930 年 11 月，中国国民党文化传播委员会党史馆藏，典藏号：政 11/12.1。注：另一案为召开国民大会案。

非常简单。①

与此同时，广东省政府主席陈铭枢也向全会提案，认为中国现有省区之大几同一国，既有军队捍卫，又有操纵财政之权，遂成产生军阀之根基，而且省长对于各县自治监督不易周密，训政建设难期奏效，此外“一省之大几同一国，则治省之才须为治国之才，人才集中中央而有余者，散之各省则不足，于是中央与各省均感人难之苦”，提议改定省行政区原则，主张：(1) 改定现有省区，依旧道区为省区，但如有经济发展之便利、贫瘠与丰裕区域之调剂等特别情形，由中央另行划定；(2) 各省设省长一人，由中央任命，至宪政开始时，再依据《建国大纲》，由国民代表会选举省长；(3) 废止现有《省政府组织法》，另定《省长公署组织条例》；(4) 省长公署的行政经费由中央支给；(5) 省长职责在于监督省区内各县地方自治，省区内国家行政则受中央指挥；(6) 依上列原则制定省制后，中央与县之税收悉遵《建国大纲》第十一条划分，县对于中央之负担则由中央依《建国大纲》第十三条规定斟酌各县情形核定。② 陈铭枢的提案得到胡汉民、孙科、林森、戴传贤等14人连署。

伍、陈两案均以中国行省幅员广大、交通梗阻、民情各别、畛域之见甚深，且便于军人割据等为由，请求缩小省区或改定省区。其间差别在划分的标准：伍案主张重新划分省区，“不以人口为标准，乃就实业的或地理形势”，将现有每省划分为两省或三省，而陈案以旧道区为省区，有特殊情形者另定。

上述两案经由提案审查委员会政治组合并审查，在11月14日国民党三届四中全会第二次大会上提出讨论。当时“发言者亦甚众，讨论时亦极详尽”，虽然各委员多认为原有省区太大，办理地方自治殊多不便，并在缩小省区以祛省权过大之弊、扩大县权以确立民国之基础上达成共识，但对于究竟应该如何缩小省区则尚存较大分歧，结果决议：“省区应重行划定，并酌量缩小。其如何划分及其实施办法，交由中央政治会议组织专门委员会详细研究，拟具方案送中央常会，以备提交全国代表大会或国民会

① 伍朝枢后来在1931年2月6日自美国华盛顿寄送关于缩小省区提案的详细理由书，见伍朝枢《缩小省区案》，1931年2月，中国国民党文化传播委员会党史馆藏，典藏号：会3.2/20.3.2。

② 陈铭枢等：《改革省行政区原则案》，1930年11月，中国国民党文化传播委员会党史馆藏，典藏号：政11/12.2。

议决定之"。[①]

薛正清在得知国民党三届四中全会提案中已包括缩小省区案后，即将自己于11月9日发表在《大江日报》上的缩小省区主张，函请大会秘书处转交政治组为讨论缩小省区案之参考。薛正清以铲除疆吏跋扈流弊以及推进训政立论，拟定改良省制办法：(1) 由内政部根据各省版图，将区域较小省份划分为两省，过大者划分为三省；(2) 省区划定后，省名一律改定；(3) 明定省政府委员及主席任期；(4) 中央行政、监察两院随时派员巡视各省，访查地方疾苦和课责省吏治绩；(5) 实行编遣会议议决军人不得兼任省主席等。[②] 薛的意见被送交议事科。

12月10日，中央政治会议讨论缩小省区案，经主席胡汉民提议，决议"交政治会议报告组、地方自治组、财政组、军事组，与鲁涤平提'设立特别行政区'一案合并审查，由陈委员立夫召集"[③]。

缩小省区案经国民党三届四中全会决定原则后，国民党中央宣传部当即通过各级党部将该案与召开国民会议案，一并作为宣传及讨论的重要问题。当时舆论对于国民党三届四中全会的这一决议甚为推崇，不仅官媒《中央日报》认为，"此一决议将为元明以来行政上最大之改革，而于县自治发展、中央指挥地方之灵活与国家统一之保障，必有最显著之影响。虽其如何划分之实施方法，尚有待于深长细密之研究，而更定区划之为必要则可断言"[④]，而且《天津益世报》也称，"此在地方上为重要之改革，在历史上为最大之变迁"[⑤]。

缩小省区本是粤系人物为调和蒋、胡矛盾而提出的一种解决时局办法，谁知一经提出，即激起以前因政治原因改划他省的地区，重新要求划归原省的诉求。口北十县早在1928年8月根据阎锡山及太原政治分会的建议，被从河北省划入察哈尔省，其后虽曾先后派出代表分别向北平政治分会和南京国民政府请愿力争，但行政院以"察区改省及将口北十

---

① 《全会昨开第二次大会决议省区应重行划分并酌量缩小》，《申报》1930年11月15日第1张第4版。

② 薛正清：《省制问题之商榷》，1930年11月，中国国民党文化传播委员会党史馆藏，典藏号：会3. 2/17. 25。

③ 《中央政治会议速纪录第253次》，1930年11月，中国国民党文化传播委员会党史馆藏，典藏号：中央0253。

④ 《（四中）全会提案已经议决之各案》，《中央日报》1930年11月16日第1张第3版。

⑤ 《社论·缩小省区》，《天津益世报》1930年11月17日第1张第2版。

县划归察省省政府管辖一案，系由中央政治会议议决，交国民政府明令施行，案已确定，碍难变更”[①] 予以拒绝。此时该地民众因缩小省区案的提出，以口北十县划入察省“原系阎锡山贯澈平绥军事运输，久居华北之私图，并非为开发边区”为由，又纷纷派出代表先向各方呼吁，继向国民政府请愿，要求复隶河北，并建议将原属察哈尔但已划归绥远的五县暨晋北大同九县、朔平四县加入察哈尔省。[②] 与此同时，山西大同等九县及朔平等四县也发起向阎锡山请愿活动，要求加入察省，否则再请全会缩小省区。[③]

自国民党三届四中全会决定缩小省区后，中央政治会议即积极筹备。据 12 月 21 日《天津益世报》报道，胡汉民、戴季陶已拟就国民会议召集方案草案，准备等吴敬恒等回京后即可交常会议决，“制定议案范围，注重国家建设，预备提出者：（1）训政时期约法起草，（2）缩小省区，（3）训政六年期限是否延长三要案”[④]。至 1931 年 1 月初，中央政治会议已向各主管院部征集一切材料，并大致确定缩小省区问题原则，决心在国民会议召开前圆满解决，唯因事关重大，“日内召集各组联席会讨论原则，并组专门委员会编拟省组织法及地方行政等规程”[⑤]。

1 月 13 日下午，中央政治会议各组特务秘书遵照蒋介石之命，在中央党部举行联席会议，讨论缩小省区办法，并审阅内政会议所有提案。[⑥] 对于缩小省区办法，内政部政务次长、地方自治组特务秘书张我华认为兹事体大，各地历史沿革、风俗人情、山川形势与分省分区极有关系，非熟习历代疆域沿革、山川形势，以及各地经济、社会、语言、风俗等，不能率

① 《口北十县反对划入察省》，上海《民国日报》1928 年 12 月 5 日第 1 张第 4 版；《行政院公报》第 13 号，第 31 页。

② 《口北十县代表请愿恳准复隶河北》，《大公报》1930 年 11 月 23 日第 1 张第 3 版。

③ 《晋北大同九县及朔平四县加入察省否则再请全会缩小省区案》，1930 年 11 月，台北“国史馆”藏，典藏号：116－010107－0109－020。

④ 《国民会议提案中央预备提出之三要案》，《天津益世报》1930 年 12 月 21 日第 1 张第 3 版。

⑤ 《缩小省区制已确定》，《盛京时报》1931 年 1 月 9 日第 2 版；《缩小省区问题中政会征集材料》，《申报》1931 年 1 月 10 日第 1 张第 4 版。

⑥ 周秀环编注：《蒋中正总统档案·事略稿本》，台北“国史馆”，2004 年，第 369 页。1930 年 12 月 18 日，中政会任命张我华为地方自治组，张寿镛为财政组，葛敬恩、陈绍宽为军事组，李仲公、连声海为经济组，吕苾筹为政治报告组，李书华为教育组，李锦纶、马如荣为外交组，朱履和、区国禄为法律组特务秘书。《中政会特务秘书各组人选已分派决定》，《大公报》1930 年 12 月 19 日第 1 张第 3 版。

尔起草，强定省界。[①] 与会者根据张我华的意见形成审查报告呈报，认为划定政区所关匪细，“似宜仍照四中全会议决办法，组织专门委员会，延聘精于历史地理以及富有政治经验、明瞭世界大势学者名家稽古证今，定名划域”，与中央政治会议派员共同详细研究后起草缩小省区办法草案，以备提交国民会议决定，并推张我华负责起草缩小省区草案。[②]

1931 年 1 月 15—24 日，全国内政会议在南京召开。尽管因为当时中央政治会议注重地方自治，主张“此次内政会议应将如何筹备自治、建立自治机关、筹集自治经费，如何改善县与省之关系，如何清除匪共等各重要问题，根据党之政纲及决议整理成有系统之提案，加以缜密讨论”[③]。缩小省区仍是内政会议关心的重点问题之一。据悉，此次内政会议共收到 175 件提案，当中与改划省区有关的提案有蒙藏委员会提《请划四川之建南七属及汉源县并入西康省区案》（第四十四案）、陕西省政府代表提《省行政区域应改名为州案》（第四十三案）及《为国政统一拟改变省行政区域预定标准案》（第四十二案）、甘肃省政府代表提《甘宁青三省行政区域应重行划定案》（第四十七案）四件。大会将上述各案并案决议，“将原案送请中央，归入缩小省区案内一并核定”。2 月 16 日，内政部依据内政会议结果，以上述四案“均与改划省区有关，似可转送中央酌采”，呈请行政院鉴核并转送中央政治会议核定施行。[④]

山东省党部整理委员张苇村等为改进江北顽悍之风和治理鲁皖苏豫边陲，也在 2 月初向国民党中央提案，以淮河以北、蒙山以南、西起归德、东迄于海之鲁豫苏皖四省交界之地，其山川、地理、风俗、土壤原为一天然自治区域，建议在缩小省区计划确能实现之时，将该区域“另划为徐州省或定名为淮北省，以徐州为省会，以豫之商等四县、皖之亳蒙等六县、鲁之郯单等九县、苏之铜淮等十六县，共计三十五县属之”，同时建议缩

① 雷啸岑：《一月来之内政·中央将起草缩小省区办法》，《时事月报》1931 年第 4 卷第 3 期，第 87 页。

② 《地方自治、政治报告、军事、经济、财政诸组特务秘书对伍朝枢提议缩小省区案及陈铭枢提议改定省行政区域原则案审查报告》，1931 年 1 月，中国国民党文化传播委员会党史馆藏，典藏号：政 11/12.6；《中政会地方自治组讨论缩小省区案》，《中央日报》1931 年 1 月 14 日第 1 张第 3 版。

③ 《内政会议开幕》，《大公报》1931 年 1 月 15 日第 1 张第 3 版。

④ 中国第二历史档案馆编：《国民党政府政治制度档案史料选编》下册，安徽教育出版社 1994 年版，第 320—321 页。

小省区后，各省“省政府组织、各机关之设立，均应力求缩小”。[①]

当时张我华虽已受命着手起草缩小省区方案，但尚未确定缩小省区的具体计划，外界舆论仍对此寄予厚望，认为“此案打破七百年来行政区域之习惯及其已养成之集中的经济政治势力，关系之巨自不待言”[②]。

至2月底，中央政治会议推定缩小省区办法审查委员，参酌已经搜集到的材料，对各方所拟缩省办法进行审查。据悉，其初步设想，拟“将各省按天然界限，或以旧道区，划为两省至三省，而毗连之地，可由甲省划归乙省，全国将分为六十省”[③]。

作为主管部，内政部本因当时各省市划界纠纷此起彼伏，解决不易，对于改省问题态度颇为不定，一方面极表赞同，一方面又担心改省纠纷更多，难定从违，不过由于国民会议召开日近，各关系部会对此问题自然不能搁置，遂指定内政部次长张我华等人就此展开专门研究，并积极拟定缩小省区案，以便提交参考。[④]

3月27日，党员石谦得悉各方建议缩小省区案件已由中央政治会议推举委员审查后，也将自己在1928年拟具的《缩小行政区域建议书》刻印四十份送交中央政治会议。建议书认为，“省区者，介政府与市县之间，为政治之中枢，中枢不灵，则上下交困”，主张依据山川形便以及民情向背，将全国改划为九直辖市（京都、上海、汉口、北平、天津、广州、哈尔滨、青岛、大连）、六十九省，以及外蒙、西藏两特别区。因“惟求其于训政时期可以实行者耳”，该改划计划系本诸征成案、因旧区、顺习惯、重交通、固边圉等原则草拟而成，“除三数处别有重大原因者外，均只就该省原有封域剖断为区，不欲割裂华离另行组合”，且定名时亦依辖地适为古代之某州郡、其原隶省区之部位、其地名山大川及旧日道区名称等为标准。该计划被“分送审查组各委员及特务秘书参考”。[⑤]

与此同时，卢士燮亦呈送中央政治会议《关于省制的意见》等六种

---

① 张苇村等：《建议改徐州为徐州省或淮北省收鲁豫苏皖四省毗连各县划归管辖以求便利而资发展案》，1931年2月，中国国民党文化传播委员会党史馆藏，典藏号：政11/12.7。

② 《缩小省区有无障碍》，《天津益世报》1931年2月14日第1张第2版。

③ 《缩小省区案中政会审查情形》，《申报》1931年3月1日第1张第4版。

④ 《缩小省区问题由来》，《盛京时报》1931年4月15日第2版。

⑤ 石谦：《改划行政区域建议书》，1931年3月，中国国民党文化传播委员会党史馆藏，典藏号：政11/12。

建议书。建议书认为，国民党三届四中全会以占据地盘、人才拥挤为由通过废省制提案，废现行省制，以道为省拭目可望实行，但“现省制方面历史之根底甚长，（已）印入一般脑筋之内，必须有无数通明之士发抒伟论，揭破其过程之中黑幕与现在之弊端，使之不能郝颜窃据”，同时“在新省制方面，须避免旧省制上之各种覆辙，（以）及狃于府州管辖之插花区域、四十县以上之硕大政区，长亘于数百里之流域”等情况。结果，卢之建议被“送缩小省区案审查会，并交政治报告、地方自治两组”[①]。

4月1日，中央政治会议第268次会议决议西康设行省，省会定巴塘，并拟定缩小省区案，主张“以天然山川，或现道界，或毗连省份之风俗人情为标准，分全国为七十余省”。[②]

张我华等本诸上述原则，在详察各地风俗人情后，至4月中旬将缩小省区案详细办法草拟完毕，呈送中央政治会议指定的审查委员会审查。草案主张将全国划分为六十九省及蒙古、西藏两地方，并因省区缩小，无须采用委员制，改省政府制度为省长制。[③] 其划分省区的办法，见表2—5。

表2—5　张我华等拟缩小省区案中所定省名、省会及所辖县数一览[④]

省名	省会	辖县数	省名	省会	辖县数
建业	吴县	29	贵阳	贵筑	36
淮海	淮阴	29	镇远	镇远	38
归德	铜山	29	济南	历城	35
太平	芜湖	27	济北	德县	39
巢湖	合肥	25	胶东	福山	31
鄱阳	南昌	26	大梁	开封	25

① 卢士燮：《关于省制的意见》等六种建议书，1931年3月，中国国民党文化传播委员会党史馆，典藏号：政11/12。

② 高美华编注：《蒋中正总统档案·事略稿本》第10册，台北“国史馆”，2007年，第360页。

③ 《由来也渐之缩小省区问题》，《天津益世报》1931年4月12日第1张第2版。

④ 雷啸岑：《一月来之内政·缩小省区案尚在斟酌研究中》，《时事月报》1931年第4卷第6期，第218—219页。

续表

省名	省会	辖县数	省名	省会	辖县数
锦江	清江	27	洛阳	洛阳	26
赣州	赣县	27	颍川	汝南	24
江夏	武昌	28	卫辉	汲县	37
宜阳	襄阳	24	永定	通县	33
会陵	江陵	23	范阳	清苑	36
洞庭	长沙	21	常山	正定	36
衡山	衡阳	27	长安	长安	34
沅江	沅陵	31	汉中	南郑	30
巴东	奉节或万县	26	延安	肤施	34
成都	成都	39	太原	阳曲	35
重庆	巴县	33	上党	长冶	29
阆中	阆中	31	河东	安邑	36
西康	巴安	31	大同	大同	24
钱塘	杭县	22	沈阳	沈阳	34
会稽	鄞县	23	辽源	辽源	19
瓯江	永嘉	25	永吉	永吉	31
闽江	闽侯	33	延吉	延吉或宁安	20
思明	思明	31	兴安	龙江	24
中山	三水	34	黑河	瑷珲	10
龙川	惠阳	30	呼伦	呼伦	7 个蒙旗
海南	茂名	28	热河	赤峰	12 个蒙旗
南宁	邕宁	37	漠南	多伦	12 个蒙旗
桂林	桂林	33	绥远	包头	11 个蒙旗
田南	百色	29	陇右	皋兰	39
昆明	昆明	31	酒泉	酒泉	11
南诏	大理	32	宁夏	宁夏	14
南屏	蒙自	35	青海	西宁	14
昭通	昭通	37	伊犁	迪化	27
蒙古地方	库伦		疏附	疏勒	31
西藏地方	拉萨				

据上表可知，张我华等所拟草案不仅打破当时省区界限，重新改划省区，而且将省名全改。该案大抵以天然山川形势或旧有道区，或以毗连省份风俗、人情为划定省域标准，新省各辖10— 40县不等。其中，内地省区较小，原来各省平均酌为缩小，大都分为2— 4省不等，如湖南分为沅江、洞庭、衡阳3省，河南划为大梁、洛阳、颍川、卫辉4省；边地各省因经济关系分析较少，省区较大，如新疆只分为天南和天北2省，辽宁、吉林、黑龙江共分为5省，除辽宁、吉林、黑龙江固有3省外，另增呼伦贝尔附近及延吉附近各为1省；热河、察哈尔（改名为漠南）、绥远则因经济原因仍旧，分别移设赤峰、多伦及包头。此外，草案还部分采纳张苇村等人建议，将徐州归德、皖之淮北各县以及鲁之西南各县划为1省，定名为归德省，省会设铜山。

张我华等草拟的缩小省区案，随即被送交中央政治会议指定的审查委员会审查。由于该草案是对国民党中央的复命，仅“系国民党的一种提议，作为向国民会议之提案，最后决定权仍在民会代表”①。不过，各界对于此案反应并不热烈，反而对其结果非常悲观，不是说“缩小省区案，在法律上极不容易办，但因各该省经济状况，在实行上非经长时间手续，不易彻底划分，各中委尚未决定是否提出国民会议，即令有人提议，至多通过一个原则”②，就是说“此项计划纵能通过于国民会议，恐亦非短时期内所能实现”③。更有报纸指出，各省辽阔，情形不同，“有同属一省之府县而贫富异常悬绝，一旦分立，多数之省财政上经济上必有不堪施行政务者，文化的经济的偏枯，恐将今日为尤甚。此种利害亟待详筹，且当此匪共未平息、军队未整理，省区改动是否适时亦有疑问。以意度之，今番之国民会议恐无暇解决此重大问题耳”④。

由于“缩小省区起草，因经费关系，并未能网络专家，组设大规模之专门委员会仔细研究”⑤，而是大致依据伍朝枢提案，并参酌以前旧有案卷量予划分，自然称不上精确。事实上，张我华本人对此也有自知。⑥ 当时

① 《缩小省区决于民会》，《天津益世报》1931年4月22日第1张第3版。
② 《缩小省区问题》，《申报》1931年4月25日第2张第5版。
③ 《缩小省区案将提国民会议决定》，《农村月刊》1931年第19期，第48页。
④ 《约法草案中之政治制度》，《大公报》1931年4月24日第1张第2版。
⑤ 《地方制度之比较观》，《天津益世报》1931年4月16日第1张第2版。
⑥ 《缩小省区决于民会》，《天津益世报》1931年4月22日第1张第3版。

有报纸分析后认为，这一划分方案，“对于内地各省尚称平衡，而于边境则未臻精审”①，而且“所拟缩小范围，系依地理标准”②，对于经济、人口、教育、风俗、习惯、地形等，并未充分顾及，一旦实行，地方发展势必呈现畸形之势。正因如此，中央某要员非常担忧，认为缩小省区“苟不从全盘着想，则民力财力之偏枯、教育程度之相差、人口土地之不均，均有极大之影响”③。

此要人的担忧并非多余。如张苇村之提案原拟并苏皖鲁豫四省边陲为一省区，结果只是被张我华等人部分采纳，以徐州、归德、皖之淮北各县以及鲁之西南各县设归德省，而将淮阴、南通、海州另划为淮海省。张之缩小省区方案一经公布，即引起徐州属铜山县各界人士不满，认为江北各县本属地瘠民贫，如改省制，势必增加人民负担，而当地生产力薄弱，将难膺繁钜的政治经费，海州如与徐州同归一省，今后省政经费尚能依靠海州海港收入维持，如海州不列入，则交通、军事、行政、匪患均感莫大影响，国防问题尤为重要。④ 由铜山县党部出面，4 月 28 日地方各机关当局齐集县党部，讨论徐海缩小省区问题，最终决定邀集徐属 8 县、海属 4 县党部代表来徐讨论，以便公推代表向中央请愿，并组织缩小省区商榷会研究徐州划省方案及进行办法，以备提交国民会议讨论。⑤ 5 月 7 日，徐、海两属 12 县党部代表联名致电中央党部、国民政府及国民会议，陈述徐州和海州在历史、地理及民情风俗上皆难分割，请求勿将徐海两属 12 县分别割裂，并与皖之泗、灵、宿，豫之永、夏、亳，鲁之郯、临、费、藤、金、单、鱼、曹划为一个省区。⑥

福建方面也对张我华等人的方案不满。有消息称，福建省政府主席杨树庄当时拟有缩小省区草案，借出席国民会议之机携带至南京。该案以闽江为界，将福建省分为闽南、闽北两省，闽南设省治于漳州、闽北设省治于福州或建瓯。⑦ 与此同时，闽北诸县也不满张我华等人不顾历史、山川、

① 《社论·地方制度之比较》，《天津益世报》1931 年 4 月 16 日第 1 张第 2 版。
② 《缩小省区决于民会》，《天津益世报》1931 年 4 月 22 日第 1 张第 3 版。
③ 《缩小省区案在斟酌研究中》，《中央日报》1931 年 5 月 1 日第 1 张第 3 版。
④ 《缩小省区声中徐人之杞忧》，《天津益世报》1931 年 5 月 1 日第 1 张第 4 版。
⑤ 《徐州各界讨论缩小省区》，《申报》1931 年 4 月 29 日第 2 张第 6 版。
⑥ 《徐海不宜分家》，《大公报》1931 年 5 月 11 日第 2 张第 5 版。
⑦ 《闽省国议代表进京》，《申报》1931 年 5 月 1 日第 1 张第 4 版。

风俗、语言，将福建省强划为两省的做法，请求独立划为一省。先是闽北旅京同乡会执行委员黄至深等与国民党中央监察委员丁超五等在国民会议开幕后，向会议建议，请求将闽北建安道所属十六县划为独立省区，并列举历史沿革、山川形势、经济、地理、文化及教育渊源、风俗语言特点等理由，论述该地区有独立设省的必要。① 继而由隶籍福建沙县、时任总司令部经理处少校股员的闽北旅京同乡会执行委员邓醒素呈文国民党中央，认为缩小省区原求施政利便和促进自治速成，因而划分省区当本此原则，参以历史关系、山川系统与风俗、语言、文化、经济、交通异同，确定设省地点、管辖区域，将旧日省界府界一并破除，指出将闽北二十县与福州、福宁、兴化十七县合并设省属于绝大错误，并列举不能合并设省理由六项和闽北二十县应独设省区理由四项。②

安徽巢县人陈君儒在缩小省区案送交审查，并将原定省名辖县列表披露后，亦呈书缩小省区案审查会，陈述缩小省区意见两项：（1）“省”之名本为中央官署，其意训为视察官署，表示入此治事，不宜强作地方名称，主张易称为“州”或“郡”；（2）安徽所拆巢湖应包括皖北，巢湖浸润巢、合、舒、庐四县，向来少以此赅称附近地区，遽作省名亦不合适，以该地界在江淮流域，所定都会合肥乃故庐州府治，原称庐江，历史尤为悠长，主张改为“江淮”或“庐江”。③ 吉林省边防长官兼省政府主席张作相与民政厅厅长鉴于吉林近边一带东毗苏联，南接朝鲜，情势特殊，关乎国防外交，距省治较远，一旦发生事故，实为鞭长莫及，为适应时势需要，拟仿制哈尔滨，将延吉、珲春、和龙、汪清四县改为特别区，另派大员坐镇以资统驭，但考虑到兹事体大，关系区域、防务、财政等，均须详密研究，以致迟迟未能实现。至国民会议开幕前夕，因当时传闻张我华等所拟的缩小省区案将于该会解决，且该案已将延吉设省列入，省会设在延吉，并将东宁、山额、敦化、蒙江、桦川等二十县划归该省管辖。吉林省当局即于5月1日指令民政厅秘书俞英崖起草议案，备交该省国民会议代

① 《闽人建议建安设省》，《申报》1931年5月15日第2张第8版。

② 《邓醒素呈请将闽北独立设省区缕陈理由二项请鉴核行》，1931年6月，中国国民党文化传播委员会党史馆藏，典藏号：政11/12.8。

③ 安徽巢县公民陈君儒：《陈缩小省区意见》，1931年5月，中国国民党文化传播委员会党史馆藏，典藏号：政11/12.10。

表携京提出讨论。[①] 由于当时盛传实行缩小省区后，延吉省会有设宁安之说，以致延吉民众以行政、外交、军事等特殊关系，群起力争省会设在延吉，并电请有力各方力促此事。[②] 对此，宁安民众亦以全力力争。[③]

各地关于缩小省区的意见纷纷，一方面说明了张我华等人所拟方案确实存在不少疏漏，另一方面也使得国民党中枢在缩小省区筹划问题上态度更加谨慎。事实上，张我华等人所拟缩小省区案草稿送交中央政治会议后，并未进行审查，而是将该案交行政院关系各部会详加研究。因为中央政治会议认为，缩小省区问题与地理、经济、行政各方面关系至为重大，而张我华等人所拟计划尚不详尽，“仓猝施行定多障碍，故拟不提出此次国民会议，或者由国民会议宣布一原则，交国府妥拟办法，将来不久当更产生一委员会，网络各项专家，对于经济文化山川形势再详加审查，然而决定划分省区之适宜计划”[④]。

我国行省之制肇自元代，当时划区只计军事上之便利，不顾治理得失，历经明、清两朝，省境虽较元代时有所缩小，面积仍大如欧洲一国，不利治理，反倒便于军阀割据局面的形成。而且训政时期的建设方略注重地方自治，而一省之内各地地形、气候、产业、交通、语言、风俗各不相同，难以合作。故而，重新划分省区实有必要，关键在于如何确定省区缩小标准。从当时各方的言论看，历史地理、地形气候、民情风俗、经济财政等都应纳入考量范围内，并网罗专家经过反复研讨后确定缩小省区方案，几成共识。张我华在受任之初虽亦意识到这些，但因限于经费，并没有如此做，只是参酌旧有案卷，更多以地理为依据。张我华等人所拟缩小省区案一经公布，自然引起各方不满。

中央政治会议正是看到了这种情况，才没有按照原来的计划将该案提交国民会议讨论，失去了由国民会议决议实施缩小省区的机会。此后由于宁粤对立以及“九一八”事变的相继发生，再加上中共领导的红军及根据地日益壮大，南京国民政府急于处理内忧外患，缩小省区已暂时无法提上

---

① 《吉林分省可实现》，《蒙古旬刊》1931 年第 21 期，第 17—18 页。

② 《延边农工商学联合会电请将吉林改为二省新省会应设于延吉》《延边四县地方自治促进会电请延吉设省以宁安为省会而延吉地位重要适宜为省会》，1931 年 5 月，台北“国史馆”藏，典藏号：001 - 0511100 - 001。

③ 《为延边省会问题宁安将开市民大会》，《盛京时报》1931 年 6 月 3 日第 5 版。

④ 《缩小省区案不提出国民会议讨论》，天津《大公报》1931 年 5 月 7 日第 1 张第 4 版。

日程。

三 《中华民国训政时期约法》对于省制的规定

蒋介石、胡汉民在国民党三届四中全会上围绕召集国民会议和制定约法展开的较量，最终虽以胡的暂时胜利而告终，但二人矛盾却更趋激化。蒋介石在国民党三届四中全会上得以兼任行政院院长，并通过新《国民政府组织法》，进一步扩大国民政府主席和行政院院长职权。为了限制蒋介石在国民党党内的权力，胡汉民在大会闭会当天临时提议“常务委员任务繁重，以后各部部长可不必由常务委员兼任”，但未被大会接受，蒋介石仍得以国民党中央常务委员的名义继续兼任中央组织部部长。自此以后，胡汉民更加公开地同蒋介石唱对台戏，并坚决反对制定约法。[①] 1931 年 2 月 28 日，蒋介石以请客为名将胡汉民软禁。3 月 2 日，国民党中央常务委员会召开临时会议，根据蒋介石、戴传贤等人的提议，通过《召开国民会议制定训政时期约法》的提案，并推定吴稚晖、王宠惠等 11 人为约法起草委员，由吴稚晖、王宠惠召集。[②] 自此，国民会议召开以及约法制定，均完全按照蒋的意图发展。

3 月 9 日，约法起草委员会召开第一次会议，讨论约法起草范围及原则，认为保障人民权利、义务及训政纲领均属必要，决定列入约法之内，并推王宠惠、邵元冲、邵力子为初步起草委员，限在 2 周内完成约法初稿的草拟。[③]

王宠惠等人根据国民党中央常务委员会确定的原则，商定《约法草案大纲》各章内容，分总纲、人民权利及义务、政府组织、训政纲领、附则五章，其中第三章“政府组织”规定，中央政府与地方政府组织，以现有国民政府以及省县市各政府组织法为依据。[④] 据此，约法中有关省政府的组织规定，应依据同年 2 月 17 日立法院通过的《省政府组织法》，实行委员制。

---

① 曾业英等:《中华民国史》第 7 卷（1928—1932），中华书局 2011 年版，第 458 页。

② 《中常会临时会议》,《申报》1931 年 3 月 3 日第 1 张第 3 版。

③ 《国内要电 · 约法起草会议推王宠惠等三委员先拟初稿》,《申报》1931 年 3 月 10 日第 1 张第 3 版。

④ 《国内要电 · 约法大纲拟定王宠惠起草全部条文》,《申报》1931 年 3 月 16 日第 1 张第 3 版。

至3月底，王宠惠完成约法初稿的草拟，并与邵力子、邵元冲共同研究后提交起草委员会讨论。草案增列“国民生计”及“教育”两专章；“政府组织”章由第三章变为第五章，章内并列中央、地方政制。有关省政府组织的规定，载于地方政制内。由于蒋介石认为“制度全在运用如何，以个人意见，现在之制度无何变更必要，惟各省将改用省长制”①，约法草案对于“中央制度概如现制，关于军事者，规定国民政府统率陆海空军，至国府及五院之组织内容，不在约法规定，另以法律规定之”，地方制度“决用省长制，省府下设若干厅，各厅长均受省长指导监督。省长关于该省内之国家行政，并得依法指挥、监督中央委派之官吏”②，即中央仍用委员制，各省、县则采用独任制，分别责成省长、县长负责。

约法草案初稿出来后，中央执行委员会于4月10日通电各级党部，要求各党部及全体党员对约法尽量发抒意见。③ 与此同时，各起草委员则一边征求各中委意见，一边参酌各级党部所贡献的意见，进行修改草案和整理条文。④ 结果，起草委员根据各方意见，又在约法草案中增加“中央与地方之权限”一章。

约法起草委员会在4月21、22两日完成对约法草案的讨论，对于中央与地方之权限、中央与地方行政制度皆有详密讨论。⑤ 起草委员在整理条文后，即将约法草案提交国民党中央常务委员会讨论。

仅就约法草案内容观察，除省制外，变化并不大。其中，对于中央与地方权限，规定：中央与地方权限之划分，采均权制，除工商业专利和专卖特许明确规定属于中央管辖外，其余均由法律规定；各地方于事权范围内得制定地方法规，但不得与中央法规相抵触。

对于省政府的组织，规定：（1）省政府设省长一人，受中央指挥监督，综理全省政务；（2）省政府设若干厅，各厅置厅长一人，均受省长指挥监督，分掌主管事务；（3）省政府组织以法律定之；（4）省长在执行

① 《蒋主席对本报记者表示“现制度无何变更必要”》，《大公报》1931年4月3日第1张第3版。

② 《约法草案中央仍用委员制省县由省长县长负责国府及五院组织另以法律规定》，《大公报》1931年4月5日第1张第3版。

③ 《中央通电征求约法意见》，《申报》1931年4月11日第1张第3版。

④ 《约法草案初稿条文尚待整理》，《申报》1931年4月15日第1张第4版。

⑤ 邵元冲著，王仰清、许映湖标注：《邵元冲日记》，上海人民出版社1995年版，第726页。

该省内国家行政时得依法律规定，指挥监督中央委派官吏；(5) 凡一省依《建国大纲》第十六条规定达到宪政开始时期，国民代表会得选举省长。[①]

按照当时的《省政府组织法》，省政府采委员制，主席委员与委员地位相等，一切取决多数，县政府各局受成于省政府各厅，县长不能完全指挥。委员制固然可以免去个人专断，并收集思广益之效，其弊端亦极为明显。约法草案即是鉴于现制责任不专、效率不高之弊，才将省政府委员制改为省长制。此外，约法草案亦对当时正在筹议的缩小省区案留有余地，仅在第一章大纲中规定“中华民国领土为各省及蒙古西藏”，对行省并未列举。这为南京国民政府将来自由筹划变更省区留有余地。

4 月 23 日，国民党中央常务委员会第 137 次会议讨论吴稚晖等 11 位委员提出的《中华民国训政时期约法草案》，结果“修正通过，仍提交临时全体会议决定”[②]。在当日国民党中央常务委员会的讨论修改中，最为重要的是将地方制度中的“省长”二字删去，改为“省政府”。与原条文相比，这一修改较为灵活，对于委员制省政府和省长制省政府均可适用，也为将来仍用委员制留有余地。[③]

不过，因该案的主要之点被修正，新出台的约法草案颇让不少人失望。时为蒋介石幕僚的杨永泰曾在 3 月 25 日由南京归宿浙江莫干山，与黄郛“谈国民会议及约法两事已早失去精神，将来必有名无实”，至 4 月 25 日再次访问黄郛时，更表示该约法草案“内容空洞无比，对政治前途颇失望”[④]。

5 月 1 日，国民党中央执行委员、监察委员举行临时全体会议，根据约法起草委员会意见，讨论通过《中华民国训政时期约法》。除条文文字略有修改外，还删去约法草案中有关省政府组织、设厅等内容，关于省制的规定仅为：省置省政府，受中央指挥，综理全省政务，组织依法律规定；当一省达到宪政开始时，国民代表大会得选举省长；蒙藏未设省地

---

① 《约法草案只余文字整理昨日中常会对全案大体通过》，《大公报》1931 年 4 月 24 日第 1 张第 3 版。

② 《中国国民党中央执行委员会常务委员会会议录》第 15 册，第 6 页。

③ 《国府开幕只余一旬约法草案提临时中全会》，《大公报》1931 年 4 月 25 日第 1 张第 3 版。

④ 黄郛：《白云山馆主人日记》1931 年 3 月 25 日、4 月 25 日，台北“中央研究院”近代史研究所郭廷以图书馆藏。

方，其制度得参照地方情形另以法律规定。①

5月5日，国民会议如期召开。本来在会议召开前，缩小省区与约法均被视为会议的两大论题而备受关注，结果缩小省区因为国民政府方面以此事关系重大，拟聘请专家再加以研究而未能提交，约法成为会议的主要提案。

当时有代表马饮冰等向国民会议提出《变更省县行政组织以增进行政效率》一案，主张“修正省政府组织法，改良委员制为省长制，并取消各厅，改为处或司，以整个省政府对外”。不过该案被提案审查委员会决定“不必提出会议”②。

5月8日，国民会议第一次会议即将国民政府送议的《中华民国训政时期约法》草案提出讨论。当日在讨论约法原草案及各意见书时，大体还算顺利，至第73条省政府组织时，委员陈斯宜主张改省长制，请求在省政府设置省长，俾省政有负专责之人。③ 不过会议并未接受陈的意见，决议交约法审查委员会审查。

5月12日，国民会议根据审查委员会审查意见，通过《中华民国训政时期约法》，交国民政府公布。约法较原案增加6条、修正6条，包括省制在内的其余各条，大致照原文议决通过。6月1日，国民政府正式予以颁布，视为“训政时期之根本大法”。《中华民国训政时期约法》全文共计8章89条，虽较草案增加了1章及14条，但有关中央与地方权限以及省制的规定，条文顺序及内容均几乎一仍其旧。具体言之：

第六章为“中央与地方权限”，共七条，规定中央与地方权限划分依《建国大纲》第十七条规定，采均权制度；各地方于事权范围内得制定单行法规，但不得与中央法规相抵触；中央与地方课税划分以法律规定，中央对于各地方课税，为免除弊害，得以法律限制；工商业专利、专卖特许权属于中央；当一省达到宪政开始时期，中央地方权限应依《建国大纲》以法律详细规定。

第七章第二节“地方制度”中对“省制”规定：省置省政府，受中央政府指挥，综理全省政务，省政府组织以法律规定；当一省达到宪政开始

---

① 《中华民国训政时期约法草案》，《中央日报》1931年5月3日第1张第3版。

② 中国第二历史档案馆编：《中华民国史档案资料汇编》第五辑第一编政治（一），江苏古籍出版社1991版，第207页。

③ 《约法案之讨论详情》，上海《民国日报》1931年5月9日第1张第3版。

时期，国民代表会得选举省长；蒙古、西藏地方制度得就地方情形另以法律规定见表2—6。[①]

表2—6　《中华民国训政时期约法》关于“省制”内容的变化

<table>
<tr><th></th><th>起草委员会起草案</th><th>中常会审核通过案</th><th>国民会议通过案</th></tr>
<tr><td>1</td><td>省政府设省长一人，受中央之指挥监督，综理全省政务</td><td rowspan="4">省置省政府，受中央之指挥，综理全省政务，其组织以法律定之</td><td rowspan="4">省置省政府，受中央政府之指挥，综理全省政务，其组织以法律定之</td></tr>
<tr><td>2</td><td>省政府设若干厅，各厅置厅长一人，均受省长之指导监督，分掌主管事务</td></tr>
<tr><td>3</td><td>省政府之组织以法律定之</td></tr>
<tr><td>4</td><td>省长于执行该省内之国家行政时，得依法律之规定，指挥监督中央委派之官吏</td></tr>
<tr><td>5</td><td>凡一省依《建国大纲》十六条之规定，达到宪政开始时期，国民代表会得选举省长</td><td>凡一省依《建国大纲》十六条之规定，达到宪政开始时期，国民代表会得选举省长</td><td>凡一省依《建国大纲》十六条之规定，达到宪政开始时期，国民代表会得选举省长</td></tr>
<tr><td>6</td><td>蒙古、西藏未设省之地方，其制度应参照地方情形，另以法律定之</td><td>蒙古、西藏未设省之地方，其制度得参照地方情形，另以法律定之</td><td>蒙古、西藏之地方制度，得就地方情形，另以法律定之</td></tr>
</table>

需要指出的是，《中华民国训政时期约法》中关于中央与地方权限的规定，看似与孙中山的主张一致，但由于约法条文中除规定工商业专利权与专卖权归中央外，其余何者为中央之权、何者为地方之权，并无明确划分和列举，缺乏实际内容，却强调各地方于事权范围制定地方法规时，不得“与中央法规抵触”，且约法的解释权又在国民党中央执行委员会，如

① 中国第二历史档案馆编：《国民党政府政治制度档案史料选编》上册，安徽教育出版社1994年版，第604—606页。

此地方权限实际上仰视中央决定，中央集权制依然存在。[①] 这显然与孙中山主张以事权性质划分中央与地方权限的原意不符。以致后来有人对此评论称：“训政时期约法采单一制国体，地方无固有职权，一切听命中央，与法国之制度相似。”[②] 不过，也有人指出，“省”之所以未被置于“地方”之列，是因为“所谓的中央与地方分权，不是中央与各省权限，当然是中央与各县均权”[③]。

而《中华民国训政时期约法》中关于“省制”的规定，最终并没有按照蒋介石的主张，将省政府组织由“委员制”改为“省长制”，只是模糊规定为“省置省政府”，并“受中央政府之指挥”综理全省政务，但未规定其组织。这是各方妥协的结果。而且省政府的归属，由以前隶属行政院，一变而为隶属中央政府（国民政府）。如果说，依据胡汉民规划，“省”尚且还遵循孙中山《建国大纲》“省立于中央与县之间，以收联络之效”之规定的话，那么此时由于《中华民国训政时期约法》在训政时期具有宪法的效用，明确规定省政府组织由法律规定，省政府已有成为“中央政府”之下地方行政组织最高单位之趋势。

考虑到《中华民国训政时期约法》有关政制理念的变化（如不见中央执行委员会政治会议的踪影，中央执行委员会的若干重要职权被转移到国民政府手中，国务会议移置行政院内等[④]），6 月 17 日，中央政治会议决定根据《中华民国训政时期约法》修改五院制及《省政府组织法》，并推于右任、刘尚清、邵元冲、吴敬恒、陈立夫、叶楚伧、戴季陶等负责起草修改原则，备交立法院依据修改。[⑤] 6 月 24 日，中央政治会议第 277 次会议，根据起草委员会 22 日开会审查《依据约法及国民政府组织法起草各部院会组织法及省政府组织法原则案》之意见，认为该案“应由国民政府分别特饬各院部会，依照约法拟具意见汇送政治会议决定，并限 7 月 10 日以前呈报”[⑥]。

---

① 王兆刚：《国民党训政体制研究》，中国社会科学出版社 2004 年版，第 57—58 页。

② 董霖：《中国政府》，世界书局 1940 年版，第 675 页。

③ 吴经熊、金鸣盛：《中华民国训政时期约法释义》，上海法学编译社 1936 年版，第 176 页。

④ 孔庆泰等：《国民党政府政治制度史》，安徽教育出版社 1998 年版，第 328 页。

⑤ 邵元冲著，王仰清、许映湖标注：《邵元冲日记》，上海人民出版社 1995 年版，第 744 页；《省政府组织又将有变更》，《大公报》1931 年 6 月 18 日第 1 张第 3 版。

⑥ 邵元冲著，王仰清、许映湖标注：《邵元冲日记》，第 746 页；《中央政治会议速纪录第 277 次》，1931 年 6 月，中国国民党文化传播委员会党史馆藏，典藏号：中央 0277。

因为蒋介石拘禁胡汉民，引起胡派势力不满，此时时局已经十分不稳。5月中旬，中国国民党中央执监委员非常会议在广州召开。随后国民党第一、二、三届中反蒋不愿与南京合作的中央委员，包括“西山会议”派成员、胡汉民及汪精卫的人马、孙科“太子系”以及两广实力派纷纷到广州。同时由中国国民党中央执监委员会非常会议议决成立国民政府，形成宁粤对峙局面。广州国民政府甚至积极整军，准备北上讨蒋。北方阎锡山、冯玉祥、石友三也蠢蠢欲动。日本又在中朝边境制造“万宝山事件”。南京国民政府忙于应付内忧外患，已无暇考虑《省政府组织法》的修正。

8月中旬河北省政府对于劳资争议的决议，又让国民政府面临是否就修正《省政府组织法》做出抉择的难题。河北省在中央农矿、工商两部合并不久，即筹议将农矿、工商两厅合并为农工厅，并在1931年1月底得以实现。4月23日，农工厅遵奉中央实业部令，改名实业厅，不变更内部组织。[①] 河北省政府第267次会议根据既往惯例决议，将按照《省政府组织法》第七条规定，本由民政厅掌理的劳资争议事项暂时划归实业厅掌理，并呈请行政院备案。行政院将此案交由中央政治会议核议。

8月26日，中央政治会议第286次会议讨论此案时，各委员意见发生分歧。朱家骅主张“劳资争议之处理，还是归实业厅来得妥当”，“因为农工商各团体素来是归于实业厅管理的，即未于双方争议发生时，实业厅明瞭情形，较易调解”。此议得到王正廷的赞同。不过，邵元冲认为：“制定《省政府组织法》条文的用意，以为平时关于农会、工会等团体，因属于实业厅职掌范围，故改由实业厅管理，但起争议时恐怕有时要用政治力量去制止，故定为民政厅政策，现在河北省政府既决定暂由实业厅掌理，那末关于调解劳资争议事项，已可不必划归实业厅。”由于《劳资争议处理法》仅规定，劳资争议“是主管行政官厅处理，在县为县政府，在省为省政府”，并没有规定哪一厅，而在事实上又应该归实业厅处理，当日会议主席于右任倾向就此问题规定：“（1）关于劳资争议事项，准暂由实业厅管理；（2）《省政府组织法》送立法院依此修改”，但因陈布雷提出佃业

① 《农工两厅合并》，《天津益世报》1931年1月28日第1张第2版；《农厅改组》，《天津益世报》1931年4月24日第2张第6版。

争议是否也改由实业厅掌理时，于右任连忙改变态度，主张规定“关于争议事项，准暂由实业厅掌理，其余俟发生某种情形时再说，省政府组织法也不要改”①。此前依据《中华民国训政时期约法》修正《省政府组织法》之议也至此中止。

---

① 《中央政治会议速纪录第286次》，1931年8月，中国国民党文化传播委员会党史馆藏，典藏号：中央0286。

第三章　联合共治下的省制改革与规划

1931年2月，蒋介石因立法院院长胡汉民与其在国民会议召集及约法问题上发生分歧，将胡囚禁，引起反蒋各派系的反弹，纷纷齐集广州开府建政，形成宁粤对峙局面。就在双方为和谈讨价还价、焦头烂额之际，日本发动“九一八”事变。在国难当头之时，国民党党内各派迫于“团结御侮”的舆论压力，暂时达成妥协，结束四分五裂。1931年12月26日，宁、粤、沪三方委员在南京召开国民党四届一中全会，根据粤方的提议，通过《修正国民政府组织法案》，规定国民政府不负实际责任，行政院负责任；五院完全独立并有权各自发布命令，在宪法公布之前，各自对中国国民党中央执行委员会负责。[①] 在经过短暂的孙科内阁之后，蒋介石、汪精卫于1932年2月实行合流，沿用《修正国民政府组织法》确立的政制，分掌军事和行政，孙科则出掌立法院。南京国民政府再次形成以蒋介石为主导、各派联合共治的局面。这一局面一直持续到抗日战争全面爆发。

在这一时期，蒋介石将主要精力放在围剿红军上：先是于1932年6月在军事委员会下设立豫鄂皖三省“剿匪”总司令部，继而在1933年5月设立军事委员会委员长南昌行营，处理赣、粤、闽、湘、鄂五省“剿匪”军事，以及监督指挥“剿匪”区内各省党政事务。蒋介石领导下的豫鄂皖三省“剿匪”总司令部及委员长南昌行营，成为与南京国民政府并列的权力核心。随着“剿匪”区域的扩大，蒋介石或以军事委员会名义，或以委员长名义，负责在苏、浙、赣、皖、闽、湘、鄂、川、滇、桂、黔等省及平、津两市的军事“剿共”，并掌控各该省市的党务与政务。

---

① 《国民政府组织法》，《国民政府公报》第946号，第1—5页。

蒋介石、汪精卫二人虽然在表面上形成了蒋主军、汪主政的合作格局，但双方由于在精神方面的隔阂和实际利益层面的矛盾，在实际政治运作过程中，在维持合作表象下暗潮涌动。汪精卫主持下的行政院按照当时国民政府制度规定，相当于责任内阁，对蒋之军权有所制衡，但由于蒋“事事亲办、大权独揽”，在实际运作中却几乎沦为蒋属下的幕僚机关：“军事、财政、外交，三项重大事件到不了行政院，每次行政院开会都讨论琐碎而又琐碎的问题，加之蒋先生又以剿匪为名，请求中央把剿匪区域都划给行营，无论军事、财政、司法以及地方行政，一概由行营办理，因此行政院更是花落空庭、草长深院了。剿匪区域，不过是一个名称，蒋先生忽而在牯岭召集全国财政会议，忽而召集全国建设会议，高兴起来，打电叫南京的关系部院参加，若或忘记了，他让有关系的部院在旁边顶着二门打听消息。牯岭是一个悠闲的避暑胜地，那时已变了南京的太上政府，林主席子超先生自然还谨慎地守着国府的大印，而行政院简直是委员长行营的秘书处，不，秘书处也够不上，是秘书处中一个寻常的文书股罢。”①

国民党党内各派系正是在这种联合共治的权力格局之下，围绕如何规划省制展开或明或暗的角力。

第一节　行政督察专员制的创设②

由于缩小省区迟迟不能定议和实现，通过增加管理层级的办法来加强对各县的控制便显得极为自然。国民政府和豫、鄂、皖三省“剿匪”总司令部鉴于当时省县机构于政令推行与督导不便，难以满足管理需要的实际状况，加之当时红军势力不断膨胀，威胁增大，为严密行政组织及军事上的保护，决定在省和县之间按区域增设行政督察专员公署，加强省、县之间的联系。

---

① 陈公博：《苦笑录》，东方出版社2004年版，第212页。

② 本部分主体内容，以《南京国民政府行政督察专员制度的创设》为题刊发在《史学月刊》2017年第11期。

一　省、县二级制的局限及突破

中国疆域广大，如何对其实行有效控驭，一直是历朝历代统治者十分关心的问题，并不断进行着探索。清末新政时，清政府在仿行西方宪政的过程中，有意将中国固有的“内外相维”官制，按照“中央”与“地方”学说理论，改为“上下有序”的层级官制，其中在外官制一面，趋于形成省、道、府、县等层级。辛亥革命爆发后，光复各省鉴于道、府在我国历史上或负监督责任，或承转公文，均属赘瘤，纷纷裁废，实行省、县二级制。殆至袁世凯上台后，为削弱省级权力，又本诸虚省精神，在省与县间增设“道”一层级，实行省、道、县三级制。1925 年 7 月国民政府建立后，遵照孙中山《国民政府建国大纲》的政制设计，又改行省、县二级制。这一规定在南京国民政府统一全国后，成为全国地方政治制度。

不过，中国各省省区辽阔，各省所辖县治数，多者逾百（如四川、河南、山西等省），少者亦有六十以上（如安徽、湖北、江西等省），省政府不敷指挥，加之交通不便，大大妨碍了政务的上传下达。国民政府在省、县二级制实行不久，就已“深感当时省县间监督指挥关系未臻圆洽，不但不能适应军事的需求，即于新政推行上，亦难期有效”[①]。

事实上，早在广州国民政府时代，就有突破《建国大纲》的省、县二级制限制之举。国民政府成立之初，广东省民政厅厅长古应芬鉴于该省地方辽阔、交通不便，民政厅组织又过简，难以兼顾，于 1925 年 11 月向国民政府提议，于东、南两属另设行政委员，各县知事准由行政委员先行任免，其权限超过省政府。[②] 国民政府接受了古的提议，但不是仅设东、南两行政委员，而是将全省划分为广州、西江、东江、北江、南路以及琼崖六个行政区域，规定每区由国民政府简任行政委员一人，成立行政委员公署，督率各县县长处理地方行政事宜，对于所属各县县长得先行任免，再报告于省政府。[③] 国民政府甚至任命古应芬兼任西江行政委员。但古认为，“此于起初提议恐路远不能兼顾之原意不符，因而疑政府对己或有不信任

① 黄伦编：《地方行政论》，正中书局 1942 年版，第 69 页。

② 《古应芬辞职之原因》，《广州民国日报》1925 年 12 月 8 日第 3 版。

③ 中国第二历史档案馆编：《中华民国史档案资料汇编》第 4 辑（二），江苏人民出版社 1986 年版，第 48—49、50 页。

之意”，加之广东省各县已被行政委员分辖，民政厅已等同虚设，故于12月上旬三上辞呈。[①] 对此，国民政府极加慰留，并解释“各路行政委员之设，系因粤省幅员辽阔、交通不便，兵战连年，匪盗充斥，故假以事权俾便分途整理，此不过暂行之制”[②]。行政委员公署被定位为民政厅之辅助。事实上，行政委员公署一切组织均无定制。北伐后，随着任命的行政委员不断调离，同时广东作为后方，转而注重军事，各属警备司令制取代各属行政委员制。1926年11月10日，国民政府明令撤销各路行政委员。[③]

至“中央特别委员会”存续期间，亦有个别省份突破省、县二级制之举。1927年10月，广西省政府民政厅厅长粟威鉴于该省地域辽阔，民政最高机关远在南宁，距离省会南宁较远的桂林、柳州等地人烟稀少，交通十分艰困，又属重镇，民政厅对于各该处地方军民两政均感鞭长莫及，遂采取广东各属行政委员办法精神，拟具《广西各区行政督察委员暂行条例》，将广西划分为若干区，每区设行政督察员一名，直隶于省政府，职司督促及指导所辖区内各县一切行政事宜。[④] 此议得广州政治分会决议通过，但是国民政府认为此举有违《建国大纲》“县为自治之单位，省立于中央与县之间，以收联络之效；县隶于省，一切行政均受省政府直接监督”等相关规定，不允设置。[⑤] 直至广西省政府转而主张在桂林、柳州、镇南、天南等边远各区暂时各设督察委员一人，专司调查特殊案件及督促各县要政进行，国民政府方才批准，准予备案。[⑥] 此制在1929年广西交通网大致完成后始行撤销。[⑦]

1927年12月广州事变后，广东省当局又有设置行政委员之议。其时省政府民政厅厅长为李济深心腹刘栽甫。刘栽甫就任伊始，即决意刷新全省各县民政事宜，同时遴选富有政治学识、党务训练各员充任县长，并裁撤民政视察员，将全省分为5—7区，每区设行政监察员，分赴各县指挥监督各县县长，以辅助县政措施，并谋整顿。在刘栽甫的力主下，民政厅

---

① 《古应芬辞职之原因》，《广州民国日报》1925年12月8日第3版；《古应芬辞职原因》，上海《民国日报》1925年12月11日第1张第3版。

② 《中华民国国民政府公报》第18号，第35—36页。

③ 《中华民国国民政府公报》第50号，第27页。

④ 《桂省划分行政督察区域》，《申报》1927年10月24日第3张第9版。

⑤ 《国民政府公报》第7期（1927年11月），第14页。

⑥ 《国民政府公报》第18期（1927年12月），第17—18页。

⑦ 黄绍竑：《五十回忆——黄绍竑回忆录》，东方出版社2011年版，第151页。

本此意，于1928年2月初草拟《行政监督员条例草案》呈请省政府核示，经决议呈广州政治分会核办。[①] 就在政治分会指定专人审议该条例时，在镇压东江革命军功卓著的陈铭枢为分享权力，也向政治分会提议设立广东各路行政委员会，选派委员，锐意整顿全省县政。[②] 相比于刘栽甫拟设各路行政监察委员，意在补民政厅耳目之不及，其权限只有消极上视察及弹劾县长之权，而不能指挥县长为积极行为，陈铭枢所拟具的《各路行政委员组织条例》赋予行政委员的权限较大，“为省政府之直接属官，秉承各厅之命令，对于县长得指挥其积极之行为”。以李济深为首的广州政治分会显然看到了陈的真实用意，于3月15日通过决议，在粤省只设立四区善后委员，徐景棠任东区、陈铭枢任南区、陈济棠任西区、王应榆任北区，[③] 随后“政府当局以各地善后委员公署已设有民政处，决定不再设行政委员以免重迭，并闻民政处内拟设行政及视察等三科，将刘所拟行政监察委员之权限与陈所拟行政委员之权限均包括在内云”[④]。

1928年8月，湖北省政府主席张知本以鄂西、鄂北各县“去省较远，统治维艰，前此为杂色军队所盘踞，共匪土匪所出没，几成化外，最近南路军岳维竣部建国军退出襄樊随枣一带，由清乡军接防，从事训政自为急务”，亦仿效广东在东江、南路初平之际分设四区行政委员先例，拟在旧日施宜两府区域设置鄂西行政委员、襄郧两府区域设置鄂北行政委员，就近对两区各县察吏安民，兴利除害，并拟定暂行条例提交省政府政务会议，得修正通过后呈由武汉政治分会备案。按其暂行条例，行政委员由湖北省政府政务会议任用，呈报武汉政治分会备案；行政委员应于所辖适中地方设置办公，受湖北省政府及各厅监督指挥，依据法令督率该管区域各县官吏执行行政事务，且于不抵触中央及省政府法令范围内发布单行法规或命令等。[⑤] 该项行政委员于1929年4月底被裁撤。[⑥]

据上述可知，各省虽然遵照《建国大纲》实行省、县二级制，但由于

---

① 《省府请核示行政监察员条例》，《广州民国日报》1928年2月7日第3版。

② 《陈铭枢注重整顿全省行政》，《广州民国日报》1928年2月27日第3版。

③ 万仁元、方庆秋主编：《中华民国史史料长编》第28册，南京大学出版社1991年版，第99页。

④ 《各路不另设行政委员》，《广州民国日报》1928年3月19日第3版。

⑤ 《鄂西鄂北将设行政委员》，《申报》1928年8月26日第3张第12版。

⑥ 《鄂省府裁撤西北行政委员》，《申报》1929年4月22日第2张第7版。

各省省区辽阔，多有突破这一限制之举。不过，无论是广东的行政委员、广西的行政督察员，还是湖北的行政委员，其设制之初用意都是基于交通不便，省政府对离省较远地区控驭不易，暂时设官置署，以便就近察吏安民，其在性质上均为介乎于省、县之间，以监察为主要职能的中间准行政组织，而且都在施行1—2年后即予以裁撤，仍维持省、县二级制。

此外，新疆、云南亦自发在省、县间设置特殊组织机构。如新疆在1929年设"区行政长制"，职掌视察监督行政、办理对外交涉事宜以及监督司法等；云南设置"殖边督办公署"，掌理辖区内各县殖边事务，其所辖各县局的普通行政则仍归省民政厅直接管理。①

随着国民政府日益稳固，1930年3月国民党中央政治会议依据《建国大纲》相关规定，决议废除民初以来实行的道尹制及行政委员等名目，明确地方行政实行省、县二级制，省直管县。内政部据此通告各省，要求将以前所设"行政委员"等名目一概废除而"籍符现制"。② 在1931年国民政府公布的《中华民国训政时期约法》中，省、县二级制再次得到确认。

不过，这一政制规定在缩小省区未实现、省境仍然辽阔的情况下，因为局势的急剧恶化，越来越不能满足地方行政管理需要，改革势在必行。

二　皖浙苏赣省、县间特种行政组织之设立

根据雷啸岑回忆，有关南京国民政府行政督察专员制的设置，起议于豫鄂皖三省"剿匪"总司令蒋介石的一位德国顾问建议，在得蒋首肯后，再由杨永泰召集同寅，参酌旧时太守与兵备道暨道尹职权，综合于一体，并将其命名为"行政督察专员"。③ 雷为当时直接参与其事之人，所言内容可信度甚高。不过，根据现有资料，蒋介石对于省、县二级制的改革可以追溯至1931年6月下旬。

当时蒋介石因得到胡汉民等人帮助以及东北张学良支持，在中原大战中大败阎锡山、冯玉祥、桂系及汪精卫等反蒋势力，南京国民政府加强了对全国的控制，声势空前。然而，中共领导的江西红军却利用国民党各实

① 钱端升等：《民国政制史》下册，上海世纪出版集团2008年版，第492—494页。

② 秦孝仪主编：《革命文献》第71辑，"中央文物供应社"1977年版，第25页。

③ 雷啸岑：《忧患余生之自述》，（台北）传记文学出版社1982年版，第86页。

力派内部矛盾，特别是中原大战的发生，迅速发展，并相继取得第一、二次反“围剿”的胜利，令南京国民政府十分震惊。两次“围剿”赣南红军的挫败，让国民党不得不认真面对对手。1931 年 6 月 8 日，国民党中央临时常务委员会以北方局势渐趋安定，通过决议全力责成蒋介石在短时期内肃清赣南红军。蒋介石据此在南昌成立陆海空军总司令行营。为了配合“剿匪”军事，增进行政效率，6 月 25 日，蒋介石在南昌行营内设立党政委员会，谋求党、政、军三方联合，蒋介石自兼委员长，实行以军统政。鉴于省、县二级制难以推行剿匪工作，蒋介石又在 7 月 13 日将江西全省“剿匪”区域内 43 县分为 9 个分区，即在雩都、赣县、吉安、南丰、莲花、铜鼓、上饶、弋阳、永丰分别设立党政委员会分会，全权负责指导各区军事、政治、经济等事务，配合军事进剿。[①] 每区分会委员长各辖 2—5 县，并兼任驻在县县长，[②] 集中党、政、军权于一处，肩负各县整理本县之责。然而，“九一八”事变发生后，民族危机空前高涨，为了促成宁粤的统一，蒋介石迫于粤方要求，于 12 月 15 日宣布下野，辞去本兼各职。随后，江西省政府和“剿匪”机关改组，党政委员会分会也经由江西省政府于 12 月 28 日宣布裁撤。[③]

及至 1932 年“一·二八”事变发生后，蒋介石复起，出任军事委员会委员长，专注“剿匪”事宜。但蒋介石不时破坏协议，插手行政。但在实行地方自治、改革县政的背景下，蒋介石本诸党政委员会分会制精神，积极规划地方政制，主要是受江西省政府主席熊式辉的影响。

其时，熊式辉主政的江西省受红军的威胁较重。熊氏有感于“日日绸缪军事，罗掘军食，火在眉睫，更无余力及于县政，但不发挥政治力量，单调军事，决不足以剿平今日之匪”，而“省政基础在县，一县如何为治，必就今日之环境重新讲求，缜密计划，天下无不可收拾之局”，在 1932 年 2 月 8 日成立“江西县政研究会”，以为研究各县县政以及选拔人才、筹备人才之所。[④] 受其影响，蒋介石在 4 月初以国家多故皆由庶政不修为由，

---

① 《党政委员会组织成立呈报中央文》，1931 年 6 月，台北“国史馆”藏，典藏号：002－0605－00009－012；《赣行营设九党政分会》，《申报》1931 年 7 月 3 日第 1 张第 3 版。

② 《赣省各区委员长党政会业已委定发表》，《中央日报》1931 年 7 月 22 日第 1 张第 4 版。

③ 陈之迈：《研究行政督察专员制度报告》，《行政研究》第 1 卷第 1 期（1936 年 10 月 5 日），第 60 页。

④ 熊式辉著、洪朝辉编校：《海桑集：熊式辉回忆录》，明镜出版社 2009 年版，第 128 页。

有意将其在江西推行的区党政委员会分会制加以推广。他亲拟《改革县政大纲》，建议行政院，先令南京国民政府实际控制的江苏、浙江、安徽三省试行。大纲要点：（1）依旧府区域将全省划为若干区，各设首席县长一人；（2）每省府内设置县政建设委员会，由省主席遴聘本省学识优长者充任；（3）每省设财政委员会，由主席聘公正士绅担任。[①]

蒋介石在与江苏省主席顾祝同谈苏省政治、与其盟兄兼智囊张群谈内政后，本计划"召集江浙皖各省主席及建设、财政各厅长与谈地方自治，而以选择绅士为主"[②]，但考虑到此举有违他与汪精卫间的分工约定，并为求慎重起见，遂改以中央政治会议名义，于4月12—14日召集江苏省主席顾祝同、浙江省主席鲁涤平、安徽省主席吴忠信等人，在南京举行谈话会，共同讨论包括改进县政在内的三省政治。

蒋介石召开此会，目的在于与三省主席就如何实施《改革县政大纲》的具体步骤进行磋商，并统一思想。顾、鲁、吴皆为蒋介石亲信或亲近之人，自然能够按照蒋介石意图行事，结果一致认为，蒋介石起草的《改革县政大纲》，"为应付目前局势之一种必要办法，皆无异议，并分别规划进行步骤，务求于本月内完成各种法规，下月起实施一切计划"[③]，并按照蒋起草的大纲，决定改革县政原则：（1）将全省依旧府区域划分为若干区，在旧知府、直隶州所驻县设首席县长，指挥监督区内各县行政；（2）于每省省府内组织县政研究会，选聘政治专家，计划改良事宜，并于每县派员常驻查办，以防杜渎职行为；（3）鼓励改良私塾、整顿保卫团以代替地方警察，先由苏、浙、皖三省试办三个月，如有成效，再普遍施行。[④]

蒋介石对此寄予厚望。会后，他不仅于4月16日、18日两次手函三省主席，"勉以实施此次会议所决议各案"[⑤]，还亲自起草说明书，代电各省政府，指示诸如设置首席县长以及起用钱谷胥吏等具体改革县政的办法。[⑥]

皖、苏、浙三省省主席返省后，即遵照会议结果以及蒋介石的指示，依据各该省的实际情况悉心筹划。不过三省之中，除安徽一省外，江苏、

① 《改进县政大纲拟先在江浙皖三省试行》，《大公报》1932年4月23日第1张第3版。

② 吴淑凤编注：《蒋中正总统档案·事略稿本》（14），台北"国史馆"，2004年，第37页。

③ 《改革县政》，《天津益世报》1932年4月28日第1张第2版。

④ 《改革县政方案》，《申报》1932年4月23日第1张第3版。

⑤ 吴淑凤编注：《蒋中正总统档案·事略稿本》（14），台北"国史馆"，2004年，第37页。

⑥ 《改革县政》，《天津益世报》1932年4月28日第1张第2版。

浙江并未如约而行，而且各省情形不同，进展各异。

时遭红军攻袭的安徽省第一个反馈。4 月 29 日，安徽省政府第 255 次委员常会以便利行政、指挥剿匪及厉行清乡为由，决议仿行从前府州县制，将全省划分为 13 区，每区择一县定为首席县。根据安徽省政府第 257 次常会通过的《首席县长暂行条例》规定，每区辖 4—8 县，各区首县县长为首席县长，除一般县长职权外，职权还包括：督察区内各县行政状况，促进各县自治，指挥调遣区内团防，以及召集区内联防会议，讨论、制订清乡计划，负责监督清乡事宜等。①

江苏省政府因为忙于江北运河河堤崩溃后的水灾救济，以及"一·二八"事变后的战区救济，加之省政府内部对于如何规划意见出现分歧，直至 5 月 16 日才根据民政厅厅长赵启录的提议，决定将全省 61 县划分为 15 个行政区，每区各辖 3—5 县，设行政监督 1 人，简任待遇，定名"江苏省某某区行政监督"，兼领该区首席县长，试办期为 6 个月，在试办期内，行政监督不支薪，仍支领县长原俸。② 行政监督职权包括：承省政府及主管厅之命，指挥监督辖区各县；撤销或停止辖区各县长违法或失当命令或处分，但须呈报省政府及主管各厅；负责考核辖区内各县长行政成绩，每 3 个月一小结，每年一总结，呈请省政府及民政厅分别奖惩；因治安需要，得节制、调遣辖区各县警察或保卫团；因推行政治，得召集辖区内各县长举行行政会议。③

第三个反馈的省份是浙江省。5 月 31 日，浙江省政府第 488 次会议通过《县政督察专员章程》，将全省所属各县划为 12 区，每区设县政督察专员 1 人（除旧十一府属首县杭县、海宁、吴兴、鄞县、绍兴、临海、兰溪、衢县、建德、永嘉、丽水各设 1 人外，复于处属龙泉亦设 1 人，共 12 位专员），定名为"浙江省第几区县政督察专员"，简任，由省政府任命，承省政府及各厅处之命，考察区内各县政治状况，督促、辅助、推进各县

---

① 师连舫：《行政督察制之研究》，《政治建设》第 1 卷第 4、5 期合刊（1939 年 10 月 1 日），第 27 页。

② 《江苏省政府委员会第 496 次会议记录》（1932 年 5 月 17 日），《江苏省政府委员会会议记录》第 52 册，江苏省档案馆藏，典藏号：1001－2－727；顾祝同：《墨三九十自述》，台湾"国防部"史政局编译局 1981 年版，第 112 页；沈怀玉：《行政督察专员制度之创设、演变与功能》，《中央研究院近代史所集刊》第 22 期（上）（1993 年 6 月），第 435 页。

③ 《江苏省各行政监督署暂行组织规程》，政治档案，中国国民党文化传播委员会党史馆藏，典藏号：政 11/6. 3。

县政，其人选由省民政厅就区内选任有才望兼备之现任县长兼任；各区设县政督察专员办事处，置秘书、助理秘书、事务员各1人，书记2人；县政督察专员可对区内各县行文用令，其职权包括：（1）至少每3个月巡视区内各县一周，并将巡视情形及各县政治实况呈报省政府；（2）每4个月召集区内县长举行行政会议，必要时得召集临时会议，该项会议议决案应呈请省政府核定；（3）关于“剿匪”及治安事宜，经省政府特委，可调遣、指挥区内各县军、警、团队；（4）如对所属区内各行政机关及人员，认为应行奖惩者，可随时详叙事实，呈主管厅核办。①

此外，江西省政府在省主席熊式辉主持下，有感于“省县间上下远隔”，由一个省政府来秉承、督率80多个县单位，两俱难周，也于6月初第471次省务会议通过《江西省各行政区长官公署暂行规程》，决议将全省划为13个行政区，各设行政长官1人，定名为“江西省第几行政区长官”，简任职，兼领驻在地县长，13区行政长官驻在县依次为南昌、萍乡、武宁、九江、鄱阳、上饶、临川、宜黄、吉安、永新、赣县、宁都、龙南；每区设长官公署，内设秘书主任及保安主任各1人（荐任）、署员8人（委任）、事务员和雇员各若干人。行政区长官的职权包括：（1）指挥监督辖区内各县及保安部队、水陆公安警察队、保卫团队等；（2）每年分4期（以3个月为一期，年终为总结）考核辖区内各县县长成绩，胪列事实，呈报省政府分别奖惩，遇所辖县长有渎职行为时，可随时呈请省政府撤惩；（3）对辖区内各县长之命令或处分，如认为有违法或失当时，得停止或撤销，并须呈报省政府备查暨知照各主管厅处；（4）每年至少2次亲赴辖区各县巡视一周，将所得考察情形呈报省政府考核；（5）因推行政治，得召集辖区各县长开行政会议。②

据上述可知，上述各省省政府秉承蒋介石之意，以改革县政名义，突破现有政制，自定单行章程，在省、县之间增设特种行政组织，只是在国民党中央对地方行政制度未有整个改革办法前的一个过渡办法。③ 但因各

① 《浙江省县政督察专员章程》，1931年5月，中国国民党文化传播委员会党史馆藏，典藏号：政11/6。

② 中国第二历史档案馆编：《国民党政府政治制度档案史料选编》下册，安徽教育出版社1994年版，第453—456页；钱端升等：《民国政制史》下册，上海世纪出版集团2008年版，第491页。

③ 《顾祝同谈改进苏省行政》，《中央日报》1932年5月29日第2张第2版。

自情形不同，各省亦未按照此前各该省主席与蒋介石的协议办理，彼此规制差异较多：论名称，花样百出，安徽省称“首席县长”，浙江省为“县政督察专员”，江苏省为“行政区监督”，江西省则曰“行政区长官”；论辖区，大小相去甚远，除浙江省多仍沿旧府属范围外，安徽、江西两省均以7—8县为一区，江苏省多以2—3县为一区；论办法，皖、苏、赣三省均兼领县长职务，浙江省则否；论职权，各有侧重，安徽省注重清乡，浙江省则以督察为范围，江苏和江西两省则几与省政府职权相埒。① 此外，各省规制在委任程序上亦各有差别。

上述差异的形成，除因各省情形不同外，实际上还与各省政府委员意见存在分歧有关。在当时省政府委员制下，当委员间在某一问题上萌生意见分歧时，必然以彼此妥协而告终。浙江、江苏在筹划改革县政的过程中，委员间就遭遇了这样的问题。在浙江，省主席鲁涤平本有意按照蒋介石之意筹备改革县政，在全省十一府属内各设一首席县长，② 但当他将此议提请省政府委员会讨论时，“民政厅长吕苾筹颇以首席县长如联合数县，指定一县长充任首席，以与该县长处地位相等，恐将来指挥上发生障碍”，遂决定将“首席县长”改为“县政督察专员”。③ 江苏的情况大致类似。江苏省政府委员在讨论该问题时，意见出现分歧，“有主张首席县长的，也有主张设行政监督的。本来民政厅可以派员赴各县考察，但以种种原因，过去的成绩未见圆满，几经研究，觉得设立行政监督较首席县长制来得妥善”④。

当然，这种划分全省为若干行政区，设置行政监督或首席县长、行政区长官的做法，与此前广东设置行政委员、广西设置行政督察员、湖北设置鄂西鄂北行政委员，虽然在名义上各有不同，根据各自省情实际，力图突破省、县二级制限制，改革地方行政的用意却殊无二致。但从行政监督、首席县长、行政区长官等兼任辖区内一县县长的规定来看，这种省、县间的特殊行政组织并非省与县中间的一个层级。⑤

---

① 中国第二历史档案馆编：《国民党政府政治制度档案史料选编》下册，第457—458页。

② 《鲁涤平整顿浙政》，《中央日报》1932年4月26日第1张第3版。

③ 《浙省府设县政督察专员》，《中央日报》1932年6月3日第2张第2版。

④ 《中央政治会议速纪录第313次》，中央政治会议速记录，中国国民党文化传播委员会党史馆藏，典藏号：中央0313。

⑤ 陈之迈：《中国政府》，上海人民出版社2012年版，第582页。

应该说，各省的筹议结果和此前各省主席与蒋介石的磋商结果存在明显的出入，但蒋介石并未予以制止。这是因为当时蒋介石刚在庐山召集豫、鄂、皖、湘、赣五省将领及民政、建设两厅厅长开会，商讨“剿匪”军事、政治，宣布“攘外必先安内”的政策，主要关心此前他与各省主席所达成的约定能否实行，以便树立一个榜样为他省效仿，至于各省对省、县间特种行政组织的规制改动，以及特种行政组织的长官任命权归何处尚不甚注意。当陈果夫电询浙江省首席县长制的情况、试图插手其中的人事安排时，蒋介石当即回复表示，“对于浙省首席县长制改为政治督察专员制，以及各属专员人选，已电鲁主席、吕厅长办理”，“并属其与党部罗霞天、许绍棣、项定荣诸同志先行面洽”①。

不过，当各该省规制被送交国民政府内政部核议时，结果却各有不同。安徽首席县长制因并无违背法令且系临时性质，顺利得到内政部批准予以备案，自6月起试办，试办期为6个月；② 浙江省督察专员因其虽然名义上由省政府委任，实际仍由民政厅直接指挥，并未改于现行体制，经行政院第40次会议决议：“1. 函中央政治会议暨咨立法院；2. 电鲁涤平主席，只能暂时试办，仍须候中央政治会议决定及立法院通过，国民政府公布”③。江苏、江西两省设置行政区的做法则遭到内政部质疑，不仅被认为有变更现行地方制度之嫌，与《建国大纲》第十八条“地方制度应为省、县两级制”的规定不符，而且两省变更地方制度未经立法程序，分别经行政院第38次、第43次会议议决，“函中央政治会议咨立法院”④。政治会议随后以两案性质相同，且均事关变更法律和行政制度，属于立法范围，未可贸然而行，结果一并交由政治报告、法制两组审查。⑤

---

① 吴淑凤编注：《蒋中正总统档案·事略稿本》（15），台湾“国史馆”，2004年，第100页。

② 钱端升等：《民国政制史》下册，上海世纪出版集团2008年版，第494页。

③ 《行政院呈送浙江省呈送该省县政督察专员章程请转陈》，1931年6月，中国国民党文化传播委员会党史馆藏，典藏号：政11/6。

④ 中国第二历史档案馆编：《国民党政府政治制度档案史料选编》下册，安徽教育出版社1994年版，第457—459页；《行政院昨会议》，《中央日报》1932年6月22日第1张第3版。

⑤ 《行政督察专员组织暂行条例》，1932年6月，中国国民党文化传播委员会党史馆藏，典藏号：政11/6。

三　内政部对行政督察专员制的规划

各省规制在送交内政部审议后，之所以出现不同命运，实与当时中央人事变更以及由此相应形成的权力格局有关。1932年1月底，汪精卫与蒋介石借内忧外患频仍之机，推倒孙科内阁之后共同上台。汪精卫出任行政院院长后，在应对内政外交危机的同时，以遵照孙中山遗教、维护国民党内部团结为号召，积极推行集权行政院的政策。而蒋介石以国民革命军总司令与军事委员会委员长名异实同，更加着力于扩展自己的权力。随着5月5日淞沪停战协定的签订，日军从上海撤军，中日紧张的局面渐趋和平，西南方面的李宗仁、白崇禧及陈济棠纷纷表示支持汪精卫。[①] 这种局面令汪精卫大受鼓舞，由此亦希望内政有所改观。国民政府从洛阳迁回南京后，汪精卫借当时盘踞豫、鄂、皖边的红军进犯皖西，商请蒋介石出任豫、鄂、皖三省“剿匪”总司令，专事围剿红军，自兼政治会议主席；同时因冯玉祥坚辞，汪精卫援引黄绍竑出任内政部部长，授以全权，力求缩短训政时期，早日实现宪政。

黄绍竑出身桂系，此前曾长期担任广西省政府主席，具有较为丰富的省级治理经验，1927年广西省政府正是在黄绍竑的主持下，通过了《广西省行政督察员暂行条例》，此时因为主张国家统一，遂与李宗仁、白崇禧等疏离而倒向南京方面。黄绍竑在5月3日正式就任内政部部长一职后，积极推行一系列措施，来提高和强化内政部的职权。如内政部民政司为控制各省民政厅厅长人选提名权在5月中旬即已拟具办法，“拟建议行政院，嗣后各省府厅人选，应由中央主管部提出，但已经任命者，亦应补送详细履历交主管部审查，以免滥竽”[②]。6月初，黄绍竑又向行政院会议提案，将该部视察员分成七组，分期周历各省市，调查地方行政及各种社会实况以便确立施政方针，为下一步内政部的集权做准备。[③] 据内政次长甘乃光称，当时国民政府“为彻底澄清吏治，积极建设地方计，于省县之间确有另立新制，藉资推进地方行政之意”[④]。内政部正是实施这一计划的主管

① 《李白电汪愿作后盾，陈济棠亦有恳电致汪》，《大公报》1932年5月13日第1张第3版。

② 《各省厅长人选问题》，《申报》1932年5月16日第2张第8版。

③ 《内部视察员分组出巡》，《申报》1932年6月5日第2张第8版。

④ 《甘乃光谈县政，省县之间将另立新制》，《中央日报》1932年6月6日第1张第2版。

部门。

在这种内政部积极集权的形势下，诸如江苏、江西等省划分行政区、由各该省省政府委任行政区长官之类的做法，自然不易为内政部所接受。内政部认为，各该省政府增设此种特殊行政组织的初意，本为解决因省域辽阔省政府及民政厅指挥不便的弊端，然而“考其实际，则如江苏省之江南各县，便利、秩序安定；江西省之南昌等县，即为省政府附廓之区，省政府指挥本无不便，乃亦架床叠屋，多设此承转机关，实无必要”，但考虑当时各省省区过大，缩划省区案又一时不能实行，也做了一些调和，即表示，在遇有“剿匪”“清乡”等特种事情发生，离省会过远地方因交通梗滞、省政府指挥考察不便等特种地方及特种情况下，临时增设一督察机关以辅助省政府权力之所不及确属必要，但为避免各省纷歧，“必须由中央统筹办法”，而且“此种临时增设之督察机关，仍不以破坏省、县两级制为原则，亦所以保持总理遗志及中央法令之尊严也”[①]。简言之，这种特殊行政组织必须临时增设，且由内政部来统一规划。

事实上，当时内政部在黄绍竑的主持下，为避免各省自行其事，产生种种分歧，与其时正趋形成的“统一”局面相悖，已草拟一份《行政督察专员暂行条例草案》。该条例草案对行政督察专员的名分、统属、官级及职权等均作了明确规定：（1）省政府内增设县政督察专员8—10人，由省政府主席荐任，简任待遇；（2）县政督察专员受省政府主席直接指挥，分赴指定各县督促、考察政治设施；（3）县政督察专员职权包括，①督促、考核指定各县内行政计划及其实施程序，②考察指定各县内正在进行事项，③办理省政及各厅处特交事项；（4）县政督察专员于督察时，得用随从书记1人，必要时得呈请省政府主席调用各厅处职员；（5）县政督察专员除其薪俸由省政府经费内支付，活动经费在省经费项下开支。[②] 很明显，此条例草案除将“行政督察委员”改为“县政督察专员”外，基本沿袭了黄绍竑此前在广西主持通过的《广西省行政督察员暂行条例》主体精神。

当然，内政部在陆续接到浙江、江西、江苏等省行政督察专员或行政

---

① 中国第二历史档案馆编：《国民党政府政治制度档案史料选编》下册，安徽教育出版社1994年版，第457页。

② 《行政督察专员公署组织暂行条例案》，1932年6月，中国国民党文化传播委员会党史馆藏，典藏号：政11/6。

监督条例后，为谋适合实地之计，在不破坏省、县二级制原则下，也根据安徽、浙江、江西、江苏各该省规制，对原拟草案酌加修改，另拟《行政督察专员暂行条例草案》，于6月26日送交行政院国务会议讨论。修改后的草案内容主要包括：

（1）各省现行地方制度仍须遵照中央法令，不得变更省、县二级制度。

（2）各省因临时发生诸如“剿匪”“清乡”等特种事件，在离省会过远地方，于必要时得划定特种区域，临时设置行政督察专员，辅助省政府及各厅处督察该区域内各县市地方行政，并在某项特种事件办理完竣后应即撤废。

（3）在无特种事件发生省份，无须增设行政督察专员；即使有特种事件发生省份，亦不必全省同时普遍设置，仅就有某项特种事件发生之区域内临时设置行政督察专员；其距省会较近地方，省政府监督指挥本极便利，即有特种事件发生，亦可由省政府直接办理，也无必要设置行政督察专员。

（4）各省因特种事件发生，须临时设置行政督察专员时，应先由省政府详述理由及指定特种区域范围、绘具图说，咨请内政部核议转呈行政院核定。

（5）行政督察专员以由省政府委员兼任为原则。

（6）行政督察专员得于督察区域内设置临时办事处，但不限定在某一处。

（7）行政督察专员对于督察区域内各县市地方行政，有随时考察及督促指导之权。并要求各省政府在暂行条例公布施行以后，将原有一切关于变更地方行政制度的组织与之冲突部分，依照该条例改定。①

修改案在更加明确省、县二级制的前提下，也接受了各省不少意见，主要表现为：（1）出于划一各省同类组织官称的目的，将“县政督察专员”改为“行政督察专员”；（2）行政督察专员从原来在省政府内置8—10人，负责督察指定各县，且居无定所，变为行政督察专员由省政府委员兼任，并只在离省会较远的特种地方或办理特殊情形才得暂时设置，且可在督察区域内不限于一处设置临时办事处；（3）行政督察专员所督察区域也进一步明确，由原来的随意指定，变为特定的区域。

① 中国第二历史档案馆编：《国民党政府政治制度档案史料选编》下册，安徽教育出版社1994年版，第458—459页。

应该说，各省辖境辽阔，在省、县二级制下，仅凭省政府及民政厅来指挥监督数十个或百个县，难以周全确属自然，尤其是遇到诸如“剿匪”“清乡”等特殊情况。改革既有地方制度已为共识，关键是如何改，而且这种改革必须维护孙中山的遗教、国民党中央的决策以及国家的统一。内政部主张由中央统筹划一组织，在不破坏省、县二级制的原则下，临时在省、县之间设置行政督察专员，既不规定各省均设，亦不规定每省全部设置，仅限于特种地方与特殊情况，且于特殊情况完毕后即行撤销，恰恰满足了这一要求。

6 月 28 日，行政院第 45 次行政会议将内政部提议的《行政督察专员暂行条例草案》顺利通过，“发表，并送中央政治会议，及咨立法院”①。此《行政督察专员暂行条例草案》主要规定：

（1）在离省会过远地方，因特种事件发生（诸如“剿匪”“清乡”等），省政府可划定特种区域，临时设置某地行政督察专员，在不抵触中央法令范围内，辅助省政府及各厅处，督察区内各县市地方行政，待某项特种事件办理完竣后即撤废。

（2）行政督察专员设置经省政府会议议决后，由省政府阐明详细理由及所划定的区域范围，绘具图说，咨请内政部核议转呈行政院决定施行，其范围以发生特种事件区域为限，区域过广时得分为两个以上督察区域。

（3）行政督察专员由省政府委员兼任，但必要时由省政府决议，呈准以有资望及学识经验者充任；行政督察专员由省政府委员兼任时，支委员原有薪俸，由非省政府委员兼任时，支简任官俸；其办公经费由省政府委员会酌量地方情形核定。

（4）行政督察专员得于督察区域内设置临时办事处（不限于某一处，可于督察区域内流动设置），置秘书 1—2 人、事务员 2 人及书记 3 人，助理一切文件及应行事宜，必要时可调用省政府各厅处及县市职员。

（5）行政督察专员的职权包括：对于督察区域内县、市政府地方行政有权随时考察及督促、指导；对于区域内各县市认为有必须改革或创办之事，可随时呈报省政府核定，并分函主管厅处查考；对于区域内各县市政府行政人员认为有奖惩之必要时，得随时开明事由，密呈省政府核办，并

---

① 《行政督察专员条例业经行政院通过公布》，天津《大公报》1932 年 7 月 1 日第 1 张第 3 版；中国第二历史档案馆编：《国民党政府政治制度档案史料选编》下册，安徽教育出版社 1994 年版，第 457 页。

分函主管厅处查考；得随时召集督察区域内各县、市长及各局长开行政会议，讨论本区域内应兴革事宜，遇必要时，办理地方自治人员及地方团体代表亦得出席。①

与内政部所拟草案相较，行政院决议案除归并、调整词句外，主要改动的地方为：(1) 删去原有各省地方制度不得变更省、县二级制的明确规定；(2) 扩大行政督察专员的任职条件，将原来“由省政府委员兼任”，改为“由省政府委员兼任，但必要时由省政府决议呈准，以有资望及学识经验者充任”；(3) 对于有关行政督察专员办公经费、办事处设置以及职权的规定更为具体。总体观之，决议案虽然删去省、县二级制的明确规定，但仍通过对行政督察专员的任职条件以及办公经费、办事处设置、职权的具体规定，限制其成为省、县之间的一个实体阶级。

行政院将该条例草案通过后，随即提交同日召开的中央政治会议核议。中央政治会议因该条例与苏、皖、赣、浙等省所拟设置行政督察专员、行政监督条例等相类，遂指定中央政治会议内设的政治报告、法制两组对其一并审查。

四　两种行政督察专员制并行

6 月 28 日下午，邵元冲与叶楚伧、陈立夫等政治报告、法制两组委员开会，对苏、浙、皖、赣等省呈请在省内划分若干行政区、设置行政督察专员或行政监督以督察各县行政等案，进行审查。会议结果认为，此种办法“实属破坏行政组织，与《国民政府建国大纲》、《中华民国训政（时期）约法》等皆有冲突”，决定 7 月 1 日约请江苏、浙江两省主席及内政部部长面商后再做决定。② 不过，巧合的是，江苏省政府主席顾祝同、省政府委员兼教育厅厅长周佛海在同一天，联名呈案政治会议，指出苏、浙等省拟以 6 个月为限，先暂行试办划分行政区、增设佐治机关的做法，在当时的情势下实有必要，而且未根本变更地方制度，亦与立法程序及孙中山《国民政府建国大纲》所规定相合，但考虑到各省所拟办法用意完全相

① 《行政督察专员暂行条例草案》，1932 年 6 月，中国国民党文化传播委员会党史馆藏，典藏号：政 11/6. 6。

② 邵元冲著，王仰清、许映湖标注：《邵元冲日记》，上海人民出版社 1996 年版，第 880 页。

同，而职名歧异、组织略有不同，建议酌定划一办法。该案因晚到，不及列入当日政治会议讨论，由政治会议秘书处决定，“仍可临时报告，与设置地方行政监督案合并审查”①。

与此同时，立法院完成了对《行政督察专员暂行条例草案》的审查，认为该案“有变更地方制度之嫌”，拒绝通过。不过，形势比人强。“当时各省之此项组织均已成立，而非立法院拒绝通过即能废止”②。

7月1日，除审查委员外，内政部部长黄绍竑及江苏省主席顾祝同参加当日政治报告、法制两组对于各案的审查会议。与会者一致认为，苏、浙、皖、赣四省设置行政监督或首席县长等办法案，以及行政院函送的《行政督察专员暂行条例草案》，“均有区的名称，即划省为若干区，每区有规定设一行政督察专员”；“设置是项官吏为增加行政起见，实际上可划区而治，然不必明白规定，以符《建国大纲》省县二级制”；“行政监督之职权应归省主席或民政厅行使，是一省有许多行政监督，则与省主席职权不无冲突，故称为‘行政督察专员’，然此项行政督察专员对民政厅长、对县长有什么关系，可由行政院定一章程，毋须经立法院，系留其活动性”。最终会议调和内政部及各省意见，决定：各省地方行政监督或首席县长等，“宜在不变更行政区划及行政组织之标准下，规定名义、职权”；同时将行政专员产生方式，改为“拟由省政府于县长中择定人选，简任为某某县行政督察专员，关于行政督察专员办法，交行政院核办”。③

尽管审查意见坚持不变现有制度（即不明定分区）以及维持《国民政府建国大纲》中省、县二级制规定（即不分设衙门）两大原则，7月6日中央政治会议在审议苏、浙、皖、赣四省设置行政督察专员、行政监督，以及行政院转送内政部拟定《行政督察专员暂行条例草案》各案时，波澜再起。CC系骨干分子张道藩在会上质疑称：“行政督察专员既由县长兼任而后称专员，是否名义上不太妥当。”对此，参与审查的邵元冲和顾祝同

① 顾祝同、周佛海：《呈〈苏浙皖赣等省试行行政区增设佐治机关以谋指导各县行政之便利请予以核议并规定划一办法以利通行案〉》，1932年7月，中国国民党文化传播委员会党史馆藏，典藏号：政11/6.5。该案拟议人本为顾祝同、黄绍竑、周佛海三人，但不知何故，提交时删去黄绍竑的名字。

② 孔庆泰等：《国民党政府政治制度史》，安徽教育出版社1998年版，第414页。

③ 邵元冲著，王仰清、许映湖标注：《邵元冲日记》，第881页；《中央政治会议速纪录第316次》，1932年7月，中国国民党文化传播委员会党史馆藏，典藏号：中央0316。

均表示没有问题：前者认为“行政督察专员是一专门名词，而兼任为行政上的一种办法，没有问题的”；后者则认为“名称没有什么大的关系，在乎做的了做不了”。不过，邵元冲还是顾全张道藩的质疑，本诸调和的态度，建议将“兼任”改为“派为”，即将原句相应部分改为“准由省政府于县长中择定人选，派为某数县行政督察专员”。结果，原本争议的部分自然“无异议”，而其余部分也“照审查意见通过”，其详细办法交行政院核定。[①] 行政院随即令内政部“将《行政督察专员暂行条例草案》及办法，遵照中央决定原则修正呈核”。

7 月 29 日，内政部将遵令妥为修正后的《行政督察专员暂行条例草案》再呈行政院审核。该部的修正案仍坚持“惟此项行政督察专员，既奉中央决定由县长兼充，则专员二字名义似不无斟酌余地，至于前拟行政督察专员办法，已归纳于该项条例之中，似无庸再行修订”，并呈交行政院“核定公布后，即通行各省省政府一体知照，凡有设置是项专员必要之省份，即须遵照本条例办理，在本条例未公布前，所有各省自定名义、自订规程，有违背本条例之规定者，应请饬令一律依照本条例改正，仍报部转呈备案”[②]。8 月 2 日，行政院第 54 次会议将该条例修正通过，继于 8 月 7 日以行政院令公布。

表 3—1　　《行政督察专员暂行条例草案》原案及修正案比较[③]

原案	修正案
第一条　省政府在离省会过远地方，因有特种事件发生（如剿匪、清乡等等），得划定特种区域，临时设置某地行政督察员，于不抵触中央法令范围内，辅助省政府及各厅处督察该区域内之各县、市地方行政。 俟某项特种事件办理完竣后，即撤废之。	第一条　省政府在离省会过远地方因有特种事件发生（如剿匪、清乡等等），得指定某某等县为特种区域，临时设置督察专员，于不抵触中央法令范围内，辅助省政府，督察该特种区域内地方行政，定名为某某省某某等县行政督察专员。 前项行政督察专员，于某项特种事件办理完竣后，即撤废之。

① 《中央政治会议速纪录第 316 次》，1932 年 7 月，中国国民党文化传播委员会党史馆藏，典藏号：中央 0316。

② 中国第二历史档案馆编：《国民党政府政治制度档案史料选编》下册，安徽教育出版社 1994 年版，第 461—462 页。

③ 同上书，第 459—461、462—464 页。

续表

原案	修正案
第二条　行政督察员之设置，经省政府委员会议决后，由省政府开明详细理由及所划定之区域范围，绘具图说，咨请内政部核议，并呈行政院决定行之。 前项区域之范围，以发生特种事件之区域为限，但区域过广时，得分为两个以上之督察区域。	第二条　行政督察专员之设置，经省政府委员会议决，由省政府开明设置事由及所指定之督察区域范围，绘具图说，咨请内政部转呈行政院决定行之。 前项督察区域之范围，以发生某项特种事件之区域为限，但区域过广时，得分为两个以上之督察区域。
第三条　行政督察专员由省政府委员兼任，但必要时得由省政府委员会决议，得呈准以富有资望及学识经验者充任之。	第三条　行政督察专员由省政府就本督察区域内各县县长中指定一人兼任之，由省政府委员会议决遴派，并咨报内政部转呈行政院备案。 兼任行政督察专员之县长，以经内政部、铨叙部审查合格，转呈国民政府正式任命者为限。
第四条　行政督察专员由省政府委员兼任者，支委员原有薪俸，其非省政府委员充任者，准支简任官俸，其办公费数额由省政府委员会酌量地方情形核定之。	第四条　行政督察专员，仍支县长原俸，但于必要时，经省政府委员会决议，得支简任初级俸。
第五条　行政督察专员得于督察区域内设置临时办事处，置秘书一人或二人、事务员二人、书记三人，助理一切文件及应行事宜，于必要时并得调用省政府各厅、处职员，及县、市政府职员。 行政督察专员办事处不限定在某一处设置，得于督察区域内流动设置之。	第五条　行政督察专员，得于原领县政府内附设办事处，置秘书一人，事务员二人，书记二人，助理一切文件及应行事宜。 前项办事处得于本督察区域内流动设置之。 前项助理人员，除秘书由行政督察专员遴选合格人员、呈请民政厅委派，于必要时，准以荐任待遇外，其余事务员、书记，均由行政督察专员自行委用，仍呈报省政府及民政厅备案。
第六条　行政督察专员对于督察区域内县、市政府地方行政有随时考察及督察、指导之权。	第六条　行政督察专员对于本督察区域内各县、市政府地方行政有随时考察及督促指导之权。
第七条　行政督察专员对于督察区域内各县、市认为有必须改革或创办之事，得随时呈报省政府核定，并分函主管厅、处查考。	第七条　行政督察专员对于本督察区域内各县、市认为有必须改革或创办之事，得随时呈报省政府及主管厅核办。
第八条　行政督察专员对于督察区域内各县、市政府行政人员认为有应奖惩之必（要）时，得随时开明事由，密呈省政府核办，并分函主管厅、处查考。	第八条　行政督察专员对于本督察区域内各县、市政府行政人员认为有应行奖惩之必要时，得随时开明事由，密报省政府及主管厅核办。

续表

<table>
<tr><th>原案</th><th>修正案</th></tr>
<tr><td>第九条　行政督察专员得随时召集督察区域内各县长、市长及各局长举（行）行政会议，讨论本区域内应兴应革事宜，遇必要时，办理地方自治人员及地方团体代表亦得列席。</td><td>第九条　行政督察专员得随时召集本督察区域各县长、市长及各局长举行行政会议，讨论本区域内应兴应革事宜，遇必要时，办理地方自治人员及地方团体代表经行政督察专员之邀请亦得列席。
前项行政会议议决案，应呈报省政府及主管厅核定施行。</td></tr>
<tr><td>第十条　行政督察专员应定期轮流巡视督察区域内各县、市政府之工作状况，其巡视程序，得依各省民政厅长巡视章程之规定。</td><td rowspan="2">第十条　行政督察专员应定期轮流巡视本督察区域内各县、市政府之工作状况，其巡视程序及办法，得依各省民政厅长巡视草程之规定，其巡视旅费之支给，依国内出差旅费规则之规定，不得受地方迎送及供应。
行政督察专员出巡时，其原领县长职务，应呈准省政府及民政厅派本县县政府秘书或科长代理之。</td></tr>
<tr><td>第十一条　行政督察专员巡视经费之支给，依国内差旅费规则之规定。</td></tr>
<tr><td></td><td>第十一条　行政督察专员因维持治安之需要，对于本督察区域内务县、市之警察、保卫团，得节制调遣之。</td></tr>
<tr><td></td><td>第十二条　行政督察专员办事处办公费，由民政、财政两厅造具预算，提经省政府委员会核定，在省库内开支。</td></tr>
<tr><td>第十二条　行政督察专员办事处关防，由省政府刊发，咨报内政部备案。</td><td>第十三条　行政督察专员办事处之关防，由省政府依照国民政府颁发印信条例所定简任关防式（横六公分、纵九公分）刊制木质关防，发交该行政督察专员启用，并拓具摹形，咨报内政部备案。</td></tr>
<tr><td></td><td>第十四条　行政督察专员之行文，对于省政府及主管厅用呈，对于本区域内各县、市政府用令，其余均以公函行之。</td></tr>
<tr><td>第十三条　行政督察专员办事处办事细则，由省政府另定之。</td><td>第十五条　行政督察专员办事处办事细则由省政府定之。</td></tr>
</table>

续表

原案	修正案
第十四条　本条例公布施行后，各省原有一切关于变更地方行政制度之组织与本条例规定冲突者，应一律依照本条例改定之。	第十六条　本条例公布施行后，各省原有之考查县政、整饬官常之办法（如省派视察员分区巡视之类）仍旧适用。此外，所有关于变更地方行政制度而设立固定、具有权力机关之组织，应一律依照本条例改定或取消之。
第十五条　本条例自行政院公布之日施行。	第十七条　本条例自行政院公布之日施行。

据上表可知，除文字修饰及经费规定更为具体外，修正案与原案相较，变化主要在以下两方面：（1）更加明确地厘清了行政督察专员与省政府、厅处以及辖区内各县、市之间的关系，将专员的地位规定为在省政府、厅处之下，县、市之上；（2）将行政督察专员名称明确定为“某某省某某等县行政督察专员”，同时专员由省政府委员兼任，改为由省政府指定督察区域内县长兼任。

应该说，这个在内政部草拟案基础上修正而得的《行政督察专员暂行条例》，仍坚持《国民政府建国大纲》以及当时国民政府法律法规所确立的省、县二级制原则，只是迁就于现实，在省、县间暂时设置一种督察专员，并严格将其限定为在特种区域为特定事件临时设置，且没有衙署与僚属的督察官员，而非省、县之间新增的政府层级，在“剿匪”“清乡”等特定事件办理完竣后即行撤废。

8 月 18 日，内政部分咨安徽、江苏、浙江、江西等省政府查照《行政督察专员暂行条例》第十六条规定，将所有变更地方行政制度而设立固定、具有权力机关组织改定或取消。① 其用意甚为明显，即希望上述四省遵照暂行条例改定各该省原定的规制。

不过，上述四省虽为南京国民政府所直辖，却均为亲蒋或蒋派人物控制，内政部及行政院的意图能否在四省得以彻底贯彻，则全视蒋介石的态度而决定。据当时报纸报道，在汉口负责围剿红军的蒋介石对于行政院颁布的《行政督察专员条例》不以为然。蒋介石认为，《行政督察专员条

① 中国第二历史档案馆编：《国民党政府政治制度档案史料选编》下册，安徽教育出版社 1994 年版，第 464 页。

例》纯系就普通各省情形而言创制，“剿匪”省区情况与之不同，必须具有下列七个特质，方能推行尽利：(1）全省分区必须普遍施行，否则有“匪”或边远地区虽经清除安宁，无“匪”或近省地区又将“匪”患萌动；(2）必须隆重行政督察专员体制，予以简任待遇与监督辖区内各县长之权，人选也不能就区内现任县长任择一人加委，必须精选有为有守干员专任；(3）专员须兼驻在地县长，仿佛前清直隶州知州，为免重蹈过去道尹覆辙，除自理一县外兼管所属他县，一面监督他人优劣，一面以身作则推行要政以作为所属县长表率；(4）专员在辖区内负有统筹兼顾职责，同时兼任保安司令，全区军民两政统归其主持，以便“清匪”、安民顺利进行；(5）行政专员所管职务实如一省之民政分厅，只系横面扩张而非纵体层迭，行政督察区为单纯行政区域而非地方自治团体；(6）总司令肩负“剿匪”全责，行政专员应由总司令直接委派，兼领驻在地县长则由各省政府加委，如此方能实现军事、政治并重功能；(7）行政专员虽不得由现任县长兼充，但可为确有才能、成绩的县长提供一晋升途径，以鼓励各县县长努力工作。而且指责《行政督察专员暂行条例》所定职权，使其有类于民初沿袭清制的道尹，“既了无实权，更无所事事，仅为省与县间之一承转机关，未收监督县长之功，适见积压公文之弊”，无裨于地方行政革新策进。①

蒋介石的态度主要与他本人经历以及由此形成的主张有关。蒋介石在1932年5月底抵赴汉口，亲任鄂、豫、皖三省“剿匪”总司令后，汲取此前三次围剿红军和革命根据地均失败的教训，接受杨永泰“匪患之滋蔓实缘政治之不良，以军事力量治其标，尤须以政治力量治其本”②的献策，明确宣布要以“三分军事，七分政治”为“剿共”方针，并本此意旨，试图对紊乱不堪的省、县中间组织进行全面整顿，以此强化对“剿匪”区域的地方统治，提高行政效率。至8月中旬，蒋介石“以剿匪期间，须政治与军事并重，惟省县之间上下远隔，秉承督察两俱难周，乃决于三省分区设立行政督察专员，兼保安司令，并兼所在地之县长，主持军民两政，有前清兵备道事权统一之长，无民初道尹制积压公文之短”③。

---

① 中国第二历史档案馆编：《国民党政府政治制度档案史料选编》下册，安徽教育出版社1994年版，第470—473页。

② 许崇灏：《中国政制概要》，重庆商务印书馆1943年版，第187页。

③ 《豫鄂皖设行政督察员》，《申报》1932年8月21日第3张第11版。

豫鄂皖“剿匪”总司令部本诸蒋介石的意旨，仿效江西党政委员会分会制，拟定《剿匪区内各省行政督察专员公署组织条例》，并借国民政府对其“凡指调豫鄂皖三省剿匪之海、陆、空军，均归总司令节制指挥外，所有该三省党务、政务事宜，由中央特许，统受其指导办理”[①] 的授权，于8月19日公布，同时训令豫鄂皖三省政府，详细说明创设行政督察专员制度的重大意义，要求遵照施行，并计划“鄂省先划十区实行，豫皖两省继续分区设立”[②]。

条例主要规定：(1) 豫鄂皖“剿匪”总司令部为整饬吏治、增进行政效率，以便彻底“剿匪”、清乡及办理善后，依据各省面积、地形、户口、交通、经济状况、人民习惯，将一省酌划为若干区，各设行政督察专员公署，另以命令规定其区划及公署所在地；(2) 行政督察专员公署直隶豫鄂皖“剿匪”总司令部，并受省政府指挥，监督管理辖区内各县市行政及“剿匪”、清乡事宜；(3) 行政督察专员公署设专员一人，兼任该区保安司令以及所在地县长，主持辖区内军民两政，分别由剿匪总司令部委派和省政府加委，简任待遇；(4) 专员对于所属县长有直接指挥监督，以及惩撤与委代之权；等等。[③]

可以说，《剿匪区内各省行政督察专员公署组织条例》所确立的行政督察专员制，是一个与《行政督察专员暂行条例》完全相异的行政督察专员制规制。按照该条例规定，“剿匪”区各省普遍设置行政督察专员，其不仅握有广泛的实际权力，而且有固定常设的公署，具有多种身份：“此项专员制度，督察辖区各县之行政，则有类于旧日之道尹；兼保安史料，统领军政及民众武装自卫事项，则有类于旧日之镇守使；兼领驻县县长，则有类于直隶州知州，俾能示范辖县，并知行政甘苦，不致蹈旧日道尹只司上下承转，徒作空疏批评之弊”，是“镕合以往数种制度取长去短而成”。为了救济行政督察专员“责重事繁，一身未暇兼顾”，该条例“乃严其秘书及保安副司令之人选、资历，并配置署员、参谋、技士等员，俾资佐治”。其所确定的行政督察专员制，“体制甚隆，僚属甚备，待遇甚

---

① 中国第二历史档案馆编：《国民党政府政治制度档案史料选编》下册，安徽教育出版社1994年版，第435—436页。

② 《豫鄂皖设行政督察员》，《申报》1932年8月21日第3张第11版。

③ 中国第二历史档案馆编：《国民党政府政治制度档案史料选编》下册，第473—476页。

优，完全等于省政府之一分府"①。正因如此，时人称颂该制为"撷取二三百年来地方行政制度之菁华"，是"仿照旧的与参合新的"而成的一大"创新"。②

但是，一个不容否认的事实是，《剿匪区内各省行政督察专员公署组织条例》所定行政督察专员公署完全是作为一级行政组织而设置，其目的在于加强行营对县政的控制，已经完全改变了《国民政府建国大纲》以及当时法律所定地方制度采用省、县二级制的原则，变更了国家政制。

表3—2 《行政督察专员暂行条例》与《剿匪区内各省行政督察专员公署组织条例》比较

《行政督察专员暂行条例》	《剿匪区内各省行政督察专员公署组织条例》
第一条　省政府在离省会过远地方，因有特种事件发生（如剿匪、清乡等等），得指定某某等县为特种区域，临时设置督察专员，于不抵触中央法令范围内，辅助省政府，督察该特种区域内地方行政，定名为某某省某某等县行政督察专员。 前项行政督察专员，于某项特种事件办理完竣后，即撤废之。 第二条　行政督察专员之设置，经省政府委员会议决，由省政府开明设置事由及所指定之督察区域范围，绘具图说，咨请内政部转呈行政院决定行之。 前项督察区域之范围，以发生某项特种事件之区域为限，但区域过广时，得分为两个以上之督察区域。	第一条　豫鄂皖三省剿匪总司令部为整饬吏治、增进行政效率，以便彻底剿匪、清乡及办理善后起见，特颁《剿匪区内各省行政督察专员公署组织条例》。 第二条　本部依各省面积、地形、户口、交通、经济状况、人民习惯，酌划一省为若干区，各设行政督察专员公署。 前项区划及公署所在地，另以命令定之。 第三条　行政督察专员公署直隶本部，并受省政府之指挥、监督，综理辖区内各县、市行政及剿匪、清乡事宜。

① 军事委员会委员长行营编印：《军事委员会委员长行营政治工作报告》（1935年），台北：文海出版社1987年影印，第5页。

② 转引自华伟《地级行政建制的演变与改革构想》，《战略与管理》1998年第3期，第47页。

续表

《行政督察专员暂行条例》	《剿匪区内各省行政督察专员公署组织条例》
第三条　行政督察专员由省政府就本督察区域内各县县长中指定一人兼任之，由省政府委员会议决遴派，并咨报内政部转呈行政院备案。 兼任行政督察专员之县长，以经内政部、铨叙部审查合格，转呈国民政府正式任命者为限。 第四条　行政督察专员，仍支县长原俸，但于必要时，经省政府委员会决议，得支简任初级俸。	第四条　行政督察专员公署设专员一人，由本部委派，简任待遇。 第十一条　行政督察专员由省政府加委兼任驻在地之县长；专员公署之职员亦分别兼理县政府事务，不另支薪。
第五条　行政督察专员，得于原领县政府内附设办事处，置秘书一人，事务员二人，书记二人，助理一切文件及应行事宜。 前项办事处得于本督察区域内流动设置之。 前项助理人员，除秘书由行政督察专员遴选合格人员、呈请民政厅委派，于必要时，准以荐任待遇外，其余事务员、书记，均由行政督察专员自行委用，仍呈报省政府及民政厅备案。	第五条　行政督察专员公署设秘书一人，荐任待遇，由行政督察专员呈请本部委任，署员四人、事务员六人，均由专员委任，分呈本部、省政府及知照民政厅、保安处备案。 第六条　秘书承行政督察专员之命，掌理机要及专员特为指定之事务。 第七条　署员及事务员承长官之命，分掌署内各科应办之事务。
	第八条　行政督察专员公署得聘任参事五人至九人参赞署务，或委托分赴各县、各乡，实行调查或指导之职务。 前项参事应就本区内选负时望而能办地方事务者充之，为无给职，必要时得酌给以必要之夫马费。
第十一条　行政督察专员因维持治安之需要，对于本督察区域内务县、市之警察、保卫团，得节制调遣之。	第九条　行政督察专员兼任该区保安司令，承全省保安处长之命，管辖、指挥该区各县之保安队、保卫团、水陆公安警察队及一切武装自卫之民众组织。但此项团队依该省现行章制如尚未划归保安处而仍属民政厅主管者，应秉承民政厅长之命令办理。大军清剿区内之“匪共”时，行政督察专员应督同区内各县长共受剿匪高级将领指挥，尽力协助，“匪共”败退或小股潜伏区内，实行清乡时，现驻在区之军队应受行政督察专员之指挥或由高级将领就近指拨兵力之一部，径由专员指挥；区内各县清剿共匪之兵力，亦得由专员统筹，汇请本部拨定，暂受专员之指导或指挥。

续表

《行政督察专员暂行条例》	《剿匪区内各省行政督察专员公署组织条例》
	第十条　行政督察专员公署设区保安副司令一人，承专员之命，襄助处理团队之管辖、指挥及一切保安事务，设参谋一人、副官二人，承长官之命，助理应办之保安事务。 前项保安副司令由专员呈请本省保安处长核定，转呈本部委任，参谋、副官由专员咨呈保安处长委任，并分呈本部及省政府备案。
第七条　行政督察专员对于本督察区域内各县、市认为有必须改革或创办之事，得随时呈报省政府及主管厅核办。	行政督察专员应遵照现行法令，首先举办各项急应推行之要政，以为辖区所属各县、市之倡，并督促各县之实施。 执行前项职务，如认直辖区各县或辖区与他区有通力合作之必要时，应商同有关系之县、区联合举办。
第八条　行政督察专员对于本督察区域内各县、市政府行政人员认为有应行奖惩之必要时，得随时开明事由，密报省政府及主管厅核办。	第十三条　行政督察专员有随时考核辖区各县、市长及其所属员兵成绩之权，每三个月一次，半年总核一次，胪列事实呈报本部及省政府知照主管厅，处分别惩奖或为其他必要之处分，所属县长如有懒权行为，尤应随时密呈本部及省政府知照民政厅撤惩，如遇有紧急处分之必要时，并得先行派员代理。 第十四条　行政督察专员对于区内各县县长之命令或处分，认为违法或失当时，得命令停止或撤销之。 前项情形，应呈报本部及省政府知照主管厅、处查核。
第十条　行政督察专员应定期轮流巡视本督察区域内各县、市政府之工作状况，其巡视程序及办法，得依各省民政厅长巡视草程之规定，其巡视旅费之支给，依国内出差旅费规则之规定，不得受地方迎送及供应。 行政督察专员出巡时，其原领县长职务，应呈准省政府及民政厅派本县县政府秘书或科长代理之。	第十五条　行政督察专员于每三个月内应轮流亲赴辖区各县、市巡视一周，并将巡视情形呈报本部及省政府备查。 巡视程序及方法，得依各省民政厅巡视章程之规定，其巡视旅费之支给，依国内出差旅费之规定，不得受地方迎送及供应。

续表

《行政督察专员暂行条例》	《剿匪区内各省行政督察专员公署组织条例》
第九条 行政督察专员得随时召集本督察区域各县长、市长及各局长举行行政会议，讨论本区域内应兴应革事宜，遇必要时，办理地方自治人员及地方团体代表经行政督察专员之邀请亦得列席。 前项行政会议议决案，应呈报省政府及主管厅核定施行。	第十六条 行政督察专员得随时召集辖区各县、市长及其所属局长或科长举行行政会议，讨论应行兴革事宜或讲习新颁法令之意义及其办理程序。遇必要时，办理地方保安人员及地方团体代表经行政督察专员之邀请亦得列席。 前项行政会议议决案，应呈报本部及省政府查核。
第十二条 行政督察专员办事处办公费，由民政、财政两厅造具预算，提经省政府委员会核定，在省库内开支。	第十七条 行政督察专员公署之经费，除就兼领所在地县政府额定开支外，得酌给公费，另定预算由省库加拨或另行补助。
第十三条 行政督察专员办事处之关防，由省政府依照国民政府颁发印信条例所定简任关防式（横六公分、纵九公分）刊制木质关防，发交该行政督察专员启用，并拓具摹形，咨报内政部备案。	第十八条 行政督察专员公署关防，由本部依照国民政府颁发印信条例刊制木质关防，发交启用。
第十四条 行政督察专员之行文，对于省政府及主管厅用呈，对于本区域内各县、市政府用令，其余均以公函行之。	第十九条 行政督察专员执行职务时对本部及省政府用呈，对各厅及全省保安处用咨呈，对辖区各县、市政府用令，其余均以公函行之。
第十五条 行政督察专员办事处办事细则由省政府定之。	第二十条 行政督察专员公署办事细则另定之。
第十六条 本条例公布施行后，各省原有之考查县政、整饬官常之办法（如省派视察员分区巡视之类）仍旧适用。此外，所有关于变更地方行政制度而设立固定具有权力机关之组织，应一律依照本条例改定或取消之。	第二十一条 本条例公布后，各省原有考查县政、整饬官常之法规仍旧适用。
	第二十二条 普通法令与本条例相类似或相抵触者，均暂缓适用。
第十七条 本条例自行政院公布之日施行。	第二十三条 本条例自公布日施行。

据表3—2可知，“剿匪”区与非“剿匪”区的行政督察专员制度，在规制上存在不同：在“剿匪”区，行政督察制度具有普遍性质，不仅

有固定的组织，而且权力大，其地位也仅次于省政府之厅处，近似于省政府民政厅分厅和省政府保安处分处，是在省、县之间新增加一个行政层级，行政督察委员的任免权在“剿匪”总部，同时因“兼任驻在地之县长”，由省政府加委，简任待遇，在设置程序上由三省“剿匪”总司令部命令确定；在“剿匪”区以外各省施行的行政督察专员制度，则在机构、地域及职能上均有很大限制，行政督察专员虽有办事处所，但是“临时的”“兼办的”一种制度，与省、县二级制的地方行政制度并不冲突，而且行政督察专员的任免权在省政府，仅支简任薪俸，设置取决于省政府。

8月29日，蒋介石将《剿匪区内各省行政督察专员公署组织条例》呈交中央政治会议核议。① 不过，豫鄂皖“剿匪”总司令部在看到当时属非其所辖的浙江、江西两省，已经遵照行政院所颁《行政督察专员暂行条例》规定，设置行政督察专员，为了造成既定事实，不待中央政治会议核议有结果，即根据该组织条例，参照清朝府治、州治的旧制，以及当时面积、人口、经济、交通实况与行政管理上的便利，斟酌损益，相继将湖北、安徽、河南分别划分为11、10、14个行政督察区，并公布各区辖县、驻地和委派专员。② 这样，南京国民政府创设行政督察专员制度之初，在事实上确立了两种专员规制并行的局面。需要说明的是，当时江苏省因“财政困难，增设机关既不可能，而反对意见又坚持法律观点”，未能立即付诸实施。③

9月28日，中央政治会议召开第325次会议，讨论豫鄂皖“剿匪”总司令部呈报的《“剿匪”区内各省行政督察专员公署组织条例》，与会者认为该案理由充分，“新拟组织条例亦妥适，值此三省‘剿匪’积极进行之际，设置该项督察专员，以为整顿历史、肃清匪患之辅助，在事实上自属必要”，决议，“交国民政府备案，并发交行政院备案”。需要说明的是，在该决议文前夹有一纸，上写“总司令部委派，简任待遇，督察专员任命，似应咨行政院查照，否则大不（）（）（著者注：字体模糊难认，或

① 《蒋中正呈送剿匪区内各省行政督察专员公署组织条例》，1932年8月，台北“国史馆”藏，典藏号：001－012071－114。

② 1932年10月中旬，剿匪总司令部又将河南十四行政督察区改为十一区。《豫省更定行政督察区》，《申报》1932年10月20日第2张第7版。

③ 顾祝同：《墨三九十自述》，台湾“国防部”史政编译局1981年版，第112页。

为‘体统’），此曾可否由行政院函知总司令部查照办理?”① 从此一纸文字我们不难推知，尽管政治会议将该案决议备案，但在当日出席人员当中，仍有对该案破坏当时行政体系，绕开行政院，规定行政督察专员由总司令部委派产生质疑者。这也为 1935—1936 年关于行政督察专员制应否存在的讨论埋下了伏笔。

需要说明的是，该组织条例之所以能如此顺利得政治会议通过，实与当时南京权力格局发生变化有很大的关系。其时汪精卫因蒋介石对于南京政务仍时有干扰，再加上汪精卫在华北军费问题上与张学良发生矛盾，遂借宿患的糖尿病加剧，于 8 月 6 日辞去行政院院长一职。8 月 22 日，中央政治会议驳回汪的请辞，准其出国休养，决定由副院长宋子文代理院长。南京无人可以制衡蒋介石对于行政的干预。

10 月 10 日，国民政府遵令对蒋介石呈交的条例予以备案。这样，在法理上正式确认两种不同的行政督察专员制度分别在“剿匪”区省份以及非“剿匪”区省份并行实施。当然，当时行政督察专员制施行的范围仅限于国民政府所能直接控制的少数几个省份。

有意思的是，按其批准备案的训令看，所据理由仍是内政部有关设置行政督察专员的意见：“省区过大，缩划省区案既一时不能实行，每遇到有特种事件发生之际，省政府指挥考察或有未便，亦实属实在情形，离省会过远地方与特种情形之下，离省会过远地方，交通梗滞，须临时增设一督察机关以辅助省政府权力之所不及，似亦非无必要。”② 由此可知，行政督察专员制的创设，是国民政府在缩划省区案一时未能实行，又想解决省区过大问题上的一项措施。

第二节　不同的省制改革主张及其筹划

由于缩小省区之筹划迟迟未有结果，行政督察专员制度设置又在一开

① 《剿匪区内各省行政督察专员公署组织条例》，1932 年 9 月，中国国民党文化传播委员会党史馆藏，典藏号：政 11/6.9。

② 中国第二历史档案馆编：《中华民国史档案资料汇编》第五辑第一编·政治（一），江苏古籍出版社 1979 年版，第 104 页。

始就出现双轨并行的局面，这表明南京国民政府试图在不变省制的前提下，通过缩小省区、增设行政层级等措施，实现削弱各省权势，完成对各省的实际控驭，只是因为高层内部权力斗争，意见未能达成一致，成效未展。在1932年后德国、日本等欧亚新兴强国都致力于提高行政效率的影响下，国民党领导高层就改革省制日渐达成共识。随着政局的逐渐稳定，改革省制随即提上日程。以汪精卫为首的行政院系统、以蒋介石为首的“剿匪”军事系统，以及各省省政府等不同力量派别，围绕省制改革由谁主持、省制应该怎么改革展开角力。

一　改革省制之议的提出

改革省制之议，早在1931年5月国民会议召开时，代表马饮冰等就向大会提出，结果被大会提案审查会打消。[①] 同年12月国民党四届一中全会时，石瑛、李烈钧、覃振等国民党中委，鉴于当时各省财政困难达到极点，向全会提案，建议“各省省政府尽可废厅，在省公署内分设民政、财政、建设、教育四科，以所节省之行政经费，一部分弥补预算亏空，一部分为推广建设与教育之用”[②]。此外，孙科、伍朝枢、邹鲁、李文范等在提出《关于中央政制改革提案》的同时，也提出《省制大纲案》，主张省组织法采用省长制，由省长指挥各厅，处理一切政务，并设省民代表大会为监督机关，省长人选以文人充任，现役军人不得膺选。[③] 不过，全会提案审查委员会政治组在审查两案时，认为“在此困难时期不宜多所更张，均暂保留”[④]。

淞沪停战协定签订后，政局渐趋稳定。协定的签订却使汪精卫深受国民党各派及当时舆论攻击。加之当时各省财政多十分紧张，只有江苏、浙江、安徽、江西、湖南五省仍上缴国税，国民政府财政因为各省截税十分困难。远在江西督师“围剿”红军的蒋介石也屡屡干扰南京政务。1932

① 陈之迈：《中国政府》，上海人民出版社2012年版，第481页。

② 《一中全会石瑛等提案》，上海《民国日报》1931年12月23日第2张第2版。

③ 伍朝枢等提：《省制大纲案》，1931年12月，中国国民党文化传播委员会党史馆藏，典藏号：会4.2/3.21.16。

④ 《经四届一中全会提案审查委员会各组审查各提案一览表》，1931年12月，中国国民党文化传播委员会党史馆藏，典藏号：会4.2/7。

年8月6日，汪精卫因华北军费问题与张学良发生矛盾，突然致电中央辞职。在挽劝不得之时，国民党中央只好批准汪精卫请假三个月，由行政院副院长兼财政部部长宋子文代理院长。与此同时，西南各要人鉴于国难日亟，表示“在不违背抗日剿匪之原则下，可即结束西南执行部及西南政委会，将党政归还中央”①。随着政局日趋稳定，内政部和中央常务委员会分别决定，于12月中旬召开第二次全国内政会议与国民党四届三中全会，并特别关注于内政整理和改革政治制度。在此背景下，省制改革尤其受到各方重视，纷纷提出各种主张。

1932年11月中旬，上海特别市执行委员会呈请国民政府，令饬内政部重行划分各省行政区域。11月16日，该案经中央政治会议第332次会议决议，“送政治报告组、法制组、财政组、军事组，并第二五三次会议重行划定省区案（即1930年11月伍朝枢、陈铭枢等向三届四中全会所提的《缩小省区案》和《改革省行政区域原则案》）审查”。②

与此同时，有报纸根据“有力者”披露，试行于鄂、皖、豫三省的行政督察专员，“其职权莞领各区军民庶政，其性质即无异省之派出所，为增进政治效率计，此项制度将推行于全国”，并预测“省府为中央与地方（地方即指行政专员）之承转机关，省府所属各厅更成赘物，故专员制度确定以后，将缩小省府之组织，改主席制为省长制，改厅为科，各区行政专员直接由中央遴选，亦可提高中央之统治权，打破变相的割据之形势云云”，此说“似在计议之中，此则尚待通盘筹算，而非一省之局部问题矣”。③

这当然不是空穴来风。事实上，在第二次全国内政会议召开之前，内政部为明了各省行政状况以及自治进行情形与“匪区”善后情况，即派甘乃光等人分三组，限期一个月视察鲁冀晋、江浙、豫鄂皖等省，在此基础拟具包括完成地方自治、整理“匪区”善后、改善地方政治制度等在内的提案。④

当时，蒋介石将外交失败和东北失陷均归因为内政不修，突出表现为

① 《西南党政权均归还中央》，《申报》1932年10月10日第4张第13版。

② 《中央政治会议速纪录第332次》，1932年11月，中国国民党文化传播委员会党史馆藏，典藏号：中央0332。

③ 《鄂省吏治与匪情》，《大公报》1932年11月13日第1张第3版。

④ 《中央派员考察内政》，《天津益世报》1932年10月16日第1张第2版。

党政分离，以及“匪共”的骚扰。[①] 在他看来，要解决这一问题，军事力量只能治其标，尤须以政治力量治其本。为此，他在 12 月 1 日，即以国民党四届三中全会预定当月 15 日举行，指派总部秘书处科长朱森莹，秘书刘寿朋、王兆荃等人，以杨永泰在地方政治讲习会以及总部纪念周所讲叙的内容为依据，起草《豫鄂皖三省剿匪工作报告》，限一月草竣。[②] 此举固然是为汇报“剿匪”总部成立一年来各项事业的成绩，其深层用意则在借此会议，将其在“剿匪”区推行的政治改革方案形成决议，以便在全国予以推行。蒋介石又在 12 月 2 日分电湖北省主席夏斗寅、河南省主席刘峙、安徽省主席吴忠信，指出“省行政组织，各厅分掌事务，各有专司，综其成者厥为省府主席，其关系譬如枝叶之于本根、肢体之于首脑，随时随事必本合作之精神，首尾相应、指臂相资，方能增进行政之效能而谋政治之进步”，即施政过程要做到，“一切政务均擘由省主席决定、主持，各厅秉承主席司规划执行之责，所有各厅经费尤应以统收统支为原则，不得自为风气”[③]。从蒋的这些举措来看，他试图通过推广行政督察专员制度与改行省长制双管齐下，来改革省制。

12 月 10—15 日，第二次全国内政会议在南京召开。蒋介石本诸上述精神，向内政会议提出《修正地方行政组织案》和《重新制定县区自治法规提案》。其中在前案，蒋介石以提高行政效率为由，不仅分别指出了省、县政府组织以及省行政区划分存在的问题，并提出相应的对策。

关于省政府，蒋介石认为存在两大问题：其一是省政府组织复杂，省主席及各厅权限不明，责任不专，运用不灵；其二是省政府行政实施及具体事务处理无不提付公决，导致废时、失效。在蒋看来，省政府作为主持全省行政的机关，只有明确省政府委员会、省主席及主管厅长间的权限，做到责任专一，方可运用灵敏。其中，诸如关于省政府法令发布、地方区划确定、变更人民负担增减、预算决算编成以及省公产处分、公营业筹划

---

① 《外交失败东省沦陷实内政不修》，《北平晨报》1932 年 12 月 5 日，转引自季啸风、沈友益主编《中华民国史史料外编——前日本末次研究所情报资料》第 39 册，广西师范大学出版社 1997 年版，第 284 页。

② 《蒋起草三省剿匪报告》，《京报》1932 年 12 月 1 日，转引自季啸风、沈友益主编《中华民国史史料外编——前日本末次研究所情报资料》第 70 册，广西师范大学出版社 1997 年版，第 570 页。

③ 《蒋委员长电三省申明省行政系统》，《中央日报》1932 年 12 月 3 日第 1 张第 3 版。

等，属于法规行政及省府共同关系者，应由省政府委员会决议实行，其他各项行政实施、具体事务处理，则属于省主席及主管厅长职权，各厅各就其主管事务，近受省主席，远受中央部会监督而负责执行，不必遇事提付公决。为此，蒋介石建议：（1）《省政府组织法》不必规定各省四厅全设，应依各省情况设三厅或四厅，稍带伸缩余地，尤其是边远省份更应缩小规模，实行各厅合署办公；（2）修改《省政府组织法》第五条，在维持该条第二、三、四、五诸款不变的同时，删去第七、八、九款，并将第一款改为"关于本法第二条制定省法令条规事项"，第六款改为"关于省政府各厅职权争议事项"，第十款变为第七款，改为"关于省政府所属全省荐任官及中等学校校长以上之任免事项"，第十一款变为第八款，改为"其他省主席认为应付议决事项"。

关于县政府，蒋介石认为，其缺点在于机关太多，组织太简，经费太少，县长职权太微。对此，他建议：（1）县政府各局改为科，科长由县长遴选合格人员任用，呈请主管厅加委，科员由县长委任，呈报主管厅备案；（2）县长应慎选合格人员依法呈荐，考试合格人员尤应优先任用，主管官不遵办者应予处分；（3）教育经费独立之县，应设教育经费管理委员会，由县长遴选该县公正人士组织。

关于省行政区划分，蒋介石认为，各省区幅员辽阔，地势错综、习俗互异、交通隔绝、饶瘠悬殊，在省、县二级制下，以一省政府监督百事县行政，不仅省政府鞭长莫及，每苦耳目难周，而且县长距省迢遥，秉承无自，以致政象混淆、吏治腐败，绥靖安辑尤觉困难。蒋介石主张，在省区未改定前，其补救办法为：（1）将每省划分为若干行政区，其性质为省政府之支部，各辖若干县，设行政督察专员，简任，兼任该区保安司令，监督该管行政区属各县行政，督率办理各县关联事务，并统筹区内保安事宜，负责统率指挥该区所辖各县保安团队；（2）行政督察专员驻在地县长由专员兼领。

蒋介石虽从省政府、县政府及省区划分三方面立论，讨论改革现行地方行政组织存在的种种弊端，但其重点明显则在希望借内政会议，在全国推广其在"剿匪"区施行的《剿匪区行政督察专员公署组织条例》。因而蒋介石在提交该案的同时，亦将 1932 年 8 月 1 日由豫鄂皖三省"剿匪"总司令部名义颁布的《剿匪区行政督察专员公署组织条例》呈上。12 月 12 日，蒋介石又以豫鄂皖三省"剿匪"总司令部的名义，将《修正地方行政机关组织案》以及《重新制定县区自治法规案》提交中央政治会议核议。①

与此同时，河北省民政厅厅长魏鉴也因为劳资争议事项归属问题事涉民政、实业两厅权限厘订，向大会提议修改《省政府组织法》。魏鉴指出，按照劳资争议处理办法规定，劳资争议事项属于实业部主管范围，但《省政府组织法》第十条民政厅掌理事务第七款亦有关于劳资及佃业争议事项，中央政治会议在 1932 年 8 月又议决“关于劳资争议问题，暂决由实业厅掌理”，为法令与事实相符计，要求修正《省政府组织法》第十、十四两条所定职掌，即“将现行省政府法第十条第七款修正为‘关于佃农之争议事项’，并在第十四条各款内增加‘关于劳资之争议事项’一款”②。此是一个老问题，河北省曾于 1931 年 8 月呈请国民党中央政治会议解决，但该会议讨论时意见分歧，未能达成决议。此时再向内政会议重提此事，很显然是希望此问题能得到圆满解决。

此外，青海省民政厅厅长王玉堂也向内政会议提案，要求限期实施缩小省区。王玉堂将当时事事未能步入正轨以及各省组织极为复杂等，均归因为省区过大，认为如能在最短期内实行曾经国民党三届四中全会通过的缩小省区案，不仅一切内政问题均可迎刃而解，长期对外之准备亦可逐步实现，为此建议：（1）必须制订划分省区的工作计划大纲，明定步骤，限期实行；（2）宜相土之宜、因地之利，斟酌历史、人情、习惯及财政情形，决定划分省区标准；（3）划分省界时，如各地发生争执，即由地方投票，并由中央派员会同关系省份最高机关决定。③

12 月 15 日，全国内政会议第 7 次大会最终顺利讨论通过了地方自治改革各案，以及地方行政改进各方案（包括关于省政府组织、行政督察专员、省市行政区划以及一般行政等改革）。④

如果第二次全国内政会议充满一片祥和气氛的话，那么国民党四届三

---

① 以上四段，俱见《修正地方行政机关组织及改革省制案（1932—1933）》，1932 年 12 月，中国国民党文化传播委员会党史馆藏，典藏号：政 11/10.7。

② 《河北省民政厅长魏鑑提议请修正省政府组织法第十第十四两条所定职掌案》，1932 年 12 月，中国国民党文化传播委员会党史馆藏，典藏号：政 11/10。

③ 王玉堂：《限期实施缩小省区案》，1932 年 12 月，中国国民党文化传播委员会党史馆藏，典藏号：政 11/12.12。

④ 《内政会议今日下午二时行闭幕礼》，《中央夜报》第 82 号（1932 年 12 月 15 日）第 1 版。

中全会在一开始就充满了国民党派别，尤其是拥蒋派与反蒋派之争。12 月 15—20 日，国民党四届三中全会在南京召开，大会在维持中央政局原状的前提下，侧重解决党务、内政问题。其中在内政问题方面，国民党内部拥蒋派及反蒋派明显态度两歧，出现主张缩小省区与改行省长制两种改革省制取径。

粤籍中央委员伍朝枢、陈公博、孙科、梁寒操、马超俊、陈策、陈庆云、张惠长 8 人，认为缩小省区一案便于地方自治以及一切施政，但该案虽经 1930 年国民党三届四中全会决议通过，“事逾两年，尚未闻有如何进行”，于是赓续旧案，重申前说，向国民党四届三中全会提议，“请大会催促中央政治会议从速办理”①。大会以此案“于三届四中全会时亦经决议案通过，应督促中政会积极设计进行”，转交政治会议核议。②

与此同时，拥蒋派的石瑛、石青阳、张道藩、陈肇英、张厉生、洪陆东、曾扩情七位委员，鉴于各省政府采用委员制，“事极散漫，开支浩繁，施行以来成效罔著”③，则一本蒋介石的改行省长制主张，提出《取消省府委员制改为省长制以利行政案》。石瑛等从法理和事实两方面，论述省政府在实行委员合议制有害无利之后，主张改革省制，取消省政府委员制，实行省长制，总揽治权。其改制办法如下：

（1）取消省政府委员制，所有不兼厅委员一律取消，省主席改为省长，总揽全省治权；

（2）省长之下就事务性质不同，分设民政、财政、实业、教育四厅，各设厅长一人，直接对省长负责，并将建设厅一律改为实业厅，其设有建设、实业、农矿各厅者一律并入实业厅，边陲贫瘠省份有特殊情形尤不妨改厅为科；

（3）省长为清剿“匪共”、保障治安计划，对辖境内军队有指挥权，并仿前清督抚旧遗意，兼兵部尚书或侍郎衔，人选以引用文人为原则。④

---

① 《伍朝枢等八人提实行缩小省区案》，1932 年 12 月，台北“国史馆”藏，典藏号：001 - 051122 - 005010 - 011。

② 伍朝枢等八委员：《实行缩小省区提案》，1932 年 12 月，中国国民党文化传播委员会党史馆藏，典藏号：政 11/12. 11；《三中全会各组审查会》，《申报》1932 年 12 月 18 日第 1 张第 3 版。

③ 《石瑛谈省政府新制度》，《申报》1932 年 12 月 28 日第 2 张第 7 版。

④ 石瑛等：《取消省府委员制改为省长制以利行政案》，1932 年 12 月，中国国民党文化传播委员会党史馆藏，典藏号：会 4. 2/16. 3. 6。

该提案系依照蒋介石向第二次全国内政会议提交的《修正地方行政组织案》中所提改革省制精神草拟而成。揆该案用意有三：（1）统一治权，使行政效率敏活，无推诿分歧之弊；（2）裁节骈枝经费，以纾解各省财政支绌状况；（3）实行军民分治，以便各项内政设施进展。在当时政纲紊乱之时，不失为救世良药。职是之故，国民党四届三中全会提案审查会政治组在审议此案时，连以"本案为事实之需要，附加意见，交大会讨论"①。

由于多数中央委员赞同省政府组织改行省长制，全会于12月20日议决，该案"原则通过，至省制组织、省政府与中央各机关、与县政府及与绥靖主任之关系，均交政治会议详细规定，原提案内关于省政府组织及其他部分一并交政治会议"②。

省长制在民国北京政府时期曾经采用过，厅长以次俱为省长僚属，省政由省长一人裁制。广州国民政府时期以及国民革命军底定各省后，以为省长擅断独裁，流弊甚多，因此摈弃省长制而改行委员制。此举本期集思广益，用宏收效，不想各省行使该制以来即感种种牵制，事权难以统一，而且行文往返又感辗转需时，以致行政改革迟滞，故而当时各界早有恢复省长制的呼声。国民党四届三中全会正是在这种背景下，决定将各省政府改为省长制。

国民党四届三中全会将省主席改省长案原则通过后，在当时各省政府主席多由军人充任③的大背景下，改用省长制后，各省省长由文人接充，被认为是一种较为妥善的办法。孙科在接见路透社记者时，就此表示："各省政府改为省长制，并不影响省政府组织，所不同之点仅为现在省政府主席有为军人者，既改省长制，将来省长决派文人。"④

当时舆论普遍对此表示乐观，认为中国以后的政治局面因此将走向新的开端。更有媒体认为，"此为改革地方政治上之一大枢纽，中政会议如

① 《三中全会各组审查会》，《申报》1932年12月18日第1张第3版。

② 《修正地方行政机关组织及改革省制案（1932—1933）》，1932年12月，中国国民党文化传播委员会党史馆藏，典藏号：政11/10。

③ 当时除东北三省被日本侵占外，只有甘肃主席邵力子、广东主席林云陔是由文人充任，其余如江苏顾祝同、安徽吴忠信、福建蒋光鼐、浙江鲁涤平、广西黄旭初、贵州王家烈、山西徐永昌、河北于学忠、山东韩复榘、陕西杨虎城、湖北夏斗寅、湖南何健、江西熊式辉、热河汤玉麟、察哈尔宋哲元、四川刘文辉、绥远傅作义、新疆金树仁等都是军人充任省政府主席。

④ 《改行省长制》，《晨光》第1卷第30期，第271页。

能积极决定实施办法，则中央地方交受其利”①。当然也有报纸较为冷静，认为“省主席改省长案虽经三中全会原则通过，但为手续问题，第一步先修正《省政府组织法》，俟修正公布后，再将各省府一律改组，重新任命，预计至早一个月方能完竣”②。

二 南京国民政府对改革省制的筹划

在国民党四届三中全会先后将缩小省区与改变省制两案通过，交由中央政治会议分别办理后，曾有一中央委员对此发表意见。在他看来，我国省区广大，甚至有的省份超过欧美一国幅员，实为政治不易推动的一大原因，但缩小省区仍是一个难题，“此事第一步手续，先须查明各省人口、地理、经济、风俗、交通等等，同时广征专家意见，而后详拟办法方免闭门造车之弊”，但以我国区域之广，需才必多，必须经过较长时间罗致从事调查的专门人才；而石瑛提议改革省制，集中省政府职权于省长一人，固然切中时弊，但以过去与当前情况而论，对于无军权的省长能否尽量行使职务，以及有军权的省长不重蹈过去军人主政积弊，则不无疑虑。不过，他也表示，“此后如能省区缩小，再行改变省制则最为适宜，并可消弭多种时弊”，“以上两案之实行，确系整理目前政治之良圭，又有相辅而行之必要”。③ 可见，在该中央委员看来，缩小省区案和改革省制案都有不足，实施起来都有困难，其最佳的实行路径是先缩小省区，再改行省长制。这虽然是一己之见，但也多少代表了当时一部分人的认知。

1933 年 1 月 11 日，中央政治会议第 339 次会议对于缩小省区案决议“交政治报告组、法制组、财政组、军事组会同审查”④。次日，中央政治会议致函司法行政部部长罗文干，嘱其先审查。1 月 18 日，中央政治会议召开第 340 次会议，讨论石瑛等人所提《取消省府委员制改为省长制案》。结果，中央政治会议对于此项编制及原则完全赞同，决“交法制、政治报

① 《三中全会闭幕之后》，《大公报》1932 年 12 月 22 日第 1 张第 1 版。

② 《省政府改主席制先修正组织法》，《申报》1932 年 12 月 23 日第 2 张第 7 版。

③ 《某中委谈改革省制问题省区有缩小必要》，《中央夜报》第 97 号（1932 年 12 月 30 日）第 1 版。

④ 《中央政治会议速纪录第 339 次》，1933 年 1 月，中国国民党文化传播委员会党史馆藏，典藏号：中央 0339。

告两组会同议定办法，由叶楚伧召集”[①]。

内政部以民政、财政、建设、教育各厅隶属省政府之下，原系一整个的组织，而事实上往往各自为政，绝少互商机会，甚至不相联系，以致行政效率减低，决定采用各厅连锁办法予以补救，并于1月底函告各省政府，“关于以后一切行政计划，如遇重要而与各厅互相关联者，须彼此会商，协议推进步骤，何者应为某厅主办，何者应为某厅赞助，分途实施，使行政效率得以提高”[②]。与此同时，内政部将第二次全国内政会议上蒋介石、魏鉴关于修改《省政府组织法》第五、第十、第十四各条条文，以及将省政府原设四厅改设三厅或二厅等提案，提出1月22日行政院第84次会议，得决议“通过，送政治会议”。政治会议随后在2月1日经讨论后，将其“付省长制审查合并案审查”[③]。

对于改革省制案，“闻政治报告组审查时，提出二要点：一、省长人选，须文人担任；二、省治下军政统交省长节制，庶几省政统一，军权受限制”[④]。而法制组则迟迟不见开会审查，至1月底有报纸报道称：“省长制自交法制组后，迄今尚未开会审查，召集人戴季陶、覃振尚未发出通知召集，故何日开会审查尚无确期，报载下周中政会提出讨论，事实上不可能”[⑤]。

造成这种局面，主要是因为自1月初开始，日本军队突然制造事端，突袭热河重镇榆关，华北局势再度紧张，国民政府无暇顾及此事。与此同时，国民政府的权力格局也发生变化。蒋介石鉴于政治形势的危殆，自己又不愿当中国外交之冲，故屡次电请当时在国外养病的汪精卫早日返国主政，并允调张学良部往陕西整顿，自己则一意“剿赤”，决不干预政务。3月21日，汪精卫到南京，30日销假复职。在汪、蒋联合执政局面再次形成前后，蒋介石集权的举措不得不有所收敛。省制改革又陷入汪、蒋两派的或明或暗角力之中。

---

① 《中央政治会议速纪录第340次》，1933年1月，中国国民党文化传播委员会党史馆藏，典藏号：中央0340。

② 《内政部提高各厅行政效率》，《中央夜报》第128号（1933年1月28日）第1版。

③ 《今晨行政院会议》，《中央夜报》第122号（1933年1月22日）第1版；《修正地方行政机关组织及改革省制案（1932—1933）》，1933年1月，中国国民党文化传播委员会党史馆藏，典藏号：政11/10。

④ 《主席改省长》，《天津益世报》1933年1月20日第1张第2版。

⑤ 《省府改制案尚未审查完竣》，《中央夜报》第129号（1933年1月29日）第1版。

2 月 11 日，罗文干呈复审查缩小省区案的意见。首先，罗文干赞同缩小省区，“现制省区辽阔，交通类多不便，县治之辽远者或数百里千余里，而遥布令既苦迟延，施政尤难精密。自政府改建以来，治权分寄于各省，寖至尾大不掉，外重内轻”。继而，罗文干指出，“原提案主张缩小省区之意，盖为发展、保育行政之机能兼勒实行军民分治起见”，并催促办理以下两点：（1）重行划分；（2）实施办法。不过，罗文干虽然认为从军权、财权两方面讲，实施缩小省区还比较困难，仍就其管见所及，提出划分标准：主张采用明制分设布政使司、行都指挥司之意以为标准，即于辽宁、吉林、黑龙江、热河、外蒙古、新疆、云南、广西、青海、西康等处沿边或边陲地域，酌划若干区为国防区（西藏另为规划），每区设节度使领之，军民合治；其余均属内地，按旧治二十二行省、三特别区之数酌增三分之一，划分为三十六区至四十区，为行政区，区之名曰州，州设州长领之，绝对军民分治。① 该审查意见于 2 月 13 日送交中央政治会议，14 日送交审查会。

2 月 24 日，中央政治会议法制、政治报告两组开会，审议省行政组织一案。审议结果认为，石委员等提案所举理由颇多可通，但所拟办法甚难尽采，因为“关于省行政制度之改良条件甚多，颇难仅以省府委员制及省长制两点判其优劣”，而且“大抵任何国家之行政制度，无论中央地方，凡足以维系国家之安宁、秩序而资施治之健全、之敏活者，其相辅相成、兴利除弊之组织皆至为周密，断无求全责备一人一机关者”，既然实施省长制已经中央决定，而且《国民政府建国大纲》亦有明文规定，自然属于不可变易之定制，只是应从中央、地方整个组织上作周详妥善之设计，才能革除中国过去省行政长官之流弊，“请将原案连同其他同样性质之提案、建议，一并交行政院妥为筹议具覆，以免将来甫经变更又来纷更”②。

此处所谓“其他同样性质之提案、建议”，主要是指蒋介石提议的《修正地方行政组织案》，当日审查会随即将该案与石瑛等提案合并研究。审查会认为该案，“关于《省政府组织法》修正第五条大体可行，应交立法院妥为修正；其关于《县政府组织法》各点，县组织全部更动，顾虑太

---

① 罗文干：《审查缩小省区之划分及实施办法案意见》，1933 年 2 月，中国国民党文化传播委员会党史馆藏，典藏号：政 11/12.13。

② 《中央政治会议法制、政治报告两组审议省行政组织一案报告》，1933 年 2 月，中国国民党文化传播委员会党史馆藏，典藏号：政 11/10.8。

多，拟请先就组织法中最不利便之点逐渐改良，不必完全更动，详细办法请交行政院妥为具复；其关于划分行政区一层，在剿匪区或临战地区或可暂时权宜推行外，其余普通省区在平常状态之下是否可行，仍交行政院妥议办法再行呈核”①。

3月1日，中央政治会议第346次会议对于上述审议结果均表赞同，并据此决议，“交行政院筹议具复”②。就在同一天，由于当时立法委员当中不乏起草省组织法的鼓吹者，立法院自治法委员会决议，省组织法“俟县市组织法完成后，再行推定委员起草”③。

相较于中枢在省制改革一事上的速度迟缓，彼时江苏省政府对于省制改革已经非常急切。由于1931年7—9月江淮流域发生大水灾以及1932年淞沪会战引起的金融停滞，一向富足的江苏省政府财政一下子变得十分竭蹶，虽经两次紧缩和一度裁员，入不敷出局面仍然未得到根本解决。江苏省政府为求不破产，在开源无方之时，唯有力争紧缩。在继1932年12月6日议决裁撤实业厅，归并建设厅办理后，江苏省政府又根据蒋介石的建议，决定“第一步先从省政府各厅起着手紧缩”④。据此，江苏省政府于1933年1月24日省政府第560次会议通过《江苏省政府暂行编制大纲》和《江苏省县政府组织通则》，规定自2月1日起，重新编制省、县政府组织。其中，省政府组织变更要点为：（1）省政府置民政、财政、教育、建设四厅及秘书、保安两处，各厅处分科治事；（2）在省政府内设立总办公厅，为各厅处每日联合办公之所，省主席及各厅处长逐日联席办公，并将各厅处设置员额分别核减，秘书处由四科改为两科，民政厅由六科改为四科，其余财政、教育、建设三厅缩为三科。⑤

这是一个有别于当时《省政府组织法》的暂行省制大纲，给河南省等财政同样遭遇极大困难的省份起了示范作用。事实上，河南省政府在此后不久也拟具了《统一各厅处文件办法》。江苏和河南两省的做法经行政院

---

① 《政治报告、法制两组对蒋介石提议修改行政机关组织案审查报告》，1933年2月，中国国民党文化传播委员会党史馆藏，典藏号：政11/10.10。

② 《中央政治会议速纪录第346次》，1933年3月，中国国民党文化传播委员会党史馆藏，典藏号：中央0346。

③ 《立法院自治法委员会第三届第二次会议议事录》（1933年3月1日），《国民政府立法院会议录》（四〇），第289页。

④ 《苏省府紧缩》，《中央日报》1933年1月23日第2张第2版。

⑤ 《苏省县政改制在即》，《中央日报》1933年1月26日第1张第3版。

第 90 次会议决议，连同行政院政务处签注的行政院意见，一并交到中央政治会议核议。3 月 22 日，中央政治会议召开第 349 次会议，核议江苏省呈送的《江苏省政府暂行编制大纲》及附件《省政府总办公厅办事规则》、河南省政府呈送的《统一各厅处文件办法》等。因为主席汪精卫认为“本案内关系甚大”，结果决“交法制组、政治报告组审查，由戴传贤召集，审查时，行政院派员列席说明”①。

缩小省区案方面也因为迟迟无果而出现波澜。3 月 25 日，河南省第九区行政督察专员公署第一次行政会议，根据会员右福均等人提议，直接呈送中央及主管机关，请求在豫、鄂、皖边区内建立一省。② 中央政治会议秘书处在收到该案后，连以缩小省区案已交行政院，而且该请求未经三省政府呈拟意见，建议将此案交行政院分饬三省政府议复。不过，3 月 29 日中央政治会议第 350 次会议在核议此案时，与会蒋、汪两派人物均持反对态度：汪精卫认为此案关系变更地方组织，行政院无权审议，但可贡献意见，建议“还是改为讨论事项，决定交付审查的好”；石瑛认为“关于缩小省区，中央全会已有成案，但未实行，盖以国难期中，纷更不便也。现豫鄂皖‘剿匪’事宜，应令该省政府努力进行方为有济，与省区之大小并无关系”，主张该案不能成立；吴铁城和孔祥熙亦分别以该案为行政督察专员大会径向中央提案，未经河南省政府，或所涉三省省政府对此无意见呈送为由，主张不予讨论。结果决议，“并案交行政院议复”③。行政院对于河南第九区行政督察专员公署这种越序电呈的议复结果，决定一面遵照中央政治会议决议，将此案交由内政部议复，一面依照行政院颁《行政督察专员暂行条例》，以“行政督察专员公署系省政府指挥监督，如有所陈请，应由省政府呈转”为由，电令河南省政府申饬。④

4 月初，行政院根据中央政治会议决议，将石瑛等提案审查报告、司法部部长罗文干意见书、蒋介石所提《修正地方行政组织案》，以及河北

① 《中央政治会议速纪录第 349 次》，1933 年 3 月，中国国民党文化传播委员会党史馆藏，典藏号：中央 0349。

② 《中央政治会议第 350 次会议记录》，1933 年 3 月 29 日，中国国民党文化传播委员会党史馆藏。

③ 《中央政治会议速纪录第 350 次》，1933 年 3 月，中国国民党文化传播委员会党史馆藏，典藏号：中央 0350。

④ 《中央政治会议第 352 次会议记录》，1933 年 4 月 12 日，中国国民党文化传播委员会党史馆藏。

省民政厅厅长魏鉴对全国内政会议提案，一并分交各部详细拟议。[①] 至4月下旬，各部会将对改省长制案签具意见先后呈交行政院，“闻大体决定改省长，内设民、财、教、实四厅或四司，短期间即将实现”[②]。4月22日，内政部咨文各省政府，要求督同各厅筹议集中政令办法，切实实行。[③]

尽管尽力想法找寻各部会对于此案的意见，无奈事与愿违，笔者仅见到司法行政部对于改省长制案签具的意见。该意见系由该部部长罗文干所拟，着意于规定省政府“内而与中央各机关之关系，外而与绥靖主任之关系，下而与县政府之关系”，主要包括以下内容：

（1）关于省长及各厅长任用权规定，省长由行政院院长提出，特任；各厅长经各主管部开单陈保，由行政院遴选，简任；各厅长到任后，省长察其不胜任时，有呈请调免或纠弹权。

（2）关于省长及各厅长资格规定，省长及各厅长人选，须学稔、品望并重，绝对以文人为限，并回避本省籍。

（3）仿效清代幕府制，省政府设秘书厅，除荐委科长、科员外，秘书及其他幕僚（如顾问之类），皆由省长聘任，各厅秘书亦同。

（4）除首都为特别市，直隶于内政部外，其他市政府直隶于各该省政府。

（5）厉行军民分治，绥靖主任驻在地由国民政府指定，不以省行政区为绥靖范围，专司军事，不得干涉民政。

（6）省长除统辖全省警察、保障地方治安外，兼任军事委员会委员，遇必要时有权指挥调遣军队。

（7）在行文上，效仿明清中央阁院部对各省督抚均用札、各省督抚对阁院部用咨呈之旧制，中央各院对省长用令，各部对省长用札，省长对各院用呈，各部对省长用咨呈，省长对绥靖主任用札，绥靖主任对省长用咨呈。

（8）县政府县长回避本籍，并改局为科，除委用科长、科员外，其秘书由县长聘任。

（9）鉴于各省省区辽阔、县区远近悬殊，以及交通不便，在缩小省区

① 《中央政治会议速纪录第351次》，1933年4月，中国国民党文化传播委员会党史馆藏，典藏号：中央0351。
② 《改省长制短期间即将实现》，《天津益世报》1933年4月22日第1张第2版。
③ 《内政公报》第6卷第17期（1933年5月26日），第712—713页。

新制未施行前，采明分守道、清兵备道旧制，在省区内划分行政区，每区暂时布政督察司司长一人，由内政部、各省省长保荐学稔、品望并重人员充任，简任，职司察吏、保安兼管水利、堤防等固有事务，并兼参军处参军或参谋本部参谋等职，有权指挥、监督辖区军警。①

至 4 月底，内政部根据各部会意见，对石瑛等提议“取消省府委员制改为省长制”以及蒋介石提议“修改地方行政机关组织”等案，反复进行研究后，决定改革省制原则五项：（1）改设省长制，同时应减少行政费，增加事业费；（2）集中各厅、督查（察）专员于省长公署，现有行政专员一律改在署内工作，于必要时分发各县视察，不必多设一级机关；（3）拟改现时民、财、教、实四厅为四司；（4）拟添设政务厅长一人，协助省长处理全省事宜，仿佛各部设政务次长制；（5）省长绝对以文人担任。② 实行省长制，统一事权及军民分治为其核心。

本诸上述原则，内政部最终拟具出《改革省制具体方案》，并附具说明书，于 5 月 17 日送交行政院审核。方案共计十五条：

（1）确定省政府为整个的省行政机关；

（2）确定中央各主管部会为直接监督省行政机关，凡属于各部会主管事务，统须由各部会对省政府直接互相行文，各部会用咨、省政府用咨呈，其设有主管部会之中央各院对省政府，以及中央各部会对各省主管厅，均须避免直接行文；

（3）省政府职权由中央列举规定，凡未列举之事项，非属中央，即归县政府；

（4）改省政府委员制为省长制，省政府设省长一人，为全省最高行政长官，所有全省政务均由其负责；

（5）省长为特任职，由行政院院长提请任命，内政部部长副署；

（6）省政府设政务、财政、教育、建设、警务、土地等厅（其中警务厅、土地厅系必要时设置），上述各厅，除政务厅外，在有特殊情形省份，如不能完全设置时，其掌理事务得于政务厅设科或按其性质并入他厅设科办理；

---

① 罗文干：《审查取消省府委员制改为省长制以利行政案意见》，1933 年 4 月，中国国民党文化传播委员会党史馆藏，典藏号：政 11/10.9。

② 《省长制提请实行》，《扫荡》（旬刊）第 7 期（1933 年 5 月 10 日），第 31 页。

(7) 省政府添设政务厅厅长一人，辅佐省长处理政务，省长因事请假时，由政务厅长代行其职务；

(8) 各厅厅长均为简任职，政务厅长由省长遴选三人咨呈内政部审择一人转请任命，其余各厅厅长均由省长遴选三人咨呈相应主管部审择一人转请任命；

(9) 政务厅内设秘书4—8人（其中1人为简任，余为荐任）、参事2—6人（其中1人为简任，余为荐任）、督政6—12人（其中1人为简任，余为荐任），关于民政及不属于其他各厅主管事务，统由政务厅办理；

(10) 政务厅各项简任、荐任职员，由省长遴选合格人员呈经内政部转请依法任命，其余各厅荐任职员，由省长遴选合格人员呈经主管部转请依法任命；

(11) 省政府各厅，除直接管辖机关（如财政厅之于各税收机关、教育厅之于省立学校及图书馆、建设厅之于水利局、工程处、国货陈列馆、农事试验场等）得发布厅令，直接指挥外，所有对外公文，统须以省长名义行之，各厅对县市政府以及对县市政府之各局或各科，均不得直接发布厅令，须以省令行之；

(12) 各厅均为省政府之一部，政务厅必须设在省政府内，其他各厅亦以在省政府合署办公为原则，或因房屋狭小不便合署办公时，所有各厅向省长请示事件暨省长批答或交办事件、与各厅相互商洽事件，应一律免除繁杂手续，毋须以呈令及咨文行之；

(13) 凡以省长名义发出的各厅主办文稿，统须送政务厅，经审核完竣，由省长判行；

(14) 各厅主拟各种单行法规章则，统须送政务厅，经参事审核完竣，呈政务厅长批阅，转请省长核定；

(15) 各厅对于各县市办理主管行政，认为有必要督促或考察时，应陈明省长，交政务处派督政予以督察。①

据上可知，《改革省制具体方案》只是部分地接受了石瑛等人、蒋介石提案以及司法行政部的意见，如第4条规定改委员制为省长制，省长为全省最高行政长官，对全省政务负责，各厅长直接对省长负责（石瑛等提

① 《行政院内政部公函行政院秘书处为奉交拟议关于改革省制各案遵即拟具具体方案送请转陈核示由》，《内政公报》第6卷第20期，第776—781页。

案)；第12条省府各厅实行合署办公（蒋介石提案)；第5条省长为特任职，由行政院提出（司法行政部意见）等，对于内政部此前所拟的《改革省制原则》，也仅采纳一条（第7条)，即省政府添设政务厅长一人，辅助省长处理全省事务。

除此之外，方案更是在以下方面提出了新的规定：(1）坚持地方制度只有省、县二级，省政府、县政府均为整个的行政机关，省政府内设各厅只是省府的辅佐机关而非下级机关；(2）明确中央各院及各主管部会与省政府及各厅之间的统系，中央各主管部会为直接监督省行政机关，中央各院对省政府以及中央各部会对各省主管厅均不得直接行文，力图避免各主管部会越过省政府一级直接对各省主管厅实行监督，以及各省政府为避免主管部会干涉，将本系各部会主管事务径行呈院；(3）省政府职权由中央采列举法规定，力图改变因省政府对于中央及各县地位不明了，造成省权无限制膨大，而中央与县权均甚小的局面；(4）将省之地位等同于美法之州、日本之府县，规定省长由行政院提请任命的同时，须由内政部部长副署；(5）省府设厅方面，力图恢复以往设四厅之旧制，将民政厅与秘书处合二为一为政务厅，并考虑到中国幅员辽阔，各省财政贫瘠、事务繁简不同，规定除政务厅外，其他各厅不能设置时，可在政务厅设科或按其性质并入他厅设科办理；(6）注意明确省政府与各厅、政务厅与其他厅之间的关系，并针对江苏省设置总办公厅及河南省统一各厅处文件办法，对公文办理作了具体规定。

很明显，具体方案并没有严格按照其所确定的改革省制原则，一个突出的表现就是它没有改各厅为司。当然，具体方案除规定以省长为省政府最高长官，充分保证省长的地位与权威外，主要侧重于规定省政府与中央院部、各厅间，以及各厅与直辖机关、各县市间的关系，而对于省政府与国民政府之间的关系则付之阙如。与现制相较，最大的相异点为，该案规定省政府为整个机关，省政府内部组织以民政厅与秘书处合二为一。

至5月底，有报纸探悉："改革省制方案由内政部拟订，已送行政院审查，俟送立法院修正后，即可公布实施。"① 不过，因日本入侵热河并进攻长城各关，华北局势再度紧张，几经交涉，中日双方在5月31日签订《塘沽停战协定》，不仅引起华北将领的强烈反对，西南方面及冯玉祥也伺

① 《改革省制方案内政部送院审核》，《申报》1933年5月23日第2张第7版。

机活动。行政院无暇审议改革省制案。

至6月中旬，局势渐趋稳定。内政部基于本部集权的考虑，想改变当时省政府各厅长人选多由各该省政府主席推荐，再经南京国民政府任命的局面，在行政院第38次会议上，重提省政府各厅长人选应由各主管部提出，已经任命者应补送详细履历交主管部审查，得议决“交由内政、财政、教育、实业、铁道各部部长会同审核，再提出院议，由内政部长召集”。旋由内政部拟订该部审核各省民政厅厅长人选办法请求核示。6月16日，行政院开会审查该办法，对该案四项办法均略有修正。[①] 随后，内政部在此基础上拟具《审查各省政府厅长人选暂行办法》7条。7月4日，行政院第114次会议通过该案，并根据政务处签注“此项办法系属暂行性质，可由院公布施行，呈府备案，不必经过立法程序”，于7月7日以院令予以公布。[②]

暂行办法除规定各省政府厅长人选择定标准以及禁止出任的情况，还规定厅长选择及任命的程序：厅长人选由行政院院长或主管部部长按标准提出，如由其他关系机关长官保举者，须由保举机关或长官开具详细履历，并说明有无禁止各种情况，呈经行政院交付主管部或关系部负责审查，再交由主管部或关系部部长密呈行政院核定，提出行政院会议通过转请任命。[③] 该办法强调中央各部在各厅长人选选择上的权力，实际上剥夺了省政府特别是省主席在厅长人选确定上的特权，有意恢复国民政府建立初期所确定的中央各部与对应厅的上下关系。

前述交由内政部、行政院议复迟迟未见结果的缩小省区案，也因陈立夫整理积案，再度引起注意。6月14日，中央政治会议政治报告、军事、法制、财政等组开会，将前经各组特务秘书研究过的缩小省区案进行审查。考虑到当时缩小省区在事实上一时难以实行，与会者多主张“本案暂不宜提出报告”（叶楚伧）或搁置（陈果夫、居正、石瑛），但丁超五主张应提出，“因省区应缩小，为颠扑不破之理论”，陈肇英也认为“应先定国策，应在代表大会前拟具具体方案，且为宪法草案根据，并应与军区案同时决定”，结果审查会认为“本案关系重大，有专门研究必要，拟请由

---

① 《行政院审查民厅长任用暂行办法》，《申报》1933年6月17日第3张第10版。

② 《行政院审查各省政府厅长人选办法》，1933年7月，台北“国史馆”藏，典藏号：001－0120430－011。

③ 蔡鸿源主编：《民国法规集成》第37册，黄山书社1999年版，第125页。

本会议认为可由聘请专家先研究具体方案，再提出讨论”[①]。

6 月 21 日，中央政治会议第 362 次会议在对此审议结果进行核议时，甘乃光认为划分省区与划分县区有关，研究划分省区必先解决县区问题，经戴季陶提议“可复行政院转交内政部研究”，决议“由常务委员决定专家人选，并函行政院饬主管部（即内政部）秘密呈报对本案意见”[②]。

6 月 29 日，内政部密呈研讨意见，认为国内已有行政督察公署等组织可以辅助省政府权力之不能及，而且重划辖区“恐市虎杯蛇，易启猜疑”，“全国缩划省区，事实上不能同时举办”，主张一面由中央政治会议延聘海内历史、地理、政治、经济专家，会同主管部、会议负责人员从事研究，拟具极完善、极精密的具体方案，一面由内政部随时督促各省市县继续整理现有区域，并切实调查人口、面积确数及其他实际情形，尽量贡献材料及意见以备采择。[③]

至 8 月初，报章传出“关于缩小省区案，经中央研究结果，一时尚难普遍实行，闻拟暂行择定江苏一省划分为二省，先行试验，如能推行尽利，再次第实施”的消息。[④] 王清穆在得悉此消息后，即于 8 月 12 日致电国民政府主席林森、行政院院长汪精卫，认为分省关系甚大，未得苏人多数同意，不可实施。对此，行政院只好函复辟谣，“关于缩小省区一案，现尚在中央政治会议慎重研究中，并无先从江苏着手之说，报载显有未实。该王清穆据电称各节，似应毋庸置议”[⑤]。不过，至 9 月又有报纸称：“南京政府鉴于现在之省区过于庞大，而各省首席之权力殊大，不听政府命令，极其专横，故内争不绝，实有不容易统治之现状，故将一省区分为二、三省区，使其缩小，以制限省首席之势力。现作成具体案，经政府慎重审议决定后，豫定当于明年实习。”[⑥]

---

① 《陈委员立夫等对缩小省区一案的审查报告》，1933 年 6 月，中国国民党文化传播委员会党史馆藏，典藏号：政 11/12. 14。

② 《中国国民党中央执行委员会政治会议函行政院请饬主管部秘密陈述对于缩小省区之意见》，1933 年 6 月，中国国民党文化传播委员会党史馆藏，典藏号：政 11/12. 15。

③ 中国第二历史档案馆编：《国民党政府政治制度档案史料选编》下册，安徽教育出版社 1996 年版，第 342—344 页。

④ 《缩小省区案将从江苏着手》，《申报》1933 年 8 月 10 日第 1 张第 3 版。

⑤ 《王清穆请勿实施缩小省区》，1933 年 8 月，台北“国史馆”藏，典藏号：001 - 051110 - 001。

⑥ 《国府缩小省区案明年着手实行欤》，《盛京时报》1933 年 9 月 21 日第 3 版。

9 月底，中央政治会议将改设省长制问题交由行政院征求关系各部意见。内政部以省长制度早应实行，俾资实现军民分治，拟具改设省长制须注意各点，呈复行政院，请即督促执行：（1）设立仿佛以前之参议会，或名参政会；（2）各厅及汇总，因省长事繁，个人不克顾及，应设置政务厅（或其他），协助办理全省事宜等，完善组织以求完全而无流弊。①

至 10 月中旬，更有消息称，“三中全会时议决之省府改省长制，现经行政院发交各省市局及朝野名流征求意见，再付审查通过，呈送中央政治会议交立法院审议，再提五中全会，至早二十四年方能实施”②。

很显然，南京国民政府对于改革省制，因为内部派系意见出现了两种不同主张，亲蒋派倾向取消省政府委员制，改行省长制，而粤派则主张缩小省区。不过，两种主张均因牵涉面过广，相应筹划不免进展迟缓。由于南京国民政府对改革省制的筹划迟未见有结果，“剿匪”省区的特殊省情促使蒋介石开始对省制改革进行筹划。

三 蒋介石对省制改革的筹划

1933 年 5 月 21 日，在赣督师“剿匪”的军事委员会委员长蒋介石成立军事委员会委员长南昌行营，统一指挥赣、粤、闽、湘、鄂五省军队，围剿朱德、毛泽东领导的江西红军。根据 6 月 20 日国民政府颁布的《军事委员会委员长南昌行营组织大纲》，行营不仅处理赣、粤、闽、湘、鄂五省“剿匪”，还可监督指挥“剿匪”区内各省党政事务。③ 在南京之外，实际另成一政治中心。蒋介石就任后，接纳蒋廷黻“中国地区辽阔，风俗各异，统一工作不妨分成若干阶级进行，第一先建立一个真正核心地区，其行政要优于其他不直接属于中央政府控制的地区”④ 的建议，决定“主全力剿匪及经营长江各省”⑤。

---

① 《内政部拟对省长制的意见》，《申报》1933 年 9 月 29 日第 2 张第 5 版。

② 《省府改省长制后年方能实施》，《申报》1933 年 10 月 12 日第 3 张第 11 版。

③ 中国第二历史档案馆编：《国民党政府政治制度档案史料选编》上册，安徽教育出版社 1994 年版，第 466 页。

④ 蒋廷黻英文口述、谢钟琏译：《蒋廷黻回忆录》，（台北）传记文学出版社 1959 年版，第 147 页。

⑤ 高素兰编注：《蒋中正总统档案·事略稿本》第 21 册，台北“国史馆”，2005 年，第 271 页。

蒋介石在发表“三分军事，七分政治”的“剿匪”方策后，以县政改革在地方政治进展上意义重大，有节省省府经费，以资助县府之意。9月28日，蒋介石电令豫、鄂、皖、赣等省政府，要求各省：（1）将省政府及各厅处尸位冗员和骈枝机关大加裁并，所节省经费拨充县行政经费之用；（2）已设行政督察专员省份，所属县长黜陟、奖惩，参采专员考核，一切重要政令、文书尤应经专员转饬手续，并拟具体实施办法电复。①

10月4日，湖北省政府主席张群率先复电蒋介石，认为“机关经费本现行组织而定，若于现行组织省除层递呈转之烦，自收裁员减政之实。县政本省政之一部，若省政不加整饬，亦难收刷新县政之功”，并条陈省政府组织、行政专员组织，以及湖北省对于县政经费1933年度暂行补助办法三方面意见：

关于省政府组织，张群认为省政府委员制改省长制，“兹事体大，非旦夕可竣”，建议“取便于现制之下，先行合署办公”来解决省制存在的问题：（1）省政府各厅处在现制下先行合署办公，一切文书皆以省政府名义行之，各厅处主管事项由各厅处长副署；（2）合署办公后，各厅处上对主管部、省政府，下对各县政府，以及各厅处相互间，可省去往来层转文件之烦，人员、经费自可节省一半；（3）省政府所属，除保安处经费应按军事机关编制另议外，综计湖北省政府及四厅经、临各费，全年共约一百二十万元，若能节省半数，移作各县县政经费，即可使县政经费增加二分之一，即使有出入，其差数应当不大；（4）此制果能实行，不仅节省经费，而且上可省政府收统一意志之效，下免各县政令纷繁之苦。

关于行政专员组织，认为现制行政督察专员兼任驻所县长，其立法本意是假专员之力整饬县政积弊，实际上专员地位虽与各厅相等，考察之际却难以督责，且人才各有局限，长于政事者未必知兵，勤于民事者或疏于察吏，专员一人身兼保安司令和县长，不仅才力难兼，精力亦恐未逮，主张专员不兼摄驻所县长，并对专员制度加以变更，使其以保安司令为本职，并兼司督察各区，区划亦以“剿匪”军事为主裁，并为四五区，使户口、面积大略相等。

---

① 《蒋委员长筹划改革省县政制》，《申报》1933年10月14日第3张第9版。

关于县政经费暂行补助办法，认为县政经费亟待增加，不便迁延不决，主张在本年鄂省预算已定后，将专员所兼县之外各县，不分县等，自本年下半年度开始，每县每月补助三百元，由省库先行拨发，再筹抵补；至于县政经费分配、县长及所属职员的待遇，以及任期考绩、应兴革事项，再饬各厅详议呈核。①

本来，三项建议中，张群认为县制最为重要，“因一切政治之实施、推行均在县，省及中央仅为设计及督促”，并寄望社会各界研究如何增加县政的实际效能。② 张群所提省政府合署办公的建议，实系因蒋介石下令节约省行政经费一半，增加县行政经费之令所发，试图通过省去对内、对外公文往复过程中的手续来节省经费，着眼点仍在补充县政经费，不过倒也契合了蒋介石急欲将流弊迭现的省府委员制改革为省长制，而省制根本改革又并非旦夕可竣，先试验省政府各处厅合署以为过渡，确实不失为一个好办法，因此得到蒋介石的重视。

10 月 9 日，蒋介石对张群的条陈意见复电指示，认为张群对于“省府及专员现制之改革所拟办法，不为无见”，并分别核复：

（1）照准县政经费暂行补助办法；

（2）否决张群所拟“专员不必兼摄县长”的提议，“着毋庸议”，因为他坚持，“专员兼任驻在地之县长，为专员制度存在之惟一条件，如只任督察，不兼县治，则与已往形同赘疣、不符名实之道尹无殊”③；

（3）对张群所拟省政府与各厅合署办公以谋求减省经费的办法表示赞同，并力主在将省政府委员制改为省长制之前先行实施。

但因省政府合署办公事关系改制，蒋介石对于其中得失推敲至详，并在复电中指出：

（1）省政府及各厅处合署办公，可以在相当程度上矫正以前处理文书、发布政令时隔阂、矛盾、重复、迂滞等通病；

（2）合署办公有无容纳省政府及各厅处于一堂之公署？如无公署地点，只能集合各厅处主干人员等到省政府承值，则省厅处间办事依然散漫混淆；

---

① 《问题中之省政改制》，《大公报》1933 年 10 月 22 日第 3 张第 9 版。

② 《张群建议之省制改革案》，《大公报》1933 年 10 页 18 日第 1 张第 3 版。

③ 周美华编注：《蒋中正总统档案·事略稿本》第 23 册，台北“国史馆”，2005 年，第 280 页。

（3）无公署地点，即令由省政府总收总发一切文书，分办后仍概须省主席核行、厅长副署，但省主席一人精力有限，如认真钩稽必多积压，如草草了事又全失行政监督作用，且厅处若处分不当，省主席即不能再行中止或撤销，救济无法；

（4）相较于中央各部事务而论，省级政务更为繁多，向例各部司署尚且因所属机关较多得发署令，各省厅令恐亦不能完全废止，即使在民、财、教、建四厅间，彼此情形抑或各有不同，尤应妥为厘定。①

蒋介石所指出的上述四点，皆为具体问题，考虑到当时虽有苏、浙等省试行省政府合署办公，但是未见大效，为集思广益计，蒋介石也将张群的建议以及自己对于省政府合署办公的意见要点，一并分电豫、皖、浙、苏、赣、陕、甘等省（即所谓“革命的省份”）省主席，要求各省省政府共同研究其中利弊，签注意见具复。②

至11月底，江苏、甘肃、安徽、浙江、河南等省主席先后呈复中央及蒋介石。按复电的时间先后，整理列表如表3—3所示。

表3—3　　各省政府主席对于省政府合署办公之呈复意见

省主席	意见要点
江苏省陈果夫	1. 从法制上言，省长制较现制为优； 2. 前省主席顾祝同任内采同署办公原则而设总办公厅，未见其利而弊却多； 3. 为求处理文书便捷，惟有于行文手续方面谋求改进； 4. 拟废止总办公厅，遇必要时则召集有关系之主管长官或全体委员举行谈话会，共同商酌各项要公及施政方针。③
甘肃省朱绍良	现行省政府委员制虽不优于省长制，在根本改革尚待规划之时，应以省长制精神维委员制政体，即省政府与民政厅应先行合署办公，其余财政、教育、建设各厅仍各独立，重要事件由各主管厅长随时尚承省政府主席决定施行。④

① 周美华编注：《蒋中正总统档案·事略稿本》第23册，台北“国史馆”，2005年，第276—278页。

② 《蒋电各省主席征询改善省政意见》，《申报》1933年10月13日第1张第3版。

③ 《蒋中正电刘峙朱培德等转达苏省陈果夫回复关于省府合署办公办法问题研究利弊》，1933年10月，台北“国史馆”藏，典藏号：002-090102-00011-123。

④ 《朱绍良电蒋中正省府合署办公问题似应以省长制之精神维委员制之政体折衷参酌以求适宜》，1933年11月，台北“国史馆”藏，典藏号：002-080200-00130-114。

续表

省主席	意见要点
安徽省刘镇华	1. 合署办公在精神不在形式，民国以来合署办公及分厅办公均已实行，结果利弊互见，皆因有合署形式而无统一行政精神； 2. 现制省行政机关，府、厅分为两级，虽与政治原理不合，但因吾国省域辽阔，且历代官制均有两级制精神，此制一时不易变更； 3. 现行委员会制下，兼主席与各兼厅长均系省政府委员，应以省政府名义发布省令，由各主管厅厅长副署，各厅与直辖机关之令不得与省令抵触； 4. 为求手续简易敏捷，由某厅主管之省政以及由某科主办之县政，只须于文首加某厅或某科案呈字样，直接由县政府上之省政府，由省政府上之中央各主管部会； 5. 省政府秘书处规模既狭，专家亦少，审核各厅、处案件，殊难确定准驳，应提高组织，多延揽专门人才。①
浙江省鲁涤平	1. 现行省制之弊：各厅、处本为省政府组织中一分子，因积习相沿，形成两级，中央各部会认为省中各厅、处为其直属机关，互相直接行文，省行政系统不明，省政府权责不专，以致发生隔阂、矛盾重复、迂滞、浮滥诸弊； 2. 改善现行省制的办法：各厅处长直接对省政府绝对负责，对上下行文概以省政府名义，由主管厅、处长副署，实行合署办公，集结各厅处于省府内。②
河南省刘峙	根据过去事实，现行省制实有改革必要。解决办法分根本改革与临时补救两项办法。其中，根本改革办法，首先实行中央缩小省区及改行省长制之决议案，再徐谋改正县区面积；临时补救办法：（1）在未改省长制以前，清楚划分省政府与各厅权限，（2）废止督察专员制度，以增进县政效率。③

据表3—3可知，各省对于蒋介石所征询的两个问题颇能发挥尽致。在已复各省主席当中，对于省政府合署办公的态度各不同，大体可以分为三类：（1）赞成实行省政府合署办公，如甘肃省朱绍良、浙江省鲁涤平；

① 参见周承考《剿匪区域改革地方行政制度平议》，《汗血月刊》第9卷第1期（1937年4月1日），第2页。

② 周美华编注：《蒋中正总统档案·事略稿本》第23册，台北“国史馆”，2005年，第466—468页。

③ 《河南刘主席呈复改革省制意见》，《安徽民政公报》第31期（1933年11月），第23—25页。

（2）主张采用合署办公的精神，如安徽省刘镇华；（3）反对省政府合署办公，主张实行省长制，如江苏省陈果夫、河南省刘峙。即使在朱绍良与鲁涤平、陈果夫与刘峙之间也存在差异。虽然朱与鲁都赞成实行合署办公，但朱主张以省长制精神维委员制政体，省政府与民厅先合署办公，财、教、建各厅仍各自独立，重要事件由各主管厅长随时商承省主席决定施行；鲁主张各厅处长对省政府负责，且对上对下行文上皆以省政府名义，并由主管厅处长副署。陈果夫虽认为合署制不易见效，不过同意在行文手续上谋求改进，主张在必要时通过召集有关系之主管长官或全体委员举行茶话会，商酌各项要事和施政方针。刘峙认为湖北省主席张群合署办公的动因在于补县政经费之增进，实际上节省经费有限，合署困难殊多，主张改革省制，实行缩小省区和改行省长制，但考虑到一时难以实施，又提出明确划分府厅权限作为临时补救办法。

各省省主席态度的各异，实与彼此处境以及经历、认识之不同有关。陈果夫于 1933 年 10 月 3 日受任江苏省主席，并于同年 10 月 12 日正式就职。在他看来，省政府“办公之应分应合，及分合到什么程度，本来视工作性质及其需要而定。分合本身无所谓好与坏。若不问条件，只顾合署，流弊所及，自然的使省主席或秘书长大权独揽，各厅、处遇事承命，与分层分责之义，大相违背，效率反而降低”。正因如此，陈果夫才会在当时盛行一时的合署办公声中，仅仅加强了省厅联系，改善些行文手续，并没有实行合署办公。① 浙江省主席鲁涤平的态度，则与其先前曾在浙江省试行省政府各厅处联合办公，集合各厅处主管人员在省政府承值，但因未能有容纳省政府及各厅处于一堂之合署，在事实上无甚效果的经历有关。当接到蒋介石电时，浙江省即派专人积极筹划在适当地点建筑房屋，以便省政府各厅处全部迁入，合并办公。②

上述各省省主席对于省政府合署办公的意见虽有出入，不过均认为省政府实行委员制，于委员中指定一人为主席而总其成的制度，有研究修正之必要，并倾向从制度上实现由省政府委员制到省长制的转变。“蒋委员长决，俟各省呈复到齐后，核定办法，分令遵行。”③ 但不知为何，江西省

① 陈果夫：《苏政回忆》，台北正中书局 1951 年版，第 91 页。

② 《浙省府计划实行各厅处合署办公》，《中央夜报》第 390 号（1933 年 10 月 17 日），第 2 版。

③ 《鄂省庶政谈》，《大公报》1933 年 11 月 30 日第 1 张第 4 版。

主席熊式辉、陕西省主席邵力子却迟迟不见回复。

当然，这种乐观的观察更多适用于南京政府直接控驭的省份，在非南京政府直接控驭的省份情况则大不相同。譬如山东省政府主席韩复榘就认为省长制、委员制均很好，为政在人。[①] 事实上，何应钦因在10月底北平政委会召集冀、鲁、晋、察各省主席会议时，韩复榘与其“详谈起对中央表示尚好，惟谓欲救国家真正和平统一，必须上下免除隔阂，欲谋免除上下隔阂，必须中央与地方权责分明，界限划清，方能除之，以及一切之纠纷”，以及主张联省自治的李石曾亦曾与各重要将领对华北事变有所商谈，认为“（1）为实现和平统一起见，中央与地方采总理均权制度，详细规定办法以资遵守；（2）基于前项主旨，应即裁减军队，缩减行政机关，肃清土匪云云”，向蒋介石建议，“对于现行省制究应如何加以改善、中央与地方之权限究应如何划分，实为目前切要之问题，似宜由中央早有通盘整个之决定，俾资全国遵守，以免各人自作主张，创立门户之见，影响统一全局”[②]。蒋介石随即除复何应钦“以现在华北各省自相惊扰之原因，是否规定省制，便可消除，尚属疑问，事关通盘计划，已转告兄从长计议”外，同时致电行政院院长汪精卫，请其“详为核议，统筹具体计划”。[③]

不过，汪精卫认为，持改革省制即能改善中央与各省关系，实现国家统一论调之人忽略了两点：(1) 从内政言，各省之所以轻视中央，即在于中央尚未造成中心势力。中央此时唯有极力整理沿江各省，使政治经济建设卓著，成功统一必然可期，在未做到以前，对于各省只能忍耐。此时与之言改革省制，直是与虎谋皮。(2) 从外交言，强邻见我不肯屈服，正在四处游说分离，一在削我权威，一在示我以形势，使我知彼所以交涉并不专在一方，各省得此背景自然更趾高气扬，亦绝非改革省制能使之就范。总之，“今日内外情势只在各省轻视中央，并非中央凌驾各省，中央此时只有剿匪与建设，方能渡此难关。改革省制非徒无益，且将惹起纠纷”[④]。

至11月初，据内政部民政司长王先强言：“各方对于省长制组织条例

① 《韩复榘谈省制》，《申报》1933年10月16日第1张第3版。

② 《何应钦电蒋中正北平政委会召集会议讨论关于国家统一、中央与地方权责划分与华北军事问题》，1933年10月，台北“国史馆”藏，典藏号：002-090102-00011-115。

③ 周美华编注：《蒋中正总统档案·事略稿本》第23册，台北“国史馆”，2005年，第329—330页。

④ 《汪精卫电蒋中正》，1933年11月，台北“国史馆”藏，典藏号：002-08020-00129-153。

意见已函送到部者甚多，经由本部分别详细审查参订，已于日前呈送行政院转送中央政治会议交行政法规整理委员会[①]整理，逐条研究，去短采长，重加修正，然后送立法院。尚须相当时期始能发布。”[②] 因内政部认为“此种政制之改革须视其是否与地方需要及情形相符合”，曾电询各省政府意见，结果除云南、贵州、广东、广西、四川西南五省外，其余各省皆电复，认为省长制之利甚多。有报纸预测，“恐将成案，向四中全会提出，若能决定通过，则省主席制即行废止而复活省长制”[③]。

一些省份不再满足于表态，而是直接付诸实施。

11 月底，浙江省政府为办事统一起见，经蒋介石批准，决定自 12 月 1 日起实行变更行文手续，各厅处不直接对外行文，一切公文概由省主席署名，各厅处长仅副署。[④]

广西省政府以“为办事敏捷，节省经费、人力、时间而增大行政效率”为由，积极建筑省政府合署，并定于 1934 年 1 月 1 日起将民政、财政、教育、建设四厅及秘书处迁并合署，规定：（1）此后各该厅均不得对外发布厅令，对外行文一律以省政府名义，由省主席署名行之；（2）省政府发出文电以民、财、教、建、秘五字分类编号；（3）各机关来文均送省政府，毋庸分致各厅，如答复文件，应声明接到某字第几号文字样；（4）国省税、部分统税、盐税等各类票照，仍钤用财政厅印。[⑤]

与此同时，湖北省省政府与各该厅处分别讨论后，认为当时虽不能实施合署办公，但“于行政务求增加效率，公文务求简捷，以期促进政务，因定二十三年度先行于公文方面试行合署”，具体办法为：“由秘书处将全部公文改编，凡民政、建设、教育、财政各厅处与省府间之往来公文，如呈文、指令等等，概以签条行之，所有各厅施政成绩及工作报告，概以省

---

① 1933 年 2 月，中央政治会议根据蒋介石、戴季陶、宋子文、孙科、朱家骅等人提议，以现行行政法规应加以整理，特决定组织行政法规整理委员会，并推戴季陶等 15 人为委员，戴季陶为委员长，孙科、宋子文为副委员长，5 月 13 日正式成立。

② 《各省府议改省长制已交行政法规整理会审查》，《中央日报》1933 年 11 月 6 日第 1 张第 2 版。

③ 《各省皆赞成改为省长制不日即可送交立法院》，《中央夜报》第 433 号（1933 年 11 月 28 日）第 1 版；《中国改革省制国府作案将提四全会》，《盛京时报》1933 年 12 月 12 日第 2 版。

④ 《浙省府变更行文手续》，《中央日报》1933 年 12 月 1 日第 1 张第 2 版。

⑤ 《本府通电省政府定于二十三年元旦合署办公并规定此后行政手续由》，《广西省政府公报》1934 年第 1 期（1934 年 1 月 1 日），第 22 页。

府名义编制，由省府汇总。”①

四 《地方行政制度改革案》的提出及各方反应

1933 年 11 月 20 日，陈铭枢、李济深等发动福建事变。胡汉民及西南军政人员联名通电痛斥陈、李等。粤宁关系有所缓和。12 月 15 日，胡汉民发表对时局宣言，提出军权集中中央、军人不干涉政治以及采均权制割分中央及各省政权等八项主张，得到西南政委会和孙科支持。西南各中委据此拟订改革政治案作为国民党四届四中全会提案。与此同时，“沪中委向全会提案，主张汪蒋胡均专任中政会常务委员，不兼任其他职务，如事实上万不获已，蒋得兼任陆海空军总司令，地方权限应较现在稍扩大，俾地方事务可以放手建设”②。蒋介石也有改革中央政治的诉求。他于 12 月 3 日致电汪精卫，指出：“中央各机关各行其是，随处皆呈既不能令又不受命之现象，无不速为改善，则中央政局无待他人推倒，恐自亦将瓦解，实可痛心，恐为一切忍耐处之，如何设法改善，并盼妥筹电示。”③ 湖北省主席张群也对记者表示：“除在轮船初拟就整理地方政治之方案外，惟有在各项旧案中泽其急于施行者加以检点，俾于四中全会时提出讨论。”④ 改革政制，增加各省政府权限，实行均权共治，是当时各方对于国民党四届四中全会的主张与期待。

(一)《地方行政制度改革案》的提出

1934 年 1 月 20—25 日，国民党四届四中全会在南京召开。全会在 1 月 20 日决议通过依据胡汉民主张所拟的改革政制案，该案包括中央与地方实行均权制度，即“凡事务有全国一致性质者划归中央，有因地制宜性质者划归地方，不偏于中央集权或地方分权”。在此气氛影响下，内政部部长黄绍竑因见“内政部迭经草拟改革省县制度具体方案呈请核定，至今未见议定颁行。现在地方行政不能立上轨道，原因甚多，而实以制度不良为其最大症结”，联合内政部常务次长傅汝霖、政务次长甘乃光、河南省主席刘峙、湖北省前主席何成濬以及湖北省主席张群等，向大会提出《地

① 《鄂省府实行公文合署》，《大公报》1934 年 1 月 10 日第 3 张第 9 版。

② 《四中全会明日开幕》，《大公报》1934 年 1 月 19 日第 1 张第 3 版。

③ 周美华编注：《蒋中正总统档案・事略稿本》第 24 册，台北“国史馆”，2005 年，第 24 页。

④ 《张群谈鄂税收锐减》，《中央日报》1934 年 1 月 17 日第 1 张第 4 版。

方行政制度改革案》。

提案指出现有地方制度中，“以市制为后起，比较优良，其余现行省县制度缺点甚多，为增进行政效率起见，实有积极改革之必要”，其中省制存在诸如省与中央各主管部会间关系不明、省政府委员制责任不专、省政府各厅组织庞大、省政府与各主管厅政令纷歧，以及省政府本身组织不合理等缺点，均足以妨害省行政进展，并拟具一套省制改革方案以供采择：

（1）确定省政府为整个的省行政机关。

（2）省政府设省长1人，代表中央政府，监督国家法令执行，同时为全省最高行政长官，并监督所属执行全省政务。

（3）省政府设副省长1人，辅助省长执行全省政务，并在省长有事不能执行职务时，代行省长职权。

（4）省政府设三司两厅（即总务司、民政司、财政司、教育厅、建设厅），其中各司须设在省政府内合署办公，教育、建设两厅在特殊情形省份亦得于省政府内设司办理。

（5）各司厅均为省政府之一部，对外行文统须以省长名义行之，但教育、建设两厅对直接管辖机关得直接发布厅令（对县政府不得直接发布厅令）。

（6）省政府设秘书2—4人、法规专门委员2人，承省长、副省长之命，综核各司厅文稿及法律案件，并办理其他交办事件；设督察2—6人，督察全省各县市地方行政。

（7）省设省议会及省参事会，省议会闭会时，由省参事会在一定范围内代行其职权。

（8）省参事会由省长、副省长、各司厅长，以及省议会选出的3—5名参事组织，定期开会，以省长为主席，省政府秘书、督察得列席会议。①

上述省制改革方案在改革省制存在的诸多缺点的前提下，大有回复民国北京政府时期省制之趋向：明确省政府乃一整体，为中央政府的外派机关；改省政府委员制为省长制，并在省府之外另设省议会与省参事会。

需要说明的是，在此前行政院内政部所拟《改革省制具体方案》中，

---

① 黄绍竑等：《地方行政制度改革案》，1934年1月，中国国民党文化传播委员会党史馆藏，典藏号：政11/11.1.1。

民政、财政、教育、建设各厅仍旧设立，并添设政务厅长一人，协助省长处理全省政务。及至此时，该案略有修改：除教、建两厅仍旧存在外，添设副省长一人及政务厅，政务厅内设总务、民政、财政三司，副省长兼政务厅长，协助省长处理一切，并设参事会及省议会。①

前已述及，改革省制一案，早在国民党四届三中全会通过，交由行政院拟具意见。此次由内政部与部分“革命省份”的省政府主席联名提出的《地方行政制度改革案》之改革省制案，只是旧案重提，根据国民党四届三中全会决议附加组织意见而已，值得讨论的是“乃在促其实现”：②

1 月 22 日，大会提案审查委员会政治组在审查该案时，委员之中对于组织内容中省长之外应否设置副省长，以及省政府所属各厅是否仍一律沿用厅名，抑或一部分改名为司（教育、建设等仍用厅名，其他如民政、财政等改司）均有两种意见：“（一）主张省长下设省长者，有主张无须设副省长者；（二）省政府以下各厅仍沿用以厅为名者，有主张教育、建设等仍用厅名，其他如民政、财政等改司”，结果“尚未大体决定，亦交由中政会详加讨论”。③ 在此基础上形成审查结果，认为“取消省政府委员制改为省长制之原则，业经三中全会议议决通过，现应责成督促政治会议议定实行日期。本案省制改革部分，其中如副省长之设置及司厅并设制等项虽多可商，但大体可供政治会议制定省政府新组织法原则之参考”④。1 月 23 日，国民党四届四中全会全体会议第二次会议根据审查意见，通过各省政府改委员制为省长制短期实行等案，交政治会议核议，规定实施日期。⑤军民分治亦附着该案讨论。⑥

与之相配合，内政部部长黄绍竑又将第二次内政会议呈请修正《省政府组织法》第五、第十、第十四各条条文，以及将省政府原设四厅改设三厅或四厅等，检同原案及修正草案，提交 1 月 24 日第 84 次行政院会议，决议“通过，送政治会议”。⑦

---

① 《省制即将改革立法院将修改省组织法》，《申报》1934 年 2 月 1 日第 2 张第 8 版。
② 《张知本谈四全会感想》，《申报》1934 年 1 月 29 日第 3 张第 9 版。
③ 《张群昨晨来沪谈改革省制案正进行》，《申报》1934 年 1 月 28 日第 3 张第 11 版。
④ 《全会今晨三次大会》，《中央日报》1934 年 1 月 24 日第 1 张第 2 版。
⑤ 邵元冲著，王仰清、许映湖标注：《邵元冲日记》，上海人民出版社 1990 年版，第 1078 页。
⑥ 《何成濬返汉》，《申报》1934 年 2 月 2 日第 3 张第 11 版。
⑦ 《行政院决议案》，《申报》1934 年 1 月 25 日第 2 张第 8 版。

当时各方对于改革省制案极其乐观。不仅报纸刊出某主管者的观察："闻各方对于该案均极重视，力促实行，最短期间即将令立法院修改省组织法重新制定以便施行，大约本年下半年方可实现云。"[①] 而且某中委亦对记者表示："中政会对于改革省制案即将次第实行，惟各省省长不多所更易，大都以现任之省政府主席改为省长，而仅去其二三不兼厅长之空额委员，故实际无多大变动也。西南方面最近亦有电报来京，决当遵照中央，且粤桂两省厅长亦将从新听候中央任命，俾实现真正政令统一云云。"[②] 另据某要人称："改革省制案，本年内可望实现。至缩小省区案，原与改革省制并案实行，现以改革省制较易实现，而缩小省区事前须有相当时间的准备，故须俟改革省制实现后再着手筹划划界，依原定计划，全国划为五十余省。"[③]

不过，作为该案连署者之一的张群却对该案较为悲观。他在会后返回汉口后接受记者采访时表示，改革省制虽经国民党四届四中全会通过原则，交中央政治会议草拟组织法，但因各地情况不同，"外传建教两厅存在，设副省长兼政务处，辖总务、民政、财政三股说，未免言之过早"[④]。张群实际注意到该案在实施层面上的困难之处。

2 月 7 日，中央政治会议第 394 次会议讨论省制改革案。与会的政治委员在讨论定期实行省长制时意见发生分歧：行政院院长汪精卫主张根据各省的不同情形确定各省实行省长制的时间；内政部政务次长甘乃光主张先由中央政治会议制定省政府新组织原则，交立法院制定新组织法公布之后，再定期实行；邵元冲主张省政府组织原则可由政治会议指定委员起草，同时决定实行时期。委员间的分歧原因主要在于所属派系及所处位置不同，彼此对于政治会议、立法院、行政院以及各省省政府，在《省政府组织法》起草过程中究竟充当什么角色存在不同认知。

为求将此案通过并早日实施，甘乃光提议，一面由行政法规整理委员会初步草拟组织法原则，一面由行政院将组织法草案大体决定后，分交各省政府签注意见，然后由行政院汇齐修改原拟草案，再送政治会议参考制定原则。由于行政法整理委员会在此之前对省县组织法已有长时间讨论，

---

① 《省制即将改革立法院将修改省组织法》，《申报》1934 年 2 月 1 日第 2 张第 8 版。

② 《改革省制案即实现》，《中央夜报》第 498 号（1934 年 2 月 1 日）第 1 版。

③ 《改革省制本年内可望实现缩小省区须经相当准备》，《天津益世报》1934 年 2 月 6 日第 1 张第 2 版。

④ 《张群程其保抵汉张谈改革省制尚须相当时间》，《中央日报》1934 年 2 月 4 日第 1 张第 3 版。

此议得到交通部部长朱家骅及戴季陶赞同，但立法委员陈肇英认为，若由行政法规整理委员会起草条文，则立法院将无所事事，仍主张由中央政治会议指定委员起草原则。最后会议调和各方意见，“佥以案关变更各省政制，其实施日期或早或迟均属至要，究竟原提案内所列举改革省制之办法，如设副省长、设行政督察（专）员、设各司、合署办公诸端，是否完善无缺，各省政府当局依其实际经验当有良好之意见以资征询”①，决议：“（1）将原案交行政院分发各省，限三个月内陈述意见；（2）函行政法规整理委员会将整理就绪之省制及县制两部分呈报本会议；（3）俟各省意见及行政法规整理委员会呈报到后，再推定委员起草修正省政府组织法原则”。②

中央政治会议态度如此谨慎实属必要。事实上各省，尤其是非南京政府直辖各省，对于省政府委员制改为省长制之意见模棱两可。如河北省政府主席于学忠认为，省制改革既经决议通过，应即从速实行，但“以为委员制虽能集思广益，其弊在易于意见分歧；省长制虽能专其责成，但为领袖者不得其人，反不如委员制之为愈”；对于设副省长办法，于学忠认为，“易滋弊端，并将妨害政权统一云”③。而在韩复榘看来，省长制虽尚是一种理论，将来终将实现，就鲁省而言，“政治粗上轨道，各委员意见亦甚一致，凡事均能合作前进，无论委员制省长制当均无不可，惟是委员制度事无大小必须取决于会议，往往有时间上之不经济，倘改为省长制度，遇有重要事件仍须与各厅开会互相商议，不致有专制之流弊，其余例行普通事件不必经过会议，省长即可办理一切，效率上必能增加”④。

（二）各方对于改革省制案之意见

当时国民党中央鉴于各省情形不同，对于是否各省同时改革省制，多持保守态度。据某当轴称，该案自经国民党四届三中全会通过后，“因须衡量实施之步骤致未见诸事实。中央之所以一再郑重考虑者，乃为变制后各省政府之设厅或设司等问题。因是项目问题颇堪研究，倘如过去不问省区之大小及政务繁简、范围相同洵多不称之弊，乃为行政得失上之重要关键。兹中央方面月来广征各方意见，已具相当端倪，故编制问题将先由

① 《改设省长制案交各省研究》，《中央日报》1934年2月9日第1张第2版。

② 《中央政治会议速纪录第394次》，1934年2月，中国国民党文化传播委员会党史馆藏，典藏号：中央0394。

③ 《于学忠对省制之意见》，《大公报》1934年2月10日第1张第3版。

④ 《韩复榘谈改革省制》，《盛京时报》1934年2月22日第3版。

江、浙、鄂、赣推行”[1]。很快又有消息证实：“改行省长制案，自经四中全会决议交中政会议后，中政会已指定委员数人负责研究，现在尚未完竣，俟中政会有所决定后，尚须通过立法程序，是改行之期最近尚未谈不到，外间传闻自属揣测之词云。”[2]

事实上，2月9日，中央政治会议根据2月7日的决议责成行政院通令各省陈述关于省制意见，并函文行政法规整理委员会报告所整理的省制县制法规。2月17日，行政院遵照中央政治会议的决议，电令各省政府在三个月内陈述对于省制改革案的意见。[3]

2月21日，行政法规整理委员会提出《改革省制具体方案》。方案共11条，其主要内容如下：

（1）确定省政府为整个的省行政机关；

（2）确定中央各主管部会为直接监督省行政机关，凡属各部会主管事务，统须由各部会对省政府直接互相行文，各部会用咨，省政府用咨呈；

（3）省政府职权由中央规定，采列举主义；

（4）省政府设省长1人，为简任职，由行政院长提请任命、内政部长副署，代表中央政府监督国家法律执行，同时为全省最高行政长官，指挥监督所属机关执行全省政务；

（5）省政府设政务、财政、教育、实业四厅，除政务厅外，在特殊情形省份，上述各厅如不能完全设置时，其所掌事务得并入政务厅或他厅办理；各厅各设厅长1人，简任，辅佐省长处理政务；另设参事2—4人、督察2—6人，均荐任；

（6）省政府各厅除对直接管辖机关得直接行文、指挥外，其余对外公文，统须以省长名义行之；各厅对县市政府以及县市政府各局科均不得直接发布厅令；

（7）省设省参议会，省参议会组织法及参议员选举法另定；

（8）省政府设省政会议，由省长、各厅厅长及省参议会成立后互选代表2—4人组成，秘书、参事得列席会议。[4]

---

① 《改省长制将先由江浙鄂赣推行》，《中央夜报》第519号（1934年2月22日第1版）。

② 《改省长制案中政会尚在审查中》，《中央夜报》第522号（1934年2月25日第1版）。

③ 《省制改革案征求各省意见》，《申报》1934年2月18日第1张第3版。

④ 行政法规整理委员会：《改革省制具体方案（附说明）》，1934年2月，中国国民党文化传播委员会党史馆藏，典藏号：政11/11.1.2。

为了明了行政法规整理委员会提出的《改革省制具体方案》与内政部所拟《改革省制具体方案》、黄绍竑等提《地方行政制度改革案》的异同，列表如下，见表3—4。

表3—4　行政法规整理委员会、内政部《改革省制具体方案》以及黄绍竑等提《地方行政制度改革案》之省制改革部分对照

行政法规整理委员会拟《改革省制具体方案》	内政部拟《改革省制具体方案》	黄绍竑等提《地方行政制度改革案》省制改革部分
一、确定省政府为整个的省行政机关	一、确定省政府为整个的省行政机关	一、确定省政府为整个的省行政机关
二、确定中央各主管部会为直接监督省行政之机关，凡属各部会主管之事务，统须由各部会对省政府直接相互行文，各部会用咨，省政府用咨呈	二、确定中央各主管部会为直接监督省行政机关，凡属各部会主管之事务，统须由各部会对省政府直接互相行文，各部会用咨，省政府用咨呈；其设有主管部会之中央各院对省政府暨中央各部会对各省主管厅，统须以避免直接行文为原则	
三、省政府之职权由中央规定，采列举主义	三、省政府职权由中央规定，采列举主义，不列举之事项，非属于中央者，统应属于县政府	
四、省政府设省长一人，代表中央政府监督国家法律之执行，同时为全省最高行政长官，指挥监督所属机关执行全省政务	四、改委员制为省长制，省政府设省长一人，为全省最高行政长官，所有全省政务均由省长负其责	二、省政府设省长一人，代表中央政府监督国家法律之执行，同时为全省最高行政长官，并监督所属执行全省政务 三、省政府设副省长一人，辅助省长，执行全省政务，于省长有事故不能执行职务时，并得代行省长职权
五、省长为简任职，由行政院长提请任命，内政部长副署	五、省长为特任职，由行政院提请任命，内政部长副署	

续表

行政法规整理委员会拟《改革省制具体方案》	内政部拟《改革省制具体方案》	黄绍竑等提《地方行政制度改革案》省制改革部分
六、省政府设左列各厅：1. 政务厅，2. 财政厅，3. 教育厅，4. 实业厅；左列各厅，除政务厅外，在特殊情形省份，如不能完全设置时，其所掌理之事务，得并入政务厅或他厅主办之	六、省政府设政务、财政、教育、建设、警务、土地等厅（其中警务厅、土地厅系必要时设置），上述各厅，除政务厅外，在有特殊情形省份，如不能完全设置时，其所掌理之事务，得于政务厅设科，或按其性质并入他厅设科办之	四、省政府设左列各司厅：1. 总务司，2. 民政司，3. 财政司，4. 教育厅，5. 建设厅；左列各司须设在省政府内，合署办公；教育、建设两厅在特殊情形省份，亦得于省政府内设司办理之
七、省政府各厅各设厅长一人，简任，辅佐省长处理政务	七、省政府各厅各设厅长一人，辅佐省长处理政务，省长因事请假时，由政务厅长代行其职务 八、各厅厅长均为简任职，政务厅长由省长遴选三人咨呈内政部审择一人转请任命；其余各厅厅长均由省长遴选三人咨呈主管部审择一人转请任命	六、省政府设秘书二人至四人，法规专门委员二人，承省长副省长之命，综核各司厅文稿及法律案件，并办理其他交办事件
八、省政府设参事二人至四人，督察二人至六人，均为荐任	九、政务厅之组织如左： 甲、设秘书四人至八人，其中一人为简任，余为荐任； 乙、设参事二人至六人，其中一人为简任，余为荐任； 丙、设督政六人至十二人，其中一人为简任，余为荐任； 丁、关于民政及不属于其他各厅主管之事务，统由政务厅设科主办之 十、政务厅各项简任荐任职员，由省长遴选合格人员呈经内政部转请依法任命，其余各厅荐任职员就由省长遴选合格人员呈经主管部转请依法任命	七、省政府设参事二人至六人，督查全省县市各种地方行政

续表

行政法规整理委员会拟《改革省制具体方案》	内政部拟《改革省制具体方案》	黄绍竑等提《地方行政制度改革案》省制改革部分
九、省政府各厅除对直接管辖机关得直接行文指挥外，其余对外公文，统须以省长名义行之；各厅对县市政府以及对县市政府之各局或各科，均不得直接发布厅令	十一、省政府各厅除直接管辖机关（如财政厅之于各税收机关、教育厅之于省立学校及图书馆、建设厅之于水利局、工程处、国货陈列馆、农事试验场等等）得发布厅令，直接指挥外，所有对外公文统须以省长名义行之，各厅对县市政府以及对县市政府之各局或各科均不得直接发布厅令，须以省令行之	五、省政府各司厅均为省政府之一部，对外行文，同须以省长名义行之，但教育、建设两厅对直接管辖之机关得发布厅令（对县政府不得直接发布厅令）
	十二、各厅均为省政府之一部，政务厅必须设于省政府内，其他各厅亦以在省政府合署办公为原则，或因房屋狭小不便合署办公时，所有各厅向省长请示事件暨省长批答或交办事件、与各厅相互商洽事件，应一律免除繁杂手续，毋须以呈令及咨文行之	
十、省设省参议会；省参议会组织法及省参议员选举法另定之	十三、各厅主办文稿，凡以省长名义发出者，统须送政务厅，经审核完竣，由省长判行	八、省设省议会及省参事会，省议会闭会时，由省参事会在一定范围内代行其职权
十一、省政府设省政会议，以左列人员组织之：1. 省长，2. 各厅厅长，3. 省参议会成立后，得由省参议员互选代表二人至四人，秘书、参事得列席会议	十四、各厅主拟各种单行法规章则，统须送政务厅，经参事审核完竣，呈政务厅长批阅，转请省长核定	九、省参事会定期开会，以省长为主席，其组织之人员如左：1. 省长，2. 副省长，3. 各司司长，4. 各厅厅长，5. 省议会选出参事三人至五人，省政府秘书、督查得列席省参事会议
	十五、各厅对于各县市办理主管行政，认为有督促或考察之必要时，应陈明省长，交政务处派督政督察之	

据表3—4可知，行政法规整理委员会所拟《改革省制具体方案》，是在1933年5月内政部所拟《改革省制具体方案》，以及1934年1月黄绍竑等人所提《地方行政制度改革案》省制部分的基础之上修改而成：除第一条坚持规定“确定省政府为整个的省行政机关”外，第四条采纳的是黄绍竑等人所提《地方行政制度改革案》省制部分第二条，第二、三、五、六、七、九诸条则或全部或部分地采纳了内政部所拟《改革省制具体方案》的规定，所据理由也相同。但需要注意的是，该具体方案和其他两案的不同之处：（1）将省长由“特任职”（内政部拟案）改为“简任职”，将“省议会”改为“省参议会”，将“省参事会”改为“省政会议”；（2）对于设有主管部会之中央各院对各省政府，中央各部会对各主管厅是否直接行文，以及除省政府职权由中央列举规定外的权力归属，并不明文规定；（3）除将秘书处和民政厅合并为政务厅外，仍坚持《省政府组织法》规定，设置财政、教育、实业三厅。

改革省制只是国民政府统一各省军、民、财三政大权的第一步，据《盛京时报》探悉：“据闻，先实行改革省制以统一各省政权之初步，然后进行成立各地军分会以统一全国军权，再进而整理国税、省税以统一全国财政。”① 尽管如此，至3月上旬，先后有江、浙、皖、赣、湘、豫、冀、鲁、陕、甘、晋等省复电，对黄绍竑等所提《地方行政制度改革案》所列省制改革诸点表示赞同，并陈述意见。“惟西南方面尚无切实表示。据某中委云，中央以此案亟应实现，拟请内长黄绍雄赴粤，与西南各中委及军政当局接洽一切。”②

为了解西南方面对于改革省制的态度，南京方面曾派人赴粤与西南当局进行磋商，不过粤方因改革省制之组织法尚未颁下，未表示任何态度。事实上，西南方面对于省制改革一案极为重视。不过，粤军事当局与西南政委会因为此事发生分歧。当时粤军事当局倾向南京方面，其手下文治派本拟此时造成本席清一色局面，以林翼中为省长，陈维周任财政厅厅长，黄麟书任教育厅厅长，并以欧浦芳继刘纪文为广州市市长。这引起林云陔、刘纪文恐慌，急向妙高台胡汉民求援。胡“立派胡木兰赴省谒军事当局，责其不应自其纷纠。文治派至是乃表示作相当让步，由林翼中赴港谒

① 《西南改革省制系于粤省》，《盛京时报》1934年3月28日第1版。

② 《改革省制案正在整理意见》，《申报》1934年3月11日第3张第10版。

胡，解释一切，有推林云陔任省长而自任副省长之提议”。[①]

胡汉民对于改革省制案，经与林翼中、邹鲁、陈济棠等多次磋商后，主张省长由原任主席充任，西南各省改制后，职权仍由西南政务会议管辖，粤省长属林云陔、副省长为林翼中，由政务会议转请国府任命。[②] 西南政务委员会驻会委员也于2月22日开会，“讨论改省制案甚详，散会后派陈融来港谒胡汉民，征求意见”。不过胡“认为改革政制应重实质，不必拘于形式，今改革省之组织，本属形式之变换，第能否推行政治设施，仍当视主政者之精神如何以为决定，故对于改革省制一事尚无特殊意见表示”[③]。西南政务委员会据此在26日再次讨论改革省制案，结果决定“主张省长人选，政务会有推荐权”[④]。

3月6日，西南政务委员会正式接到南京方面征询对改革省制意见的京电，当即提交西南政务委员会讨论，“大致赞同，仍待李（宗仁）、白（崇禧）表示意见”。西南政务委员会随后又致电粤、桂、黔、滇各省政府，征询对该案意见。[⑤] 结果，桂省“对于改革省制案，认为适合于现在地方环境，表示赞同，盖桂省府已于本年一月一日实行将所属各厅对外名义收回省府主理，与国府改革省制案大致吻合，所差者只组织上略有不同而已。同时，李宗仁、白崇禧亦以个人名义致电政务会，对于改革省制意见有所贡献，大致与国府所拟者无甚出入，惟主张省长人选应由政务会荐委”；滇省龙云“亦电致国府及西南，表示赞成”；黔省王家烈接到西南政务会电后，亦复电表示对新省制案意见以西南之主张为主张。西南改革省制“系于粤省”。[⑥]

广东省主席林云陔早在3月11日即决定组织省政府改制研究会，对黄绍竑等所拟《地方行政制度改革案》进行研究，并拟具意见提出省务会议决定，再呈复西南政务委员会。[⑦] 意见最终在4月24日第117次西南政务委员会会议上提出讨论。意见认为改革方案是基于现有省制存在省与中央

---

① 《省长制与元老派恐慌》，《老实话》第26期，第303—304页。

② 《改革省制案粤方态度如此》，《大公报》1934年2月22日第1张第3版。

③ 《西南改革省制系于粤省》，《盛京时报》1934年3月28日第1版。

④ 《西南政会讨论改革省制》，《申报》1934年2月23日第1张第3版；《西南重视省制案》，《天津益世报》1934年2月27日第1张第2版。

⑤ 《改革省制粤方大致赞同》，《大公报》1934年3月8日第1张第3版。

⑥ 《西南改革省制系于粤省》，《盛京时报》1934年3月28日第1版。

⑦ 《研究省制粤当局拟组织研究会》，《大公报》1934年3月12日第1张第3版。

各主管部会关系不明、省委员制责任不专、省政府各厅组织庞大、省政府与各主管厅政令分歧以及省政府本身组织不合理等不足而提出，自宜以此判断此案是否妥适：

（1）第一款及第二款后节原在明定省与中央各主管部会之关系，然仅属“法”的问题，与制度无关，此项规定原可就现有《省政府组织法》酌加修改，没有必要牵涉整个制度；至于改省政府委员制为省长制，意欲补救责任不专，但背乎集思广益之旨，一经实行，恐弊逾于利。

（2）第四款所定省政府设总务、民政、财政三司及教育、建设两厅，除总务司系由现制省政府秘书处改称外，改革方案实以最重要部分改厅为司，而于事务最简之教育、建设两部则仍照设厅，并明定其发布厅令，如此不仅不能对现制省政府与各主管厅之政令分歧予以改革，更恐滋生纷扰。

（3）第八款只云省设省议会，未言及该会如何组织，事实上，与其作无意义改制，不若待各省完成地方自治筹备后实行民选省长时，再实行省长制。①

很明显，该提案认为，改革省制部分所列各款均不能对现有省制所存问题予以改革，主张在各省地方自治筹办完成并实行民选省长时，再实行省长制。一句话，不愿按照南京方面给出的办法进行省制改革。

至5月初又有消息称，陈济棠、李宗仁等对中央改革省制颇为赞成，决定粤、桂自6月1日起改革省制，“因宪政时期，改为省长制，与《建国大纲》并无抵触。中央要人以各省在中央督促之下努力生产建设之际，如无专任者负责计划，实难收统一之效。现行委员制实有改革之必要，且各省对改革省制无人敢持异议，粤桂两省断不能独异，而破坏行政组织上之统一云”②。这当然是冠冕堂皇的理由。实际是陈、李想“在不触及西南政务、执行两机关撤废问题范围内，以缓和中央对西南要求之意味，决定将实质的利害关系极薄弱之省制断行改革”，仍欲左右局面，内定林云陔、林翼中为粤正、副省长，黄旭初、雷沛鸿为桂正副省长。③

对于改革省制案的命运，孙科在3月底表示，“须待省组织法修正之

① 《地方政制改革案西南之意见书》，《申报》1934年5月4日第2张第8版。

② 《改革省制前途陈济棠等并不反对》，《申报》1934年5月7日第1张第3版。

③ 《粤桂决改革省制》，《申报》1934年5月3日第2张第8版。

后，始可实行”①。至4月初，又有报纸援引行政院政务处长彭学沛谈话，称“改革省制案，各省电已表示赞同，华北各省意见已于目前送到，西南当局亦有数种意见呈报中央，对改革政制均表赞同，并建议详细推行计划。至苏浙皖赣湘鄂等省亦先后呈报意见表示赞同。本院拟日内从事整理，以便呈报中央审议。至实行期，须交明年国民代表大会讨论会方可确定”②。

按照国民政府的原定计划，改革省制，内政部为其主管机关，故派内政部部长黄绍竑自3月底起视察各省，并就地与各省当局研究过去各省省治情形以作参考，为期四个月，先往西北，然后再到其他各省，待其返京后再决定是否改行省长制。③ 然而，黄氏在历经两个月视察西北各省民政后，态度亦趋悲观，认为“变更省制问题，此事非年内短期间所能办到。盖官吏之善良与否，非因改变省制即可使地方治理得法，仍须视人才之如何为断也”④。

事实上，根据1934年2月7日中央政治会议决议结果，各省应在3个月内陈述改革省制案意见。不过直至6月中旬，行政院仍只是接到绥远、山东、浙江、广东、甘肃等省的电复意见。⑤ 随后在行政院再次电催下，又有一些省份陆续回复。至9月15日，行政院仍只接到14省的回复意见（见表3—5）。

表3—5　各省对改革省制之意见⑥

省别	省主席	意见
绥远	傅作义	省改制未久，并无其他特殊情形，关于地方行政制度改革实无意见，将来省制部分如何改进，悉遵中央规定办理。
山东	韩复榘	对于中央改革省制表示赞成。

① 《孙科发表谈话》，《申报》1934年4月1日第2张第8版。

② 《改革省制案各省均表赞同》，《申报》1934年4月5日第2张第6版。

③ 《改革省制案俟黄绍雄出巡后决定》，《大公报》1934年3月17日第1张第3版。

④ 《黄绍雄到沪一月后赴黔滇视察》，《申报》1934年5月26日第3张第10版。

⑤ 《行政院令各省市催复对改革省制意见》，《大公报》1934年6月18日第1张第3版。

⑥ 《各省政府对于地方行政制度改革之意见》，1934年9月，中国国民党文化传播委员会党史馆藏，典藏号：政11/11.1.5；《各省政府对于改革地方行政制度意见》第二宗，1934年9月，中国国民党文化传播委员会党史馆藏，典藏号：政11/11.2。

续表

省别	省主席	意见
浙江	鲁涤平	1. 省长副省长：省长既为全省最高行政长官，并监督所属执行全省政务，似应定为特任官；至副省长，作为辅助省长暨于省长有事故时代行其职务而设，在政务较繁省份固属适宜，在政务简单省份则无特设必要，不必限定普遍设置。 2. 省政府内设各司厅：民、财、教、建四厅原有职权、地位相等，无论为司为厅，须划一名称；又民、财、教、建（厅）均有直接管辖机关，一则得发布命令，一则无此规定办法，亦似欠允协，拟请统一规定，对于直辖机关均得发布命令。 3. 省政府设秘书 2—4 人：原案规定省政府秘书职务为综核各司厅文稿并办理其他交办事件，照现在各厅、处情形而论，如仅 2—4 人，恐文件太多，难于稽核，拟请酌增人数。 4. 省议会省参事会：原案规定省参事会组成人员中须由省议会选出 3—5 人，是必先成立省议会，方可选出省参事会。
广东	林云陔	原案中关于改革省制部分所列各款，对于现制之确定者均不能加以改革： 第一款及第二款，原拟以明定省与中央各主管部会关系，然此仅属法的问题，与制度无关，可就现行省政府组织法酌加修改；至改省委员制为省长制，原欲补救责任不专，然背乎集思广益之旨，一经实行，恐弊逾于利。 第四款所定省政府设总务、民政、财政三司，教育、建设两厅，除总务司系即现制省府秘书处之改称，改革方案竟以最重要部分改厅为司，而于事实较简之教育、建设两部则仍照设厅，并明定其得发布厅令，似此组织既欠整齐划一，更复不切事理，抑于原案所云现制省府与各主管厅之政令分歧一点，固属不能予以改革，更恐或有加甚。 第八款省设省议会，该会如何组织虽未言及，然大抵当属人民自治团体，若省参事会则类于现制之省政府委员会之议，似有原省政府行政会议性质，而原案明定之省议会闭会时由省参事会在一定范围内代行其职权，是不啻以政府代行人民职权，虽省参事会内有省议会成员，名额究属少数，此种办法究竟是否合理，仍尚不无疑问。 抑更有言者，现在各省均已积极筹办地方自治，最近更有限期完成自治结束训政之议，则改行省长制一事，与其现在亟亟于作无意义之改制，不若候诸各省地方自治筹办完成，实行民选省长时行之。

续表

省别	省主席	意见
甘肃	朱绍良	1. 副省长无须设置。 2. 改厅为司。 3. 增置警务司。 4. 各司合署办公。 5. 省议会参事会无设置之必要。
云南	龙云	实业厅意见：省制改革方案（第四条）省政府所设各司厅并未列有实业厅，在省政府组织之下，实业厅之设置似不可少；（第五条）规定，似无转折，反致稽延。 财政厅意见：现今省制改革方案确定省政府为整个的省行政官厅，设省长一人为全省最高行政长官，分设司厅，均为省政府之一部分，对外不出名义，若此组织系统完整，权责明确，惟黔省地处极边，幅员辽阔，而山路崎岖，交通不便，边远县属及设治局距省至三十余日程，今由各厅直接行文，紧急政令常误期会，虽一再展期亦不能厕事，若概以省政府名义行之，名虽减少一级，实则因呈送核行反多一转折而至稽延。
青海	马麟	1. 副省长不应设置。 2. 建、教两厅似应均改为司。 3. 省议会、省参事会均似缓设。 其余各项均甚周详，极表赞同。
江苏	陈果夫	大致尚属妥善，惟改革体制兹事体大，此项方案诚未易网罗周密，将来制定组织法见诸施行，是否仍有其他窒碍与局部扞格，自有待于事实之发现，另修正之补救。
宁夏	马鸿逵	现行省制实有改革之必要，然有特殊情形之省份，教育、建设两厅既得于省政府内设司办理之，则省政府组织各司并列，省长有事故不能执行职务时，自得由总务司长代行职权，而副省长一职，即无设置之必要。
陕西	邵力子	陕省因灾荒过久，各县农村经济完全破产，省县收入均极支绌，倘若实行改革，则各省政府合署办公，省设议会、参事会，或须建筑适宜房屋，或须增加相当薪给，目前均受限于财政，发生困难。
察哈尔	宋哲元	均赞成。

续表

省别	省主席	意见
河北	于学忠	1. 关于省长制，一致赞同。 2. 副省长一职仍可不设，或酌改为秘书长。 3. 原案省政府内设总务、民政、财政三司，教育、建设二厅，仍宜一律称司，以免纷歧，至少应一律设司为原则，明定惟有特殊情形者，始得分置教育、建设二厅。 4. 省长下仍应设秘书长一人，秘书宜改定为四人至八人，以利办公。 5. 省政府内宜设技术专员及其他专门人员若干人。 6. 省政府所设秘书长、各厅长秘书督察及专门委员等，似应规定待遇。 7. 省参事会仍可不设。
四川	刘文辉	1. 原案第一条确定省政府为整个的地方行政机关，省政府设省长一人，极表赞成；第二条设副省长一人，虽曰补助省长，但宜明定权限，免有事权争执；再原案既有总务司，可佐理省长处办机要事宜暨总核日行文件，不设副省长亦可。 2. 原案第四条民政、财政为司，教育、建设为厅：同为各省府直接机关，对外行文统以省长名义行之，职权相等，若改为司，均一律照改，否则仍一律为厅。 3. 原案第七条省政府设督察二人至六人，督察全省县市各种地方行政。此项制度既若前明巡按、前清巡道，自宜明定区域，责其管辖，位省县之间，确成三级制，惟一省之大，仅设四人至六人，似不敷分布。主张远师古制，近法行政督察专员之例，以府为区域厘定职掌，责成办理辖境各项事务。 4. 原案第九条省参事会以省长、副省长、各司司长、各厅厅长、省议会选出参事三人至五人组织，以省长为主席，此皆现职公务，当此民治发扬之时，宜于参事会现职人员外，另行礼聘全省德望素孚，具有司厅长资格之人，畀以咨询策划之任，特设一厅以收集思广益之效（其名为参议厅之类）。
贵州	王家烈	1. 我国省政府地位系位于中央指挥监督之下，一切重要事件均以中央公布法令为准绳，事务简单，范围较狭，似无绝对采用合议制之必要。自国难发生后，内忧外患交相煎迫，非付省长副省长以较大权力必难处置裕如，且改革案内规定省设省参事会以为决议机关，随时商讨省政，于事权集中、政令统一，仍可收合议制之长。 2. 关于省政府所辖各司厅之职权，在草拟省政府组织法时似应详明列举，严格规定，否则推诿争执之弊必难幸免。关于民财两司所管辖机关，似应照教育、建设两厅，得发号施令，庶合署办公后处理主管事项更为直截。

据表3—5可知，除绥远、山东、江苏、察哈尔四省对改革省制案表示赞成，广东一省持反对意见外，其余各省：（1）均赞成省政府实行省长制，不主张添置副省长；（2）对于省政府设司、厅一事，除云南省力主设置实业厅、甘肃省主张增置警务司外，其余或认为应改厅为司，或认为无论为厅为司，均须划一名称；（3）对于省议会、省参事会设置问题，或主张均设置，或主张均缓设，或主张设置省议会、省参事会缓设，或主张省议会先于省参事会设置。

各省态度、主张各异，在当时力求建立中央与地方均权共治的背景下，实际上也就决定了南京国民政府此次对省制改革筹议的最终命运。

五　《省政府合署办公办法大纲》之出台

就在中央政治会议对黄绍竑等人所提《地方行政制度改革案》决议处理办法，南京国民政府随后积极着手准备之时，蒋介石也在南昌行营所辖的“剿匪”省份积极筹划实施其改革省制的主张。

1934年2月21日，蒋介石以考察各省施政情形以增绥靖效率，致电豫、鄂、皖、赣、苏、浙、闽、陕、甘、湘十省民、财、建、教各厅长，限于3月15日前齐集南昌，与各该省行政督察专员听候考询。[①]

行政督察专员制度本是蒋介石在“剿匪”省区推行的一项地方制度改革措施，然而无论是内政部所拟《改革省制具体方案》还是黄绍竑等所提《地方行政制度改革案》，都只字未提，并试图通过在政务厅内设置督政或者督察取代行政督察专员的职责。行政法规整理委员会虽然注意到这一问题，也仅是在附加意见中提及“现行省区太大，中央早有缩小之议，惟因积习太深，一时不易实行”，“厘订地方制度于此应加注意，今拟于各省边隅区域或其他必要地方，逐渐推行行政督察专员制度，划定区域察吏，而外兼理民事，以为将来缩小省区至准备”。[②] 而且将行政督察专员职权定为察吏兼理民事，与蒋介石前颁《剿匪区内各省行政督察专员公署组织条例》赋予行政督察专员军政大权，显然存在很大距离。2月21日，国民党

① 《五省厅长蒋令赴赣听候考询》，《大公报》1934年2月24日第1张第3版。

② 行政法规整理委员会：《改革省制具体方案（附说明）》，1934年2月，中国国民党文化传播委员会党史馆藏，典藏号：政11/11.2。

中央政治会议第396次会议通过《改进地方自治原则》三条，其中第三条“为推行政令，每省至少应设县政建设实验区一处，或分区设实验县若干处，以为研究及实验中心”，更是直接质疑行政督察专员制度的设置必要性。

2月22日，蒋介石以“我国省区辽阔，省区之间上下暌隔，秉承督察两俱难周，爰设立专员制度，以期地方政治之革新与改进”；“施行以来，成效渐着，第经时尚浅、积习未泯，仍不免有视若过去无足轻重之道尹，关于剿匪地方政治之措施及地方财政之整理，省府暨所属厅处与各县间，类皆径行呈令，以致专员情形隔阂，尚不能尽督察之责，殊失设官改制初旨”，乃规定各省厅与行政区及各县关于处理行政事项应遵行五项要求，通令豫、鄂、皖、赣四省遵照办理。其要点如下：

（1）省政府或主管厅处责成全省各县一体举办之重要事件（例如整理保甲、推广某种教育、修筑县道省道、建筑碉堡、整理地方财政、禁烟以及其他含有时间性事项），必须分区督察、限期完成者，应分别令函行政督察专员转令辖县，并分别负责督促办理；

（2）省政府或主管厅处遇有专办事件（例如“剿匪”、清乡、完成仓储、垦荒、修补某段省道、改善保安队、改革某种弊端以及其他有特别性之事项），须责成某行政区所辖各县中之一县单独办理时，应分别令函行政督察专员转令该县遵照，并负责督促进行；

（3）省政府或主管厅处遇有互相联系事件（例如封锁“匪区”、清乡、协剿、协缉、修省道、更正行政区域、厘正插花地亩以及其他有联系性事件），须甲行政督察区与乙所属毗连县份协同办理时，应分别令函各该管行政督察专员转令各该县遵照，并会同督促进行；

（4）有上述三项情形时，各县政府应将办理情形呈请各该管行政督察专员，转报省政府及知照各主管厅处；

（5）各县地方财政收支实况，按月册报该管行政督察专员查核。[①]

以上五项规定，实际上反南京方面忽略行政督察专员制之道而行之，大大地加强了行政督察专员在省政府暨所属各厅处与县政府之间中的枢纽作用。

---

① 《行营规定省厅处与行政区及各县关于处理行政事项应遵行之五点转令遵照》，《江西省政府公报》第80期（1934年3月20日），“公牍”，第27—29页。

行政督察专员会议最终在3月18—20日召开。本来会议的目的是会商“匪区”善后事宜，但会前蒋介石即命“各厅长秘书长专员对于各该省之民政、教育、省府行政及其所辖行政区之一切设施，均备有一简单之书面报告送呈行营”①，其中，江苏省政府秘书长程天放“就省政府制度之改善，建议了很有价值之意见”②。当时恰值南京当局决定特派内政部部长黄绍竑出发巡视，借与各省当局征询改革省制意见以便推行之时，蒋介石改革省制的重心也发生了变化。

3月20日，蒋介石在对与会人员训话时，指出三个“我们现在工作不能生效的、政治不能进步之最大的毛病”，其一即“行政系统复杂，一切事权与责任不能专一”，并开列“权的统一，责任的集中”作为解决对策：“只要不违反中央的法令，政治上一切的事情，凡在省政府职权以内，无论是关于民政、教育、财政、建设那一方面的事情，其事权统要统一集中于省政府。不唯省府如此，下面各专员，甚至各县长都是一样。”③ 当日会议根据蒋介石的指示，议决刷新政治十项重要办法，其中关于“省府改制”的有：（1）统一省政府政令以免分歧，同时提高行政督察专员权位，省政府行令各县政令俱由行政督察专员转递；（2）集中省政府权力，所有各厅处政令均由省政府裁决，以省政府名义施行。④

南昌行营秘书长杨永泰也在会上对行政督察专员制在各省实施后的效果给予了充分肯定，认为“从治安、交通、吏治、财政各方面观察，都有极显著的进步”⑤。他还针对南京方面正在积极筹划的省制改革，在此前与各省省政府负责人反复研究的基础上，提出改善现有省政府组织的六项原则性意见：

（1）彻底合署办公事属必要，如无适当房屋，可将原有各厅处衙署标卖一部分，另建规模宏大的新公署；

---

① 《蒋委员长召集行政长官训话》，《中央日报》1934年3月17日第2张第2版。

② 杨浚熙编：《杨永泰先生言论集》，沈云龙主编《近代中国史料丛刊》正编第98辑（975），台湾文海出版社1966年版，第177页。

③ 周美华编注：《蒋中正总统档案·事略稿本》第25册，台北“国史馆”，2004年，第239—283页。

④ 《蒋委员长在赣召集之行政会议结果圆满》，《中央夜报》第546号（1934年3月23日）第2版。

⑤ 杨浚熙编：《杨永泰先生言论集》，沈云龙主编《近代中国史料丛刊》正编第98辑（975），台湾文海出版社1966年版，第180—181页。

（2）组成整个省政府的机关，除委员会本身外，只应为民、财、教、建四厅及保安、秘书两处，此外不宜再设地位与厅处相等的机关，公安局、土地局、水利局等须归并于各厅；

（3）各厅处除在不抵触省令之范围内，得对其直属机关酌量发布厅处命令外，上对中央部院会，下对专员县长之行文，均应由省主席核行、主管，主管厅处副署，由某厅处主办事项，文首即加某厅处“案呈”字样；

（4）省行政机关府厅分为两级之惯例实有继续存在必要，应由各厅处长直接对省政府负绝对责任，省政府对中央负责任，省各厅处与中央各部会彼此不直接行文；

（5）省政府秘书处应延揽专家，酌量添设参事及设计专员名额，以担任审核各项章则、法规、计划及探讨各种重要问题，但不可使此类人员变为坐领干薪的冗员；

（6）省政府及各厅处如合署办公，必须将原有人员、经费核减一半，并将节约之款移作增加县政经费之用。

杨永泰认为，“现在中央对于改革省制，正在筹拟实行，但欲改定全国一致均可通行的省制，恐一时尚不易办到，如何改革演进，必须经过相当之试验期间，试而有效，然后采之以为定案，公布全国施行，此为最稳健之步骤”，主张以上述原则为基础制订一种方案，由湖北、河南、安徽、江西、福建五省或集会的十一省先行试办。① 其目的很明显，先在南昌行营所属的所谓“剿匪”省区率先按照蒋介石旨意，实施省政府合署办公，造成事实，以为其他省份效仿对象。

至 5 月底，杨永泰依据上述原则将《省政府合署办公办法大纲》以及《各省行政督察专员职责系统划分办法》等草拟完毕，并在与熊式辉熟商后，于 5 月 26 日致电蒋介石，建议“拟提前，一面陈报中政会并电达行政院，分别备案存查，一面即令饬豫鄂皖赣闽五省遵照施行”②。

为求慎重，蒋介石通令安徽、湖北等省，以“现为筹备期间，先宜设立总办公厅以资训习”。安徽省政府奉令后，即在省政府设总办公厅，并颁发办事细则，规定：

① 杨浚熙编：《杨永泰先生言论集》，沈云龙主编《近代中国史料丛刊》正编第 98 辑（975），台湾文海出版社 1966 年版，第 179—180 页。

② 《蒋中正电杨永泰所拟各省府合署办公办法大纲等案照办》，1934 年 5—6 月，台北“国史馆”藏，典藏号：002－070100－00034－073。

（1）总办公厅职员由秘书、保安两处及民政、财政、建设、教育四厅人员组成，各厅处各指派秘书或科长及科员一人，于每日按规定时间到总办公厅商办主管事件；

（2）总办公厅办理通令全省事件、两机关以上会办事件、急要事件及省主席特交事件，均以省政府名义行之；

（3）省政府收到文电后，由秘书长核阅，应由总办公厅转办者，即交主管厅处所派人员拟办底稿，备具正副稿本，由主管厅处长签名盖章，送府交由主管科长签名，送交秘书长核发后转呈主席判行，仍由主管厅处缮写送府印发，正稿存府，副稿由主管机关归档；各厅处应行会办之件，由所派人员会拟办法，呈由主管长官商定后，再推某厅或某处拟办底稿，其送判缮写印发归档均依照应由总办公厅转办者程序办理；应由各厅处承办档中如须先请省政府核示者，应拟具签呈，由秘书长商承主席批示后再行拟稿；

（4）省政府在总办公厅中设收发员一人，所有收到及发交各厅文件均应登薄，由收件人盖章，由所派科员管理。[①] 湖北省在建筑新屋以做合署办公之准备的同时，亦决定在省制未改革之前，设置办公厅，由各厅处派员办公，先行实行统一政令，以后对于各级政府之命令均以省政府命令行之，各厅仅可对各附属机关行令，县政府仅服从省政府命令。[②]

恰于此时，宁夏省主席马鸿逵致电蒋介石及南京政府，汇报该省经历兵燹之后因财政枯竭，为缩减经费和增进行政效率起见，仿照湖北、江苏两省成案，拟定《宁夏省政府合署办公暂行办法案》十条，将省政府所属民政、财政、教育、建设四厅并入省政府，实行合署办公。“自五月一日实行以来，经费节减一半，省制毫无变更，且因处理公文手续去繁就简之故，一切政务随到随办随结，较之从前手续繁杂便利实多。”[③] 马的来电更增加了蒋介石推行省政府合署办公的信心，当即批准了杨永泰的建议。

---

① 《安徽省府设总办事厅》，《行政效率》1934 年第 1 卷第 1 期（1934 年 7 月 1 日），第 33—34 页。

② 《张群谈鄂政情》，《申报》1934 年 6 月 23 日第 3 张第 12 版；《鄂省府决议设总办公厅》，《申报》1934 年 6 月 26 日第 2 张第 6 版。

③ 《马鸿逵电蒋中正自五月一日实行（省）政府合署办公》，1934 年 5 月，台北“国史馆”藏，典藏号：002－0802－00167－106。

7月1日，蒋介石根据杨永泰的拟案，一方面颁布《各省行政督察专员职责系统划分办法》，针对行政督察专员用人、财政、公文各方面职责系统存在的问题，清晰明确省政府与专署、专署与县政府间职责；另一方面致电中央政治会议及行政院，并训令豫、鄂、皖、赣、闽五省省政府，指出现有地方制度存在的三个通病，并开列相应解决办法：

（1）就现制本身观察，头重脚轻、基础不固。具体表现为组织上，省庞大而县简小；经费上，省极巨而县极微；治官机关太多而治民机关太少；傍食高官人员太多而深入民间人员太少，政令均成具文。解决之道，“首在缩小省府之编制，扩大县府之组织，削出省府之节余，移增县府之经费”。

（2）就横的方面观察，省政因省政府各厅处并立分割而濡滞、矛盾、重复、隔阂、推诿、龃龉。具体表现为省政府各厅处骈肩而立，各成系统，各固范围，各私财用，凡属甲厅主管之事件往往不喜乙厅过问，而事涉两厅以上者又往往迁延不决，权则相争，过则推诿，且一切设施多以本厅处立场为出发，各自图其本厅处事业之进展。欲革除上述之弊，“惟有打破各厅处并立分割局面，并为整个一体之省政府”。

（3）就纵的方面观察，省县系统不明，层层节制，省县政府责任不专。表现为省政府与各厅处、县政府与各局科均各截然形成两级，中央部会往往认省之厅处为其直属机关，省之厅处亦认县之局科为其直属机关，彼此行文。解决办法，“必须使整个省府对中央院部、整个县府对省府负绝对责任，省之厅处、县之局科为省与县之补助组织，不能离而为二，一切斜枝旁出之行文办法应毅然废除”。

考虑到今后省意志宜统一、权力宜集中、组织宜紧张、经费宜节约虽为有志之士所共认，但统一、集中、紧张、节约应至何种程度为宜，应以何种方式促其实现，尚须详加考虑和逐步试验，而且全国各省幅员辽阔，关系复杂，政治、文化、经济、地势等各种情形尤难齐一，难以一种通行政制强令同时实施，蒋介石主张在“不离弃现省府组织法及不牵动各省预算案之范围”，先谋求省政府意志之统一，并要求将根据自己与各省政府往复商讨所得制定的《省政府合署办公办法大纲》十四条先在“剿匪”区内豫、鄂、皖、赣、闽五省于两个月内实施，“其他各省经呈请行政院核准者亦得援案准用”①。

《省政府合署办公办法大纲》规定：

（1）省政府及各厅处实行合署办公，将省政府所属秘书处、民政厅、建设厅、教育厅及保安处，一律并入省政府公署内办公，如现在省公署尚无足以容纳所属各厅处之房屋，应于可能范围建筑并入，至少先并入民政厅及保安处，其余则俟公署改建扩充后再陆续加入。

（2）各厅处职权重行划分，除并入省公署内各厅处外，其他直属省政府机关应分别裁并或量为缩小而改隶于主管厅处，各厅处及其所辖各机关之组织以及各科组织之职掌等，均应按照需要重新划定，厉行裁并，减少员额。

（3）对外行文统一于省政府。合署办公后，一切文书概由省政府秘书处总收总发，由主管厅处承办，分别副署或会同副署，签呈主席判行。省政府所属各厅处上对中央部院，下对专员县长或市长，概以省政府名义行之，不得直接往复文书。

（4）省政府及各厅处财务、庶务应集中管理。

（5）省政府秘书处除设科分掌文书、会计、庶务等事项外，之下得酌设技术、法制、统计、公报等室，分别延用专家组织，统办各厅处有关事件。

（6）合署办公所节余的经费应悉数拨增各县行政经费，被裁人员应甄别酌选为县长、区长及其他县佐治人员。②

按照上述规定，除各厅处职权重行划分与改制无关外（因为即使省制仍旧，职权合理的重行厘分也是应当的），其余规定的结果都可以大大增加省政府主席的权限，使省主席在实际上成为省长，秘书处成为发号施令的中心：在省一级开始施行省政府与各厅处合署办公，各厅处长直接对省政府负责，省政府对中央政府负责。合署办公制度实施后，省政府职权因各厅处从以前接受行政院主管各部会领导改为接受省政府的领导得以提高，省政府主席成为各厅处的直接主管，各厅处等于省主席下属各科。该大纲所采取的省政府组织形式，与行政学上的统一制相

① 高素兰编注：《蒋中正总统档案·事略稿本》第26册，台北“国史馆”，2006年，第456—464页。

② 中国第二历史档案馆编：《国民党政府政治制度档案史料选编》下册，安徽教育出版社1994年版，第360—362页。

合，省主席的地位较以前更为重要。但该办法并非根本改制，仅是对现行法律的变通，与省长制度不同，只是走向省长制的一种过渡办法。而且这种办法比径采省长制更为方便，因为它可以随时修改，不像采定省长制后不便轻易更张。

《省政府合署办公办法大纲》是蒋介石改变当时“头重脚轻”政制的重要一环①，但因“蒋委员长以为中国幅员至广，各省情形不齐，若骤以一种通行制度，强令同时实施，又恐削足适履，扞格难行，故以富有弹缩性而先行局部实验为最宜，因而主张暂仅施行于豫、鄂、皖、赣、闽五省，并不遽通行全国”②。

但此法之实施范围绝不限于五省。按照7月12日杨永泰向蒋介石呈报办理经过，“关于本案发出档列后：（1）电呈中央政治会议暨电达行政院核转国民政府备案，（2）训令豫鄂皖赣闽五省政府遵照办理，（3）行知三省总部（即豫鄂皖‘剿匪’总司令部），（4）训令苏浙陕甘湘五省府知照，该省如有合署办公之必要，即查照大纲第十一条所规定，得呈请行政院核准援案办理”③。事实上，大纲亦规定，其他各省当局可斟酌情形呈经行政院核准后，亦得援案办理。蒋介石和杨永泰之意，显然是先在“剿匪”区五省施行，然后再逐渐推及南昌行营所辖省份，甚至全国。对此，冯玉祥7月7日在其日记中记道：“蒋以六（应为‘五’）省改省长制，请国府备案。司马昭之心，路人皆见。”④字里行间流露出担忧。

中央政治会议接到《宁夏省政府合署办公暂行办法案》以及蒋介石电交的《省政府合署办公办法大纲》后，即经第416次会议议决，将后者准予备案，并将两案交与行政院核办。⑤ 7月20日，行政院召集内政、外交、交通、教育、实业等各部会代表对上述两案进行审查，结

---

① 蒋介石除将保安、秘书两处及民政、财政、建设、教育四厅合署办公，提高行政督察专员职权外，还扩大县府及区公所组织、增加经费。

② 《省府合署实为良制》，《晨报》1934年7月9日，转引自《行政效率》1934年第3期，第112页。

③ 《南昌行营第二厅呈蒋中正施行豫鄂皖赣闽省政府合署办公办法案大纲起草经过暨拟办情形》，1934年7月，台北“国史馆”藏，典藏号：002－080200－00438－048。

④ 冯玉祥著，中国第二历史档案馆编：《冯玉祥日记》（Ⅳ），江苏古籍出版社1992年版，第358页。

⑤ 《省制案行政院明日审查》，《大公报》1934年7月19日第1张第3版。

果如下:

(1)《宁夏省政府合署办公暂行办法》“拟由行政院函送中央政治会议，与改革省制案合并讨论”。

(2)修正《省政府合署办公办法大纲》草案，认为如按该大纲第五条规定施行，各部会对于省政府各厅处即不再直接行文，部会命令自难执行，为使中央各部会对于省政府所属各厅处便于指挥监督，提出两套办法:第一种办法为，将该条中“均不宜直接往复”七字删去，并加一但书，“但中央各部会对于省政府所属各厅处执行其主管事务，为便于监督指挥起见，仍得直接令知各厅处遵办，各厅处应分别事务之重轻，或以省政府名义呈复，或由厅处径自呈复，各厅处对于县市各局科亦同”;第二种办法为，嗣后中央各部会对包括“剿匪”区域在内各省政府行文，拟一律改用“令”。[①] 不管哪种办法，其意都在维护各部会组织法中关于各该部会对于各地方最高行政长官执行主管事务时有指示监督之责的规定。

7月28日，行政院第170次会议讨论审查结果，决议:(1)《省政府合署办公办法大纲》应采用第一种办法还是第二种办法，由行政院函商军事委员会后再定;(2)《宁夏省政府合署办公暂行办法》照审查意见通过，并入改革省制案一起讨论。[②]

中央政治会议复议此案时，认为:(1)军事委员会函送的《省政府合署办公办法大纲》既经本会议议决准予备案，自当函知国民政府备案;(2)该办法大纲第五条规定各厅处不直接行文，与现行《省政府组织法》第十七条规定各厅得发厅令抵触，既然行政院正与蒋介石进行电商，而且来函并未将该办法转送，自可候行政院及军委会会商呈报后再行处理;(3)《宁夏省政府合署办公暂行办法》与苏、皖两省前送处理文件办法相似，本会议未予核复，此亦不必核复。[③]

---

① 《省政府合署办公办法大纲及宁夏省政府合署办公暂行办法案审查会纪录》，1934年7月，中国国民党文化传播委员会党史馆藏，典藏号:政11/11.2.8。

② 《行政院为宁夏省政府合署办公暂行办法及军委会省政府合署办公办法大纲经饬据各部会审查提出院会函请查照转呈由》，1934年7月，中国国民党文化传播委员会党史馆藏，典藏号:政11/11.2.6。

③ 《省政府合署办公办法大纲案》，1934年7月，中国国民党文化传播委员会党史馆藏，典藏号:政11/11.2.6。

不过，蒋介石认为行政院所提的两种办法“均有不妥”：依第一办法“则原颁大纲将根本失效，反恐因是转多一层之周章，似与救弊之本旨不侔”；依第二办法则因骤更相沿已久的旧例而“易生疑虑”。同时，他还指出《省政府合署办公办法大纲》规定各厅处不得直接向中央各部会及地方县局往复公文，并未限制中央各部会对主管厅处发令，各部会如认为非以命令宣达则指挥监督无由表示郑重者，自不妨仍以命令行之，只不过各主管厅处在奉令后应转陈省政府才能处理，而且这纯属公文程式问题，主张仿效前清学政对于藩司，既不便用令又不宜用咨，乃有布政使司经历呈堂之办法，“今后中央政令下行，最重要者应由院令省府，次要而属于部会主管者则由（部）会自行酌定，或咨省府转饬厅处，或由部会径令主管厅处，均无不可。第在合署办公之省份，应于令文中附以仰即拟办、转陈省府具复或转陈省府转饬遵行字样，则中央地方均能兼顾矣”①。

关于省政府合署办公后，中央各部会署对于各省政府各厅处行文格式问题，经行政院与军事委员会磋商，最后按照蒋介石的意见，决定：“以后中央政令最要者，由院令省府，次要而属于部会署专管者，则由各部会署酌定，或咨省府转饬厅处，或迳以命令行主管厅处转陈省府转饬遵行。”这一结果经行政院第173次会议决议照办，并分令豫、鄂、皖、赣、闽各省政府遵照，且规定以后其他各省政府援呈请实行合署办公者亦照此办理。②

随后，蒋介石又指示南昌行营依据《诉愿法》草拟《省政府合署办法后诉愿管辖程序办法》，11月经行政院训令公布，规定：（1）不服县、市政府处分，仍以省政府主管厅为诉愿机关、以省政府为再诉愿机关，诉愿由主管厅主办，决定书由该管厅长署名（不受《省政府合署办公办法大纲》第六条拘束），而以省政府名义行之。再诉愿由省政府主办、主席署名行之。（2）按《省政府合署办公办法大纲》第五条规定，省政府所属各厅处分视同省政府处分，如不服此项处分，应向中央主管部会提起诉愿、向主管院提起再诉愿，唯对于《省政府合署办公办法大纲》自发之厅

---

① 中国第二历史档案馆编：《国民党政府政治制度档案资料选编》下册，安徽教育出版社1994年版，第362—363页。

② 中国第二历史档案馆编：《民国时期文书工作和档案工作资料选编》，档案出版社1987年版，第269页。

令，仍依《诉愿法》第二条第二款办理，即“不服省政府各厅之处分者，向省政府提起诉愿，如不服其决定，向中央主管部会提起再诉愿”。(3) 各行政督察专员公署遇有诉愿，仍照豫、鄂、皖三省“剿匪”总司令部普（鄂）字第四二七号指令办理，即“行政督察专员与各厅处在行政地位上同属一级，各厅处受理诉愿时，应对于该管专员为事实上之咨询，专员受理诉愿时，并附具意见移送主管厅处核办”①。

在蒋介石主导下，南昌行营所辖“剿匪”省区开始试行省政府合署办公办法，迈出省制改革的第一步。

第三节 《中华民国宪法草案》起草过程中的省制纠结

自 1933 年 1 月起，立法院在孙科的主导下开始《中华民国宪法草案》的起草，试图顺应当时社会要求早日结束训政、实施宪政时势，借此通过建立分权制及内阁制的政治制度，以防止个人权力的高度集中，分得一部分权力。此举遭到行政院院长汪精卫以及军事委员会委员长蒋介石的反对。最终，在汪、蒋的压力之下，孙科等对《中华民国宪法草案》中有关中央与地方权力划分以及省制内容一再修改，使《中华民国宪法草案》中民主色彩的条文大为删减，反保留着大量具有专制色彩的条文。

一 《中华民国宪法草案》中有关省制起草原则的确立

按照孙中山《国民政府建国大纲》中的规定，革命和建设的程序分为军政、训政、宪政三个时期。孙中山去世后，国民党一再声称遵循这

① 中国第二历史档案馆编：《国民党政府政治制度档案史料选编》，安徽教育出版社 1994 年版，第 368—369 页。注：该书编者将此系于 1936 年，实有误。据《军政公报》第 193 号（1934 年 12 月 15 日）第 13—14 页所示，该办法实际 11 月由行政院训令公布。

一程序。北伐胜利后，实施训政即成为国民政府努力贯彻的工作重心，其最终目标是“促成宪政，授权于民选政府”。1929 年 6 月召开的国民党三届二中全会规定，训政时期为 6 年，到 1935 年完成。不过，由于县自治迟未完成，训政毫无成绩，实距宪政实施甚远。“九一八”事变后，中国国难日趋严重，由外患刺激而检讨内政，制定宪法遂成为各方共识。在内忧外患双重压力之下，国民党四届三中全会为了更好巩固国民党政权，于 1932 年 12 月 19 日修正通过孙科等人所提《集中国力挽救危亡案》，决议饬立法院根据孙中山遗教，迅速起草宪法草案并发表，以备国民研讨，并计划在 1935 年 3 月召开的国民大会上正式议决，并决定颁布时间。

1933 年 1 月，孙科就任立法院院长。① 在他主导下，1 月 20 日立法院依据国民党三届四中全会的决议与《训政时期约法》的规定，决定组织“宪法草案起草委员会”，孙科自兼委员长，张知本、吴经熊为副委员长，并指派傅秉常、焦易堂等 36 人为委员（后又加派卫挺生等 4 人），张知本、吴经熊等 7 人为审查委员，开始宪法草案起草工作。起草委员当中，多为孙科一系的人物。这种局面有助于孙科一系主导宪法内容的规定。

宪法起草委员会成立后，为了营造一种民主气氛，不仅登报征求各方意见和函电国内名流学者发表意见，还聘请戴季陶、伍朝枢、王世杰等为顾问，随时列席陈述意见。宪法起草委员会在 2 月 17 日第 2 次会议决定起草程序及《中华民国宪法草案》研究程序表后，又在 2 月 23 日第 3 次会议上决定分四组进行研究。其中，第三组研究国民大会与四权行使以及中央与地方均权办法等内容，委员为焦易堂、陈肇英等 11 人，召集人为张知本；第四组研究中央政府制度、省制与县制等问题，委员为傅秉常、王孝英等 11 人，召集人为傅秉常。② 孙科派人物占据主导。

从 3 月 2 日起，宪法起草委员会或开小组会议，或举行联席会议，开始对宪法草案研究程序表中各个重要问题的原则进行商议。宪法起草委员

---

① 孙科自 1932 年 1 月 28 日辞去行政院院长职务后，当天即由国民党中央政治会议选任为立法院院长，但一直不到任，院务由覃振代理。

② 《宪草会四组委员决定》，《大公报》1933 年 2 月 26 日第 1 张第 3 版。

会在3月2日对领土问题做出决定：（1）采取概括主义，文字交由吴经熊、张知本、傅秉常等初稿主稿委员决定；（2）非经国民大会决议，领土不得做任何变更。①

中央与地方权限如何划分，省制如何规定为其中另外的两大问题。委员张知本早在宪法起草委员会第三次会议上，就针对审查会所拟宪法草案研究程序表中“地方制度问题”进行说明时，提议确定：（1）中央与地方之权限应如何划分，“关于这一点，总理的主张，是采均权主义。将来我们规定宪法时，是把中央的权都列举出来，余下的权是地方的，还是把地方的权都列举出来，余下的是中央的权，或者把中央与地方的权都列举出来，免得将来发生问题”。（2）省之地位如何规定，“当日总理也说过，省是中央和县联络的一种机关。又说县为自治之单位。将来我们是不是在宪法上规定省是一种转达性质的机关”②。

中央与地方权限采均权制，是孙中山的一贯主张，在国民党四届四中全会上通过的《改革政治案》也重申了这一规定，关键是如何将其在宪法中体现出来。3月31日，第三组开会讨论，考虑到各国宪法对于中央与地方权限的规定，有的把中央与地方权限都列举，有的列举一方面，经过讨论，“以为凡关于全国一致的事项，根据孙总理的话，则由中央立法执行，不是全国一致的事项，因地制宜的事，则归地方执行或地方立法并执行。关于中央与地方的权限，如不列举出来那是中央及那是地方的权限，则两下互相施行权限，中央与地方争议必然很多。所以列举的权限只要与总理全国一致的主张为中央权限不相违背”，最后参照孙中山均权主张与五权宪法，决定把中央的权限列举出来。会议本此议定中央与地方均权分为三种：中央立法中央执行的事项；中央立法执行并可委托地方执行的事项；属于地方性质，由地方立法执行事项。③

4月5日，第三、第四两组又召开联席会议对此复加讨论。联席会议对于所列各款均略有修正，并拟具《中央与地方均权问题原案》，分别列举：由中央立法执行之事项13款；由中央立法并执行或委任地方执行之事项8款；由地方立法并执行之事项1款。且规定中央与地方如有争议应

---

① 《宪草会昨决议领土国体旗色》，《申报》1933年3月3日第3张第9版。

② 吴经熊、黄公觉：《中国制宪史》，商务印书馆1937年版，第107页。

③ 同上书，第155页。

由立法院解决。[①] 这是孙科派立法委员主导下的方案。

4 月 6 日，宪法起草委会召开第 9 次会议，讨论中央与地方权限的划分问题。按理，当日委员只要就所列举的权限是否为全国一致的事项进行修正即可，不期各位委员因为知识背景及个人经历不同，对于中央与地方均权制的理解各异，以致在讨论时发生冲突。委员间对于中央与地方权限划分，大致存在三种意见：

第一种意见，戴修骏主张中央与地方权限均应取概况式，认为依据《建国大纲》，并未说明哪是中央的权限，只说地方以县为自治的单位，因此只要宪法将自治单位列举出来，再定一条“地方权限，除自治单位之权限外，中央可临时赋予”即可；

第二种意见，黄右昌主张地方采列举式、中央采概括式，认为世界各国对于中央及地方权限问题，概括起来可以分为美国式（中央采列举，地方用概括）、奥国式（中央与地方权都列举）及加拿大式（中央用概括，地方采列举）三种方式，中国最宜采纳加拿大的方式；

第三种意见，陈肇英、刘盥训认为，如果中央与地方的权限一方或两方全不列举，而只是概括规定的话，将来争执必定很多，因此为免争执，自应将中央或地方一方的权限列举出来，并主张中央采列举式、地方采概括式，如此一方面能增进自治，另一方面也可以确定中央权限。[②]

宪法起草委员会经过讨论，最后决定采用陈肇英、刘盥训的主张，即“中央事项采列举式，地方事项采概括式”，对于列举的内容则妥协决定，将原案与修正案均交初稿起草委员整理与参考斟酌。[③]

即便同是主张中央采列举、地方采概括，由于派系的不同，对于具体列举哪些，委员内部意见亦不相同。非孙科系立法委员卫挺生、杨公达、丁超五、徐元浩等就对联席会议拟具的《中央与地方均权问题原案》别有意见，并提出修正案，分别列举由中央立法并执行之事项 13 款以及由中央立法并执行或委任地方执行之事项 11 款。见表 3—6。

① 吴经熊、黄公觉：《中国制宪史》，商务印书馆 1937 年版，第 155—157 页。

② 《宪草会讨论中央地方均权问题》，《申报》1933 年 4 月 7 日第 2 张第 6 版；吴经熊、黄公觉：《中国制宪史》，商务印书馆 1937 年版，第 158—162 页。

③ 《宪草会讨论中央地方均权问题》，《申报》1933 年 4 月 7 日第 2 张第 6 版。

表 3—6　《中央与地方均权问题原案》及卫挺生等所提修正案①

<table>
<tr><th>《中央与地方均权问题原案》</th><th>卫挺生等所提修正案</th></tr>
<tr><td>一、由中央立法并执行之事项
（一）外交，（二）国防，（三）国籍，（四）司法，（五）考试，（六）监察（保留），（七）邮政、电报及国营长途电话，（八）铁道、国道、航空及港政，（九）度量衡，（十）币制及国家银行，（十一）关税及其他国税，（十二）国家专营事业及专利特许，（十三）国债及国有财产</td><td>一、由中央立法并执行之事项
（一）民法、刑法及司法，（二）考试，（三）监察，（四）国防与军制，（五）外交与侨务，（六）国籍，（七）度量衡及其他全国应有一致规定之计算制度，（八）币制及国家银行，（九）商标、专利、特许及其他全国应有一致规定之经济权利事项，（十）邮政及其他国营水陆空之交通及运输事业，（十一）国营独占专卖及其他经济事业，（十二）国家工程及关系全国之建设事项，（十三）国有财产、国税、国债及其他关系中央之财政事项</td></tr>
<tr><td>二、由中央立法并执行或委任地方执行之事项
（一）教育，（二）大规模森林、矿产，（三）银行制度，（四）两省以上之水利及河道，（五）沿海渔业，（六）移民及垦殖，（七）户籍，（八）土地制度</td><td rowspan="2">二、由中央立法并执行或委任地方执行之事项
（一）土地制度，（二）户籍，（三）移民与垦殖，（四）教育与文化，（五）卫生防疫及医药，（六）保息与救济，（七）公有矿业及森林渔业，（八）两省以上之水陆交通及水利，（九）银行及其他经济事业制度，（十）财政制度，（十一）其他全国应有一致规定之事项</td></tr>
<tr><td>三、凡属于地方性质之事项由地方制定单行法并执行之。中央与地方有争议时应由立法院解决之</td></tr>
</table>

据上表所见，《中央与地方均权问题原案》和卫挺生等所提修正案所列举的事项中内容多有重合，只是后者除增加列举由中央立法并执行或委任地方执行的事项外，所列举的款项更加具体。卫挺生等人的修正案是不满孙科系立法委员主导该问题的产物。

宪法起草委员会在确定省制起草原则问题上也非一帆风顺。按照4月13日第三、第四组联席会议讨论结果，“因为现在施行宪法的时期与总理的理想上施行宪法的时期不同，而根据省是中央行政区的意思多一点，是以不要定省宪”，决定采省长制度，省长由中央任命。同时亦有

① 《立法院宪法草案起草委员会第九次会议议事录》（1933年4月6日），《国民政府立法院会议录》（四〇），第271—275页。

人担心，如果省长由中央任命，会让一般人觉得仍是相沿旧办法，并没有改革，主张省长由地方选出几个人，再由中央加以指定。[①] 至4月20日，宪法起草委员会在讨论省制起草原则时发生争论。在当日讨论时，宪法起草委员会顺利通过：（1）省无须制定省宪；（2）省应采省长制；（3）省区变更须经立法院议决等原则。但在省长应否由中央任命，以及省是否设参事会两问题上发生了争论。在省长产生的问题上，有人主张由中央任命，多数委员则主张民选，认为省长如由中央任命，不仅不合孙中山遗教，而且在实际上也是弊多利少。在省是否设参事会的问题上，有人主张不设，有人主张改设参议会。后由孙科提出折中办法，将原案予以修正。[②]见表3—7。

表3—7　　宪法起草委员会确立的省制起草原则[③]

小组及联席会议研究的结果	宪法起草委员会决定起草原则
一、省无须制定省宪	照原文通过
二、省应采省长制	照原文通过
三、省长应由中央任命	修正为“省长以民选为原则，但在一省全数之县未达完成自治之前，得暂由中央任命”
四、省设参事会	修正为“省设参议会”
五、省政府之组织以法律定之	本条删并第六条，更订为“省长及省参议员由省民代表会选举之”
六、省参事会之组织以法律定之	修正为“省政府、省民代表会及省参议会之组织以法律定之”
七、省区之变更须经立法院之议决	照原文通过

在该日会议上出现了一个插曲。委员吕志伊等人临时提议，要求复议宪法草案委员会第九次会议关于中央与地方均权问题，认为既然依照孙中山遗教以及中国政制的历史事实，中华民国均宜定为统一共和国，则依据

① 吴经熊、黄公觉：《中国制宪史》，商务印书馆1937年版，第179—180页。

② 同上书，第181—185页。

③ 《立法院宪法草案起草委员会第十一次会议议事录》（1933年4月20日），《国民政府立法院会议录》（四〇），第282—284页。

各国之例，国权宜为概括的规定，而省权可为列举的规定，“况世界进化科学发明日新月异而岁不同，倘中央的权力为列举的规定，以后新发生之事务若有全国一致之性质，且非省之力所能办者，国家若不办理，则有旷时失事之害；若即办理，则有侵权违宪之嫌，而中央与地方之纠纷必愈甚；若因一事发生即须修改宪法，则恐不胜其烦矣”。不过，宪法起草委员会否决了吕志伊等人的提议，仍维持原案。①

二 《中华民国宪法草案初稿》中的省制规定

宪法起草委员会在确定宪法上各问题的原则后，因国民党中央决定提前召集国民大会，也缩短了宪法草案的完成时间，决定5月1日起开始起草。孙科相继指定张知本、吴经熊、傅秉常、焦易堂、陈肇英、马寅初、吴尚鹰等为初稿起草人。4月21日，初稿起草人召开会议，推吴经熊为初稿主稿人。吴经熊随即根据宪法起草委员会讨论确定的原则，用一个月时间拟就《中华民国宪法草案初稿试拟稿》（世称“吴稿”）。经孙科同意，吴经熊于6月7日以私人名义在各大报章公开发表，征求各方意见。

吴稿共分5编214条，其中第3编第4章为关于地方政制的规定，内分省、县、市三节。对于省制，吴稿规定：（1）省设省民代表会，由全省各县市参议会选举代表组成，代表全省人民行使省政权，其职权包括：选举省长与省参议员、向中央提请罢免省长、向省长提议罢免省政府所属公务员、审核省政府政治报告、对于省政府提出质问、就与本省有关系的事项向中央提出意见、其他依法律应属于其职权范围内的事项；（2）省设省政府，由省长及所属各行政长官组织，省长一方面受中央指挥，执行省内的国家行政，一方面代表省民，监督全省县自治，省长由省民代表会选举三人，提请国民政府择一任命，但在没有达到完全自治的省份，由国民政府直接任命；（3）省设省参议会，由省民代表会选举省参议员组织，职权包括议决省预算决算及募债、议决省单行法规、建议省政兴革事项、审议省长交议事项以及其他依法律应属于其议决的事项。

① 《立法院宪法草案起草委员会第十一次会议议事录》（1933年4月20日），《国民政府立法院会议录》（四〇），第282—284页。

吴稿把“中央与地方关系”专设为第3编第5章。该章本诸均权原则，划分中央与地方权限，其中由中央立法并执行事项13项，由中央立法执行或由地方执行事项12项，其余未列举事项由地方立法并执行，但其性质与中央及地方均有关系者得由中央立法执行或委托地方执行，或由中央规定规则，由地方立法并执行。该章还规定中央对于地方所征租税可以立法程序制定原则，中央与地方合力兴办事业以及关于军队、警备队的规定。该章最后特别规定地方政府制定的法规，如与中央政府依本宪法制定的法律抵触者无效；对于中央与地方权限争议，则由专设的国事法院解决。①

就省制及中央与地方之关系的规定而言，吴稿大体不出宪法起草委员会所确定的宪法起草原则范围。稍须说明的是，在其所列举“由中央立法并执行”事项及“中央立法执行或由地方执行”事项中，较多采用卫挺生等所提修正案，并将“监察”（宪法起草委员会原案列为保留，修正案改为由中央立法并执行）以及地方制度，定为“由中央立法或委任地方执行事项”。此外，吴稿还有意采纳孙科等在1932年12月向国民党四届三中全会所提案中设省民代表会的主张②，不仅规定省民代表由各县市参议会选举产生，而且对省民代表会会期、职权有所改变，规定每年8月1日自行开会，会期一个月，另可召开临时会议，职权也大为扩大，可以选举省长、省参议员并向中央政府提请任免省长等。

吴稿一经公布，“批评之作，不一而足，有见于各报章的，有见于各杂志的，有见于专书的，意见之纷歧、思想之繁赜，可谓众矣”③。按胡适的观察，所有意见当中大体毁多誉少，主要是因为该草案“太示人以不宽大，条文也太繁”④。

当时除吴经熊所拟初稿之外，宪法草案初稿起草人张知本、陈肇英及陈长蘅等亦各拟有初稿，其中以张知本遵照孙中山遗教起草的宪法草案较多体现孙中山五权宪法的思想。张知本稿于8月18日被提交给立法院，该稿分为基本原则、民族、民权、民生及附则5章171条。该稿在第3章“民权”第2节、第10节中，分别对中央与地方权限划分以及省制有所规

① 《吴经熊发表宪法初稿》，《大公报》1933年6月8日第1张第3版。

② 周元高、孟彭兴、舒颖云编：《李烈钧集》，中华书局1996年版，第725—726页。

③ 吴经熊、黄公觉：《中国制宪史》，商务印书馆1937年版，第255—256页。

④ 胡适著、曹伯言整理：《胡适日记全集》第6册，联经出版事业公司2005年版，第672页。

定。其中，对于“中央与地方之权限”规定：（1）由中央立法并执行的有外交及侨务、国防及军制、国籍、考试等12项，以及其他依本宪法所定或依事务性质属于中央之事项；（2）由中央立法并执行或令地方执行的有监察、教育及文化、土地制度、户籍等9项，以及其他全国应有一致规定之事项；（3）事务性质属于中央，或应由中央立法事项，但中央未立法前，均得由地方制定单行法并执行，地方法律不得与中央法律抵触等。

关于“省”制的规定有：（1）省设省民代表会，由全省各县人民选举代表组织，代表全省人民行使省政权；（2）省设省长、省立法院、省监察院作为省治权机关，省长、省立法院及省监察院院长、立法委员、监察委员，皆由省民代会就具有候选资格者分别选任；（3）省长除处理与监督全省自治行政外，并受中央指挥命令执行省内中央行政，省长在执行省内中央行政违法、失职时，除省监察委员得弹劾外，中央监察委员亦可提出弹劾案于国民大会，经其审批后交省民代会执行；（4）省立法院制定省单行法规，不得与国家法令抵触，省组织法由中央立法院制定。①

8月31日，孙科召集初稿起草人开第一次会议，审查吴经熊所拟草案，结果决定限一个月时间，由傅秉常、焦易堂、陈肇英、吴尚鹰、马寅初、孙科、张知本7人，以及林彬、史尚宽、陈长蘅、卫挺生等，以吴稿为蓝本，参照张稿及陈肇英所拟草案，并参考各方意见，逐条研究审查，脱稿后再送宪法起草会作为宪法初稿。②

在对宪法初稿审查峻事之前，审议会对于行政院院长产生方式、地方政府权限以及国民权利义务三个问题，因委员意见发生分歧而一度研究。其中，对于中央政府与地方政府权限的规定，有人主张设法缩小省政府权限，使省政府仅居于中央政府与县政府间的联络地位；对于省长之选举，有人主张规定候选人办法。③ 从后来的结果看，这些意见显然都被吸收了。

至11月16日，初稿起草人历时近3个月，前后共开审查会18次，将吴稿全部审查完毕，重新拟定宪法草案初稿，全文共计10章166条，是为“主稿七委员之初步稿”。其与吴稿相较有两点不同：（1）改变原来以三民主义分编，改为分章，全文分10章；（2）条文大为减少。其中，第6

① 缪全吉编著：《中国制宪史资料汇编》，台北“国史馆”，1989年，第439—457页。

② 《宪法草案》，《中央日报》1933年9月1日第1张第3版。陈肇英所拟宪法草案未见。

③ 《宪法中三个重要问题》，《申报》1933年11月5日第1张第3版。

章“中央与地方之权限”共8条，原在“地方政制”中的“省”独立成章，为第8章共9条。

与吴稿相较，从内容方面看，主稿七委员之初步稿中“省制”的主要变化为：（1）明确规定“省”为中央直接管辖的行政区域；（2）各省只设省参议会，不设省民代表会，并将省民代表会的一些职权并作省参议会的职权；（3）规定省长由行政院推荐5名候选人，由省参议会选择一人，再提请国民政府任命，而且军人须解除军职三年后方得为省长候选人。在“中央与地方之关系”方面的变化为只列有“立法权属于中央”的事项。不过最大的区别还是有关军人非解除军职三年不得为省长候选人的规定，以及有关省制的规定由“节”独立成“章”。

该稿中有关“军人须解除军职三年后方得为省长候选人”的规定，应该是采纳了张知本的意见。军人不干政本为张知本应允出任宪法草案起草委员会副委员长的两项主张之一（另一项为国家领土必须采列举方式）。张知本主张“军人退职未满三年，不得为行政长官。又提议现役军人，不得作政治主张”。不过，张知本的这一主张引起立法院内外大辩论，张本人也因此而辞职。①

对于“省”为什么另列一章，吴经熊后来曾做一解释：“以前的省是归地方，好像省是属于地方。现在的省在宪法上另列一章，此时就发生省的地位在那里，地方是县，但省既不能归纳到中央政制方面，又不能归纳到地方政制方面，好像是一个空空洞洞，非驴非马的东西，在我们小组会议的意思，以省属于中央，可是同时于中央与地方之间有一种联络的性质。因若以省之全部划归中央，则不大方便，盖中央政制的规定共分七节……假使第八节规定为省，好像是不在一个水平线上，形式上抑或不便。既是总理说过，省是中央地方的联络机关，我们遵守这种精神，将省另定为一章。”②

事实上，当时孙科对于“省”章有专门的说明：“从前的草案，省是属于地方的，县为一级，省为一级，都算地方。这次经主稿人审查结果，认为以前的定法不甚妥善，根据建国大纲，地方自治以县为单位，如果省

① 沈云龙访问，谢文孙、胡耀恒记录：《辛亥革命及国民党的分裂——国民党湖北省主席口述历史》，九州出版社2011年版，第88、95、96页。

② 吴经熊、黄公觉：《中国制宪史》，商务印书馆1937年版，第381页。

为地方，则有许多事情不易解决，且有省与中央对抗的流弊。照现在的规定，省为中央行政区域，这个办法与中国历史是很相符的。原来所谓行省，它的性质本是属于中央的名称，不是属于地方的名称。现在直截了当规定省为中央行政区域，这样，将来省与中央对抗的毛病也可以避免，同时地方的地位也比较的确定。所谓地方，只是县与市，省的名义虽存，而不是地方自治机关，虽设省参议会，但其职权并不很大，不过省长由行政院提出候选人，请省议会决选，及议决法律委任之单行规章等事而已。省既为中央之一部分，所以省参议会之外有省政府，而省政府的性质不过是一个行政衙门，以省长及所属各行政长官组织之，省长一面受中央的指挥，执行省内之中央行政，一面监督地方自治。"①

从吴经熊、孙科二人的说明来看，省制之所以在主稿七委员之初步稿中独立成章，主要是遵从孙中山"省是中央与地方的联络机关"，不便归纳到中央政制或地方政制，同时对于"省"的定位，也回归到其最初的性质，即为中央行政区域和中央政府的外派。不过，此举目的主要还是在于缩小省一级的权力，取消"省"作为地方自治团体的资格。

自1933年11月30日起，宪法起草委员会逐条审议主稿委员会所议定的初稿草案（即"主稿七委员之初步稿"）。至1934年2月16日，宪法起草委员会讨论宪法草案初稿第六章"中央与地方之权限"，结果，原案第六十二条，第六十三条之第一项及该项第一至第十八、二十一、二十二、二十三、二十五、二十六、二十七等款，第六十四条，第六十五条之第一项，第六十七条均照原文通过外，其余均加修正，详见表3—8。

表3—8　宪法起草委员会对主稿七委员之初步稿第六章"中央与地方之权限"的修改②

主稿七委员之初步稿之第六章	经宪法起草委员会修改后之第六章
第六十三条第十九款　邮政电报及其他国营水陆空或运输事业	"邮政电报及其他水陆空交通或运输事业"
第六十三条第二十款　国家工程及关系全国之建设事项	"国家工程、水利及关系全国之建设事项"

① 吴经熊、黄公觉：《中国制宪史》，商务印书馆1937年版，第386—387页。

② 同上书，第407—408页。

续表

主稿七委员之初步稿之第六章	经宪法起草委员会修改后之第六章
第六十三条第二十四款　两省以上之水陆交通及水利	删去
第六十五条之第二项 地方政府除设立警察以维持治安外，不得自行组织军队	删去
第六十六条　中央与地方课税之划分与其协助或补助方法以法律定之	“中央与地方政府课税之划分及其财政上之协助或补助方法依法律定之”
第六十八条　凡政府机关之财务组织，其出纳、主计各部分应各别维持其独立以收互相监督之效，其详细制度分别以法律定之	“凡政府机关之财务组织，其出纳、主计、审计各部分应各别维持其独立”

据表3—8可知，宪法起草委员会对于第六章的修改，主要是立法技术更为精当，与主稿七委员之初步稿并无太大的不同。

2月22日，宪法起草委员会讨论宪法草案初稿第八、九、十章诸条。结果，对于第八章“省”，除原案第一三三条，第一三五条，第一三六条之第一、第三、第四、第六款及第一三九条照原文通过，第一三四条原文暂行保留外，其余均有修正，见表3—9。

表3—9　宪法起草委员会对主稿七委员之初步稿第八章“省”的修改①

主稿七委员之初步稿之第八章	经宪法起草委员会修改后之第八章
第一三六条第二款　“审议省长提出之省预算事项”	“审议省预算事项”
第一三六条第五款　“向行政院或省政府建议省政兴革事项”	“向行政院或省长建议省政兴革事项”

① 《宪委会第二十三次会议议事录》，转引自吴经熊、黄公觉《中国制宪史》，商务印书馆1937年版，第413—414页。

续表

<table>
<tr><th>主稿七委员之初步稿之第八章</th><th>经宪法起草委员会修改后之第八章</th></tr>
<tr><td rowspan="2">第一三七条　省设省政府，以省长及所属各行政长官组织之
第一三八条　省长由省参议会就行政院所提出之候选人五人中选出一人，由国民政府任命之，任期三年；军人非解除军职三年后，不得为省长候选人</td><td>修正：
（一）“省设省长，由省议会就行政院所提出之候选人五人中选出一人，由国民政府任命之，任期三年”</td></tr>
<tr><td>（二）“军人非解除军职三年后，不得为省长候选人”</td></tr>
<tr><td>第一四〇条　省参议会组织法、省参议员选举法及省政府组织法以法律定之</td><td>“省参议会组织法、省参议员选举及省长公署组织法以法律定之”</td></tr>
<tr><td>第一四一条　未经设省之区域，其政治制度应斟酌地方情形另以法律定之</td><td>“未经设省之区域，其政治制度另以法律定之”</td></tr>
</table>

据上表可知，宪法起草委员会对于省之地位问题，仍维持主稿七委员所拟原案“省为中央直接管辖之行政区域”。理由是：中国历来仅以省为行政区域，而绝无自治团体观念，且《建国大纲》亦规定“省立于中央与县之间，以收联络之效”，加以中国目前现状，如赋予省自治地位，反不足以保障内政之和谐。同时将原案中省政府之设置，改为设置省长公署。

2 月 23 日，宪法起草委员会召开最后一次会议，完成对主稿七委员之初步稿的全文审查工作，在此基础上经过文字整理，形成“中华民国宪法草案初稿”。初稿改分篇制为分章制，共计 10 章 160 条，较原案减去数十条，概作原则规定，仍寓三民主义精神于其中。① 该稿与吴稿相比，就内容而言，第 1—4 章大致无多变化，第 5 章以后各章变化较多，其中：

（1）第 6 章“中央与地方之权限”，将吴稿中由中央立法并执行、由中央立法执行或地方执行的事项合并，规定这些事项的立法权属于中央并列举，共计 26 项，其余事项则由地方制定单行规章，或由中央规定原则、由地方制定规章，但均不得与中央法律抵触；

（2）有关“省制”的规定独立成章，与中央政制、地方政制并列，为第 8 章，在内容上也有变化：增加一条“省为中央直接管辖之行政区域”，明确省的地位为中央管辖下的行政区域而非地方；省采省长制，组织省长

① 《宪草会昨通过宪草全文》，《大公报》1934 年 2 月 24 日第 1 张第 3 版。

公署，取消省政府；删去有关省民代表会的条文，只规定省设参议会，省参议会与省议会不同，不能完全代表人民，其职权亦多有限制，包括选举省长，审议省长提出的省预算事项，向立法院提出关于省的法律案，议决单行规章事项，向行政院或省政府建议省政兴革事项，审议省长交议事项；省长由省参议会从行政院提出的五位候选人中选出一人充任，受中央政府指挥执行省内中央行政事务，并监督地方自治；限制军人干政，规定“军人非解职三年后，不得当选为省长”。[①]

据上述可知，“中华民国宪法草案初稿”的根本精神，在政制上趋于中央集权、县市自治，使“省”成为“中央直接管辖之行政区域”，其结果，不仅使旧日“省”的权力一部分划归中央、一部分付诸县市，省长职责也仅被定为“执行省内中央行政事务及监督地方自治”。此时的“省”已非昔日具有地方性之“省”，省长公署亦不是地方政府。与此同时，有关“省”制规定独立成章，并特别规定其权限，其目的也在削减各省既有的省权。

3 月 1 日，“中华民国宪法草案初稿”以立法院宪法起草委员会名义公开发表，向全国各界征求意见，并定 3 月为公开讨论期，要求各界在全文披露后于 3 月 31 日以前将意见寄送立法院编译处，准备作为提出 4 月立法院大会讨论时的参考。[②] 与此同时，孙科将宪法草案初稿寄送时在江西围剿红军的蒋介石，并电告将与吴经熊前往面商。[③]

3 月 5 日，立法院院长孙科在国民政府“总理纪念周”上，概括报告了“中华民国宪法草案初稿”的内容。按照孙科的说法，“中央与地方之权限”一章内的规定，与当时所行制度并无甚出入；在“省制”章内规定“省为中央直接管辖之行政区域”，以及“省长受中央的指挥，执行省内之中央行政事务，监督地方自治”，其中前者是“因为地方单位完全是县，如果县之上还有省，就变成两层，是不好的”，后者“这本中国历史上也是很相符的。省在从前叫作行省，意思就是中央分驻各处的机关”。在孙科看来，“中华民国宪法草案初稿”“在原则上，总纲所定国民经济教育诸端，想不致有何问题，惟中央与地方政府组织，希望大家能有一种充分的

---

① 《中华民国宪法草案初稿》，1934 年 3 月，台北“国史馆”藏，典藏号：001 - 011002 - 0002。

② 《立法院呈国民政府函》，1934 年 3 月 1 日，台北“国史馆”藏，典藏号：001 - 011002 - 0002。

③ 《孙科致蒋介石电》，1934 年 2 月，台北“国史馆”藏，典藏号：002 - 090102 - 00007 - 002。

讨论，贡献出来，俾将来提出立法院大会修正，制定完善的宪法草案”[①]。

在宪法草案初稿起草过程中，尽管起草委员内部意见存在分歧，但总体而言，由于起草委员多为孙科一派人物，初稿可大致视为孙科一派的主张，其中有关“中央与地方之权限”、省制内容的规定亦只是孙科一派的主张。随着宪法草案初稿的发表，各派政治力量，尤其是蒋介石、汪精卫两派开始影响其内容的规定。

三　立法院对省制的修正

宪法起草委员会宪法草案初稿发表后，各方对此非常重视，提出了很多批评意见。宪法草案的审查过程被置于各方压力之下，并引起省制规定的变更。

当时蒋介石虽然在江西忙于“剿共”军事与推动新生活运动，对于宪法草案的进展仍甚为关心。他不仅就此事征询专家、学者的意见，还时刻留意报章杂志上的相关评论。蒋介石甚至特地邀约戴季陶与孙科同赴南昌商议草案初稿。当时戴季陶虽然因旧疾复发，在上海诊治休养，未及赴约，但仍承蒋介石之意于1934年3月7日致书孙科，指出一国宪法应有其本国历史因缘与根据，不可任意创治，并从人民权利义务、政治组织、公布施行及国民经济教育四个方面，陈述自己对宪法草案的具体意见。其中在第二点关于政府组织，戴季陶谈及“省制组织，本草案所定最为费考。就参议会之者而论，似是政府之咨询机关，而省长之产生由之，又明是人民代表；省不称政府，而但称省长公署，用意当为改变省之法律性质”[②]。戴季陶谈到了宪法草案有关省制规定的不当之处。

为了影响宪法制定，蒋介石也电请行政院院长汪精卫妥拟研讨宪法意见办法，俾得公同与孙科恳谈。[③] 3月18日，汪精卫以宪法为国家根本大法，关系重要，征询各部长官对宪法意见，限一个月内送达。[④]

---

① 《立法院孙院长在国府报告宪草初稿之内容》，《中华法学杂志》第5卷第3号，第103—104页。

② 《戴传贤致孙科信函》，1934年3月，台北“国史馆”藏，典藏号：001－011000－0008。

③ 《蒋介石致汪兆铭电》，1934年3月，台北“国史馆”藏，典藏号：002－090102－005、002－090102－00010－081。

④ 《汪征询各部长官对宪法意见》，《天津益世报》1934年3月19日第1张第2版。

3月22日，孙科令派傅秉常等36人为宪法草案初稿审查委员，组织宪法草案初稿审查委员会，将各方对于宪草初稿的意见分别整理。宪法草案初稿审查委员随即在3月30日召开第一次审查会议，推定傅秉常、陶履谦、林彬为初步审查委员，整理各方意见。

与此同时，孙科派代表携宪法草案初稿征询西南当局意见。结果，西南方面的意见，“其中最立异者，不主责任内阁制而主总统制，但主严限总统被选资格，当与省长律同；在职军人固绝对不得与选，而退伍军人仍须经过三年方得享有”。据说此电依据的即是胡汉民的主张。[①] 4月3日，胡汉民曾公开发表对于宪法草案的谈话，“对国民大会与国民委员会及中央地方政制均表示不满，且谓白纸黑字宪法，断不能臻于宪法之治”[②]，具体言之：“（1）宪草对国民大会与国民委员会两项组织并未遵照建国大纲意思，为切要之规定，（2）宪草对中央政制亦多疏漏，（3）宪草以中央制与省及地方政制并列，于建国大纲之规定似嫌未符。”[③] 胡汉民尤其对省与中央政制、地方政制并列之举非常不满。西南政治委员会宪法草案研究会亦计划在4月底草成意见书呈南京，并公告国人，“研究要点最注重中央与地方权限、中央政制、省制、地方政制等项”[④]。

审查委员会自4月5日至6月5日，每周开会一次，将各方送到的意见书，以及采自国内各报纸上的281件评论进行审查，最后决定采印者共计216件，并将意见书各要点编纂成《宪法草案初稿意见书摘要汇编》一册。[⑤] 概括起来，各方对于宪法草案初稿的意见主要集中于九个方面，其中关于八章“省”的意见有：有人视省政府为重要分区，主张将此章并入“中央政制”章；有人主张将它并入“地方政制”章，并定“省”为高级地方自治区域或高级行政区，有监督初级地方自治区域或初级行政区“县”及“市”之权；还有人主张省参议会有权罢免省长。[⑥]

---

① 《陈其尤李尚铭电蒋中正西南当局对宪法初稿主总统制并严限总统被选资格等》，1934年5月，台北“国史馆”藏，典藏号：002－080200－00163－027。

② 《胡汉民批评宪草》，《大公报》1934年4月4日第1张第3版。

③ 《胡汉民发表对宪法草案意见》，《中央日报》1934年4月4日第1张第3版。

④ 《邓青阳谒胡商对时局意见》，《申报》1934年4月13日第1张第3版。

⑤ 吴经熊、黄公觉：《中国制宪史》，商务印书馆1937年版，第441页。

⑥ 《整理各方对于宪法草案初稿意见书初稿审查报告》（1934年6月5日），载立法院宪法初稿审查委员会编《宪法草案初稿意见书摘要汇编》，立法院宪法初稿审查委员会1934年编印，第6—7页；吴经熊、黄公觉：《中国制宪史》，商务印书馆1973年版，第434—435页。

6月11日，宪法草案初稿审查委员会将全体审查委员分为9组，参照各方意见分别拟具修正案，提会讨论。自6月13日起，宪法草案初稿审查委员会除召开小组会议，亦召开全体审查会议，对宪法草案初稿逐条详加讨论。至6月25日，“宪草分组审查工作将完竣，其中关于大总统之职权及省之权限，各方贡献意见颇多可取，经过详尽之辩难，大抵已将职权略予扩大”[①]。6月28日下午，立法院宪法草案初稿审查委员会举行第八次全体会议，讨论“地方政制”章，结果仍维持初稿原则，但将“地方政制”章改为“地方政府”章，规定地方政府采省、县二级制，县为自治单位，省立于中央与地方之间以收联络之效；省、县政府均采独裁制，省长、县长分别为省、县最高长官。[②] 至6月29日止，宪法草案初稿审查委员会根据整理的各方意见书及报纸杂志上的评论，完成对宪法草案初稿的审查，修正通过，继而由傅秉常、吴经熊、梁寒操等人增修删改，定名为“中华民国宪法草案初稿审查修正案”，并经过文字润饰后，于1934年7月9日公开征求意见，并呈送立法院。

“中华民国宪法草案初稿审查修正案”共分12章188条，较“中华民国宪法草案初稿”增加28条，不仅章节名称、次第均稍有增减变更，内容亦有诸多修正。主要修改的要点有：(1) 在全文之首增加弁言以表现宪法草案精神；(2) 关于行政机构，改内阁制为总统制；(3) 增加“军事”“财政”两章，并将原有“地方政制”改为“县”“市”两章，分别为第6章和第7章，内容均与原稿无大变动；(4) 将宪法草案初稿中“中央与地方权限”一章，除关于财政、军事以及地方制定单行规章等各条分别并入“财政”“军事”“县”“市”各章外，其余均删除；(5) 第5章“省制”章，规定省为国家行政区域，设省政府执行中央法令及监督地方自治，省政府设省长，任期三年，由中央政府任免，与宪法草案初稿规定省长由省参议会选举不同。[③] 即对张知本所提限制军人从政一节，也经此次修改，去其本意相去甚远。分别在第11章第180、181条，规定“现役军人不得干预政治，并不得发表政治上之主张”，“现役军人不得兼任行政

---

① 《宪草审查中》，《大公报》1934年6月26日第1张第3版。

② 《宪草审查会昨开八次全体会审查地方政制章》，《中央日报》1934年6月29日第1张第3版；《宪草审查完竣》，《大公报》1934年6月30日第1张第3版。

③ 谢振民编著，张知本校订：《中华民国立法史》上册，中国政法大学出版社2002年版，第264—265页。

官”。正如张知本后来所言，限制军人从政的规定“虽勉予保留，但已移至军事一章内，与选举一项分开，较原意相去已远”[①]。

对于宪法初稿与修正案间重要不同之处和修改原因，7 月 5 日焦易堂曾专门致函蒋中正予以说明。按照焦易堂的解释，修正案之所以删去初稿中“中央与地方权限”章，是“因该章除六一条及六二条外，其余各条与权限划分均少关系，无独立成为一章之必要”，并称“初稿将中央政制、省、地方政制并列为三章，而地方政制则专指县市，此有两种缺点，第一，省之地方不明，第二，中央政制与地方政制对立，除联邦国外颇少其例。此次修正案则将中央政制改为中央政府，省、县、市则各成一章，一可以免除中央政制与地方政制对立之嫌，二使省不致完全立于地方之外”。[②]

当时各方对于修正案的批评意见主要集中于五个方面。其中，就宪法全部论，有人认为“中央与地方之权限未加划分，殊属不当”；对于省制，有人主张省应有自治权，省长应由人民选举；也有人认为，就省参议会的设立及其职权而论，与“省为国家行政区域”存在矛盾之处。[③]

自 1934 年 9 月 21 日起，立法院召开全体会议，对“中华民国宪法草案初稿审查修正案”进行初读、二读。适逢前司法院院长王宠惠从欧洲回国。王宠惠回国后，即与行政院院长汪精卫赴庐山谒晤蒋介石，共同对宪法草案详加讨论，结果三人均认为五权宪法的最高原则在于清楚划分政权与治权。由于王宠惠被时人视为熟悉并精通西方宪政知识之人，孙科不仅向其征询对于宪法草案的意见，而且还亲自偕同傅秉常、林彬、陶履谦等人到上海与王宠惠进行研究。由于蒋介石、汪精卫、王宠惠三人均认为应将政权与治权划分清楚，结果审查委员会将宪法草案审查修正案第 3 章“国民大会”、第 4 章“中央政府”及第 5 章“省”分别加以变更，拟具新的草案，对第 5 章中“省参议会职权及省与中央之关系”均略有修正或变更。[④] 其中第 5 章“省”制章修改的情况如表 3—10 所示。

---

① 沈云龙访问，谢文孙、胡耀恒记录：《辛亥革命及国民党的分裂——国民党湖北省主席口述历史》，九州出版社 2011 年版，第 96 页。

② 《焦易堂函蒋中正陈述宪法初稿与修正案重要不同之处》，1934 年 7 月，台北“国史馆”藏，典藏号：002－080200－00622－030。

③ 《宪法草案初稿修正案意见书审查报告》，《国民政府立法院会议录》（八），第 318—320 页。

④ 谢振民编著，张知本校订：《中华民国立法史》上册，中国政法大学出版社 2002 年版，第 267 页；《孙科所提宪草修正案条文》，《大公报》1934 年 9 月 30 日、10 月 1 日第 1 张第 3 版。

表 3—10　孙科拟修正案与《中华民国宪法草案初稿审查修正案》关于"省制"章之比较①

《中华民国宪法草案初稿审查修正案》	孙科拟修正案
第一一八条　省为国家行政区域，设省政府，执行中央法令及监督地方自治	第一一三条省设省政府，执行中央法令及监督地方自治
第一一九条　省政府设省长，任期三年，由中央政府任免之；军人非解职三年，不得任为省长	第一一四条　照原文
第一二〇条　省设省参议会，参议员名额，每县市一人，由各县市议会选举之，任期三年，连选得连任	第一一五条　照原文
第一二一条　省参议会每半年开会一次，其会期以一个月为限，但遇必要时得召集临时会议	第一一六条　照原文
第一二二条　省参议会职权如左：一、审议省长提出之预算事项，二、审议省长交议之其他事项，三、向立法院提请关于省之立法事项，四、议决依法律委任之单行规章事项，五、向行政院提请关于省政兴革事项，六、向监察院提请关于省政府公务员弹劾事项，七、向省长建议事项	第一一七条　省参议会职权如左：一、议决省政府提出于中央之预算案，二、议决省长交议事项，三、向立法院提请关于省之立法事项，四、议决依法律委任之单行规章事项，五、向行政院提请关于省政兴革事项，六、向监察院提请关于省政府公务员弹劾事项，七、向省长建议事项
第一二三条　省政府之组织，省参议会之组织及省参议员之选举或罢免，以法律定之	第一一八条　照原文
第一二四条　未经设省之区域，其政府制度以法律定之	第一一九条　照原文

据上表可知，除因条文增删引起条文次序有所调整外，孙科所拟修正条文案对于省制的规定较"中华民国宪法草案初稿审查修正案"而言，内

① 吴经熊、黄公觉：《中国制宪史》，商务印书馆1937年版，第908—909页；《孙科提议宪草修正条文案》（续），《大公报》1934年8月2日第1张第3版。

容上的变化有两点：（1）删去省“为国家行政区域”的规定；（2）对省参议会职权规定中的第一、二两项略有修改，将具有消极意义的“审议”改为积极意义的“议决”。很明显，孙科对于“省制”章的修改，意在缓解省参议会的设立以及其职权规定与“省为国家行政区域”间存在的矛盾。

孙科的上述意见在9月28日立法院第三届第69次会议上被提交审议。至10月12日下午，立法院完成对第4章第6节“监察院”二读后，继续讨论第5章“省”及第6章“县”两章。其中，对于第五章“省”，（1）将原草案第一一八条改为第一〇八条，照修正案改为“省设省政府，执行中央法令及监督地方自治”。（2）对于原案第一一九条“省政府设省长，任期三年，由中央政府任免之，军人非解职三年后，不得任为省长”，立法委员多有讨论。关于省长任期，立法委员谷正纲提议改为六年，但由于赞成者居少数，仍照修正案通过；在省长任命问题上，修正案规定省长由中央政府任免，委员陈长蘅主张民选，而卫挺生、谷正纲表示反对，楼桐荪则直言“中国如让人民自选省长，恐将中国造成许多国家”，刘盥训赞成陈意，表示“现在民选省长固然不易，但亦不可因此而夺民权，故折衷办法，应由行政院院长提出省长人选，交省参议会决定之”。委员李仲公、张继等则要求维持原案，结果付表决通过，改为第一〇九条。（3）“省设省参议会，参议员名额每县市一人，由各市议会选举之，任期三年，连选得连任”照原案通过；原第一百二十一条“省参议会每半年开会一次，其会期以一个月为限，但遇必要时得召集临时会”改为第一一一条，并修正为“省参议会每年开会一次，会期以一个月为限，遇必要时得召集临时会议”。其余各条除改换序次，均通过。[①] 也就说，关于省制部分，除关于省参议会职权的规定外，当日立法院采纳了孙科所拟修正案的意见。

10月16日，立法院三读通过宪法草案。在当日的审查过程中，委员史维焕以孙中山《建国大纲》第十七、十八两条已明定省为中央与县之间不可缺少的一种行政区域，省政府一方面须执行国家行政，一方面须监督地方自治，已在宪法草案中第一一八条及第一二二条第一项中得以体现，省政府既有岁入岁出，对于省收入之如何取得当然应经省参议会审议，而

① 《立法院昨续议宪章，省县两章修正通过》，《中央日报》1934年10月13日第1张第2版。

“中央立法机关仅能议决各省之总预算及确定全国普遍适用之中央与地方收支划分标准，至于详细税目税率则应因地方制宜，具有若干之伸缩性，使各省参议会得于中央法令许可之范围内，决定各省人民对于省财政之负担，否则省长对于财政事项大权独揽，得一面蒙蔽中央创设苛捐杂税，一面蔑视民意增加省库负担，省治必难入正轨”，临时提议将宪法草案第一一二条增加一款，规定省参议会“审议省税及增加省库负担之事项”，但因提议只得到当日出席会议 60 名委员中的 23 人同意，属少数，结果仍维持原案。①

这样，立法院从受命议订宪法草案，在历经三年多斟酌损益、反复辩难、七易其稿之后，终于完成第一次正式宪法草案，称为“立法院第一次宪法草案”。草案共分 12 章 178 条，已无“中央与地方之权限”专章，其中第 5 章为“省”，共 7 条：（1）省设省政府，执行中央法令及监督地方自治；（2）省政府设省长一人，任期三年，由中央政府任免；（3）省设省参议会，由各县市各选举一人组成，任期三年，连选连任；（4）省参议会每年开会一次，会期一月，遇必要时得召集临时会议；（5）省参议会职权包括议决省政府提出中央之预算案、依法律委任之单行规章事项以及省长交议事项，向立法院提请关于省立法事项、向行政院提请关于省政兴革事项，向监察院提请关于省政府公务员弹劾事项及向省长建议事项；（6）省政府组织、省参议会组织及省参议员选举罢免皆以法律规定；（7）未设省区域，其政治制度以法律规定。②

11 月 9 日，立法院将宪法草案呈请国民政府转送国民党中央审查。

四　国民党中央对省制的修正

1934 年 12 月 10 日，国民党四届五中全会在南京召开。12 月 11 日的全会第 1 次会议即将对《中华民国宪法草案》提出讨论。由于各中央委员均主张宪法须由国民大会决定公布，在国民大会未召集之前，为草拟宪法与宣传阶段，宪法草案“应审查中华民国目前所处之环境及其危险，斟酌

① 《立法院会议纪录·立法院第三届第七十四次会议速记录》；吴经熊、黄公觉：《中国制宪史》，商务印书馆 1937 年版，第 572—573 页。

② 《中华民国宪法草案》，1934 年 10 月，中国国民党文化传播委员会党史馆藏，典藏号：一般 578/70。

实际政治经验，以造成可运用灵敏集中国力之制度”[①]，当经决议交付初步审查，“推林森、蒋介石、汪兆铭、孙科、于右任、戴传贤、居正、丁惟汾等46名委员，组织宪法草案审查委员会，作初步审查，由林委员森召集，并由立法院立法委员傅秉常、吴经熊、林彬、马寅初等7人列席审查会，以备咨询”。该会至少每周开会一次。[②]

12月11日，国民党四届五中全会宪法草案审查委员会开会。各委员对宪法草案详加讨论，除决议审议程序四项外，并请大会对宪法草案分章讨论一次，尤须注意每章中的重要问题，如第五、第六两章关于省、县的规定等。林森等据此完成对宪法草案的初步审查并缮具报告，提经全会第2次会议决议通过，并将宪法草案第一章审议完毕。不过，12月13日国民党四届五中全会第三次会议又决议宪法草案俟他案议毕后再专心讨论。宪法草案审查委员会随即据此于当日下午开会，结果“以为于短时日之间，审议草案全部者为不可能，故只将重要原则向大会提出，以求承认及重新组织宪法草案审查委员会，使该会逐条地审查”[③]。

12月14日，国民党四届五中全会召开第5次会议。按计划，应继续讨论宪法草案其他各章。然而，邵元冲、汪精卫、蒋介石、何应钦、王世杰、罗家伦等相继发言，对宪法草案中关于中央政府组织以及对于军人的限制等进行批驳，认为该草案上述规定并不符合孙中山遗教与中国现势，仍“牵制太多，权力未能集中，故运用难灵敏”。与此同时，立法委员张知本、陈肇英等亦表示宪法草案行不通。“孙科一方面，均面红耳赤，无词可答。”[④] 最后，会议按照汪、蒋等人意见，议决“行政权力行使之限制不宜有刚性规定”，宪法草案“应遵奉总理之三民主义，以期建立民有、民治、民享之国家，同时应审察中华民族目前所处之环境及其危险，斟酌实际政治经验，以造成运用灵敏，能集中国力之制度”，并将此案交中央

① 谢振民编著、张知本校订：《中华民国立法史》上册，中国政法大学出版社2002年版，第276—277页。

② 周美华编注：《蒋中正总统档案·事略稿本》第28册，台北“国史馆”，2007年，第541—542页。

③ 《五中全会宪草审委会决定只将原则提出大会》，《盛京时报》1934年12月14日第2版。

④ 邵元冲著，王仰清、许映湖标注：《邵元冲日记》，上海世纪出版集团1990年版，第1189页。前引沈云龙访问、谢文孙与胡耀恒记录的《辛亥革命及国民党的分裂——国民党湖北省主席口述历史》第96—97页，对于当日军人委员围绕限制军人参政条文的讨论略有陈述。

常委会依据此原则郑重审议。[①]

事实上，蒋介石当时已指定陈布雷、程天放、梅思平等数人对该宪法草案进行切实研究，并拟妥修正案再提出审查会，作为讨论依据。按王子壮的观察，此举系“因宪法草案系经立法院所拟定，于限制行政权一项，有蹈以前议会时代专以束缚行政机关权限之嫌，于此兴亡日亟，行政方面须有全权方能应付，以免贻误事机。今日殊不宜有此也。故上次决议原则即注意此种束缚之解除，今之修正亦即此原则之具体化也”[②]。

至1935年9月9日，国民党四届五中全会宪法草案审查委员会交付中央常务委员会核议《中华民国宪法草案》。同日，戴季陶呈文蒋介石，陈述关于宪法问题意见五项，主张宪法须为积极的建国大纲，中央、地方行政制度内容须让之法律，不可在宪法中详细规定等。[③] 这些意见在9月23日，即孙科约请各常委讨论宪法草案移送全会方式的前一天，由蒋介石稍加修改后转电孙科，作为自己对于宪法内容的主张。[④] 这一主张对在京各中央常务委员产生很大的影响，“宪法草案经中央同人磋商，拟即照遵电所示各点，由常会拟具原则，提请全会决定后，再交立法院遵照修正条文”[⑤]。

10月17日，国民党中央常务委员会召开第192次会议，根据国民党四届五中全会关于宪法草案决议案，将立法院所拟订的中华民国宪法草案再加以审查。会上，汪精卫等根据此前征求林森、蒋介石、戴季陶等人的意见以及多次围绕宪法草案进行商谈后的结果，提议重加修正宪法草案的五项原则：（1）为尊重革命之历史基础，宪法草案应本诸三民主义、《建国大纲》及《训政时期约法》精神；（2）政府组织应斟酌实际政治经验，以造成运用灵敏、能集中国力之制度，限制行政权行使，不宜有刚性规

---

① 《四届五中全会关于宪法草案之决议案》，1934年12月，中国国民党文化传播委员会党史馆藏，典藏号：政11/25.2。

② 《王子壮日记》第2册，台北“中央研究院”近代史研究所2001年版，第458页。

③ 《戴传贤呈蒋中正陈述关于宪法问题之所见五项》，1935年9月，台北“国史馆”藏，典藏号：002－020200－00032－039；陈天锡：《增订戴季陶先生编年传记》，私印本，1967年版，第176页。

④ 《蒋中正电孙科发表对宪法内容之主张》，1935年9月，台北“国史馆”藏，典藏号：002－020200－00032－040。

⑤ 《孙科电蒋中正宪法草案问题经商议拟即遵电所示由常会拟具原则提请全会决定后再交立法院遵照修正条文》，1935年10月，台北“国史馆”藏，典藏号：002－090102－00010－103。

定；（3）中央政府及地方制度，在宪法草案内应于职权上为大体规定，其组织另以法律规定；（4）宪法草案中有必须规定的条文，事实上有不能及时实行，或不能同时施行于全国者，其实施程序应以法律规定；（5）宪法条款不宜繁多，文字务求简明。[①]

当日会议据此决议，发交立法院修正。此外，中央常务委员会并拟有修正条文要点数则，一并送交立法院参考。其要点包括：（1）删去原草案中有关军人非解职三年后不得任省长的规定；（2）原草案第5、6、7章（省、县、市）删并为地方制度一章，章内分为省、县、市三节，并且地方政制在宪草内只规定组织原则，余由法规定；（3）删去原草案内关于省参议会会次、会期、职权规定，仅代之以“以法律定之”，等等。[②]

据参与其事的金鸣盛言，此次关于省制的修正，主要依据的是第三项原则，而删去有关军人非解职三年后不得任省长的规定，则与上述五条原则均无多大关系，系“意者目前各省匪共未靖，故尚有军人管治省政之必要”[③]。

在汪精卫、蒋介石的压力下，立法院院长孙科只有妥协退让，随即指派立法委员傅秉常、吴经熊、林彬、马寅初、吴尚鹰、何遂和梁寒操7人为审查委员，依据国民党中央所颁决五项原则及附件会同审查，拟具修正案，限一周内完竣，提交立法院讨论。[④]

傅秉常等人于10月18、19两日逐章研究删并，结果将中央常务委员会所拟修正要点，包括宪法草案第4、5、6、7、10、11、12诸章进行修改和归并，在此基础上形成“立法院第二次宪法草案”。

10月25日，立法院第四届第34次会议三读修正通过该草案。草案共8章150条，较1934年10月立法院通过之宪法草案全文，删并甚多，将“省”和县市一并划入“地方制度”中，视“省”为地方层级之一级，同时有关省制的规定已经极为简单：（1）省设省政府，执行中央法令及监督地方自治；（2）省政府设省长一人，任期三年，由中央任免；（3）省设

---

① 立法院编：《中华民国宪法草案说明书》，台北文海出版社1986年影印，第10页。

② 《宪法草案条文拟照下列各点予以修正》，1935年10月，台北“国史馆”藏，典藏号：002－080101－00002－007。

③ 金鸣盛：《宪法草案修正经过及要点述评》，《政治评论》第179号，第810页。

④ 《中常会通过宪法原则》，《国闻周报》第12卷第41期，“一周间国内外大事述要”（1935年10月11—17日）。

省参议会，由各县市议会各选举一人组织，任期三年，连选连任；(4) 省政府组织、省参议会组织职权及省参议员选举罢免皆以法律规定；(5) 未设省地区，其政治制度以法律规定。此外，财政、军事两章也被删去。[①] 与此同时，因为第十一章，即军事章全部被删，原有的军人充任省长之限制亦经修正而被删除。

11 月 2 日，国民党四届六中全会第 1 次会议讨论宪法草案。当日“发言者颇多，有主张根本无宪法需要者，有作内容之讨论者，嗣决定组织宪法草案审查委员会，推居正、张继、孙科、蔡元培等 50 人为委员”[②]。次日，宪法草案审查会对宪法草案内容各点争议颇多，因“顾虑孙科等悍持成见，故委曲徇之”[③]，于 11 月 5 日决议，“本宪法草案送请第五次全国代表大会，请将宣布宪法草案及召集国民大会日期先行决定，并对于本草案加以大体审查，指示纲领，再授权于下届中央执行委员会为较长时间至精密讨论后，提请国民大会决议颁布”[④]。

11 月 21 日，国民党五全大会第 5 次会议讨论此案，结果，授权中央执行委员会决定召集国民大会会期，宣布宪法草案。12 月 3 日，国民党五届一中全会决议，1936 年 5 月 5 日宣布宪法草案，11 月 12 日召开国民大会，并指派叶楚伧、李文范等 19 人组成“宪法草案审议会”，对宪法草案进行审查核议。[⑤] 最后，宪法草案审议会拟具意见 23 点，并经由中央常务委员会第 10 次会议通过，送交立法院再加修正。立法院复指派傅秉常等 8 人先为整理，并对各方意见一一加以审核。

1936 年 3—4 月，蒋介石命陈布雷以宪法草案改正意见函达孙科、王宠惠等。陈布雷据此到沪与戴季陶、王宠惠、叶楚伧等共商于王宠惠寓所，并合为意见 7 条，携归南京交由宪法草案审议会决议。[⑥] 本此意，宪法草案审议会除增设过渡条款外，并参酌各国宪法立法惯例，授予总统以

---

① 《中华民国宪法草案》，1935 年 10 月，中国国民党文化传播委员会党史馆藏，典藏号：会 450/3.1。

② 《中全会昨开首次会议决组宪草审查委会》，《天津益世报》1935 年 11 月 3 日第 1 张第 3 版。

③ 邵元冲著，王仰清、许映湖标注：《邵元冲日记》，上海世纪出版集团 1990 年版，第 1328、1329 页。

④ 《中华民国宪法草案》，1935 年 11 月，中国国民党文化传播委员会党史馆藏，典藏号：会 4.2/49.2。

⑤ 邵元冲著，王仰清、许映湖标注：《邵元冲日记》，上海世纪出版集团 1990 年版，第 1342 页。

⑥ 陈布雷：《陈布雷回忆录》，东方出版社 2009 年版，第 154 页。

宣布紧急命令之权。[①]

5月1日，宪法草案经由立法院第四届第59次会议三读通过，最后形成“立法院第三次宪法草案”。在当日讨论时，有关省制规定一仍“立法院第二次宪法草案”，仅增加一条，即第一〇四条，规定“凡事务有因地制宜之性质的，划为地方自治事项，地方自治事项以法律定之”。之所以如此，系因当时“王宠惠因总理遗教之主均权制度，宪草中未充分表现，主张增入，惟按目前情形，中央地方间者难办到，省县之间可略作表现”[②]。

宪法草案共分8章147条，由国民政府于5月5日公布，故又称“五五宪草”。[③] 它不仅缺乏中央与地方权限的划分，而且省制规定亦甚为简单，对于“省”可以行使的权力亦只字未提，仅规定省设省政府，执行中央法令及监督地方自治；省政府设省长一人，任期三年，由中央政府任免之，省设省参议会；省政府的组织、省参议会的组织及职权、省参议会的选举罢免以法律规定。而且将划定地方自治事项的权力交给制定法律的中央立法机关。如此一来，中央立法机关不仅可以通过法律规定或取消地方自治事项，亦可通过法律将某些事项划归地方，或者从地方手中剥夺某些事项。这样的规定明显倾向于中央集权，与南京国民政府所声称的中央与地方采均权制主张，显然存在较大的距离。

第四节　蒋介石出任行政院院长前后的省制筹划

1935年12月1日，汪精卫辞去本兼各职。12月7日，国民党五届一中全会推选胡汉民为中央常务委员会主席、汪精卫为中央政治会议主席，蒋介石为中常会和中政会副主席，并接替汪精卫，出任行政院院长一职。蒋介石集党、政、军大权于一身。这为蒋介石将“剿匪”区实施的改革省

① 《宪法草案准如期宣布》，《大公报》1936年4月15日第1张第3版。

② 《立法院通过宪章》，《大公报》1936年5月2日第1张第3版。

③ 《国民政府公布中华民国宪法草案》，1936年5月，台北“国史馆”藏，典藏号：002-020200-00032-045。

制政策在全国推广提供了便利。

一　汪精卫卸任前划一行政督察专员制之努力

1934 年 10 月第五次反围剿失败后，中国共产党领导下的红军被迫长征。蒋介石利用尾随红军之机，将军事力量和政治权力打入华南及华西各省。每当蒋介石的军队进入上述各省之后，他的人员就开始强行实施旨在打破该省隔离状态的“改革”，推行他在“剿匪”省区实施的政制。与此同时，当时尚未为南京政府直接控驭的省份，如陕西、甘肃、山东等亦纷纷根据自己的需要设置行政督察专员。

不过，各省行政督察专员制度规制各异：有依据豫、鄂、皖三省总司令部颁布的《剿匪区内各省行政督察专员公署组织条例》设置的，如豫、鄂、皖、闽、川、黔等省，专员由军事委员会委员长南昌行营任免；有依据 1932 年 8 月行政院颁布的《行政督察专员暂行条例》设置的，如苏、浙、陕、甘、湘等省，专员由省政府委员会议决遴派，呈行政院并咨内政部备案；此外，河北省滦榆、蓟密两区行政督察专员，系 1933 年 9 月依据行政院所颁的暂行条例设置，督察专员由河北省政府呈请行政院驻北平政务整理委员会派充，并由驻北平政务整理委员会呈院备案，不过平政会又于 1935 年 8 月被裁撤。[①] 这种政制纷歧的局面显然不适合当时的政势，调整势在必行。

早在 1934 年 10 月，《大公报》看到豫、鄂、皖三省“剿匪”总司令部及军事委员会委员长南昌行营在“三分军事，七分政治”指导下，提出、设计、实施了一些新的地方政治制度，不断提高行政效率，配合军事“围剿”，认为“军事时代，南昌行政兼管地方政务达十省区之多，自保甲团务以至教育实业，无所不问。以行营用人之少、薪给之薄、公务之繁，因工作进展，居然效率卓越，其施之地方者固显有成效可指”，建议南京国民政府“先将中央各机关痛加整顿，然后推行各省，取两年来南昌行营施诸东南西北十省之一切章制条教，分别检讨，会商商订，或推行全国以

① 中国第二历史档案馆编：《国民党政府政治制度档案史料选编》下册，安徽教育出版社 1994 年版，第 487—488 页。

收齐一之效，或酌予变通以合特殊之用”[①]。

事实上，行政院在 1935 年 7 月时就对此问题有所注意。行政院第 221 次会议以行政督察专员设置业已数年，最初在“剿匪”区域实施且渐有成效，俟经各省政府先后仿行，此制遂为整理县政实际需要，但规制颇为分歧，不仅行政院颁有《行政督察专员暂行条例》，前豫、鄂、皖三省“剿匪”总司令部亦颁有《剿匪区内各省行政督察专员公署组织条例》，各省又多自行制定组织规程与办法，而且该项制度在事实上亦不乏应行改进之处，议决：（1）行政督察专员制度应如何改进，由内政部迅拟具办法呈核；（2）区保安司令部应如何改进，并使其与行政督察专员制度系统分明，由内政、军政两部商请军事委员会迅拟办法再行核议。

随后，内政部针对前案，以各省均已次第设置行政督察专员，但专员公署组织、职权等尚未正式规定，遵令拟具改订《行政督察专员公署暂行条例草案》，并陈述改进意见；内政、军政两部与军事委员会商讨后，针对后案拟具三项意见。这些又交由内政、军政两部会同审查，并函请军事委员会派员参加讨论和征询行营意见。

10 月 18 日上午，内政、军政两部审查认为：（1）内政部所拟的《行政督察专员公署组织暂行条例草案》与行政院所颁以及“剿匪”区内所适用的两条例精神，暨各省实际情形尚能兼筹并顾，其中文字有未尽妥适之处，业经审查修正，似宜征询南昌行营意见，俾将来各省行政督察专员公署设置可依照一种条例办理，庶于行政、军事两方面均可以整齐划一；（2）关于保安司令部制度，内政、军政两部与军事委员会会商意见三项均尚妥适，如经院会通过，拟请交关系各机关依照此项原则会同拟订组织条例呈核。这些意见经行政院第 235 次会议决议通过，并经照案函请行营查照见复。[②]

11 月 1 日，汪精卫因在国民党四届六中全会遭刺杀受重伤，会后不久即辞去行政院院长一职，由军事委员会委员长蒋介石兼任。划一行政督察专员制度的任务交由蒋介石。

---

① 《剿匪胜利中之急务》，《大公报》1934 年 10 月 20 日第 1 张第 2 版。

② 《为制定行政督察专员公署组织暂行条例函请转陈备案由》，1935 年 10 月，中国国民党文化传播委员会党史馆藏，典藏号：政 11/6。

二　蒋介石就任行政院院长后划一省制举措

1935 年 12 月 16 日，蒋介石就任行政院院长。这为蒋介石在全国范围内推广其在“剿匪”区实施的省制改革举措提供了便利。

起初，蒋介石改革政制的中心还只在行政督察专员制度。1936 年 1 月 9 日，蒋介石与行政院秘书长翁文灏言定：“行政督察专员及其他行政事件均归行政院办理。”“1 月 22 日，行政院内会商，关于行政督察专员，拟先照行营办法，其次研究行政院及行营所颁（　）（　）（笔者注：原文如此。据笔者推断，此处应为“专员”二字）条例，务为修正。”①

行政院随即参考南昌行营意见将内政部所拟的《行政督察专员公署组织暂行条例》原案酌加改订，并交内政、军政两部审查，军事委员会派员参加讨论。审查结果认为：（1）新拟草案系根据 1935 年 10 月间审查修正，经第 235 次行政院会议通过之草案，并参看军事委员会委员长行营意见酌加改订而成，尚属妥适，其中文字略有未尽完善之处，亦经审查修正，拟请提会通过后公布施行，并分别呈送国民政府及中央政治会议备案；(2）区保安司令部组织，拟请内政、军政两部会商军事委员会迅速拟具条例备核。② 3 月 17 日，行政院第 254 次会议根据上述审查意见，“修正通过”行政专员条例。③

3 月 25 日，行政院正式颁布《行政督察专员公署组织暂行条例》。该条例规定：

（1）行政院为整顿吏治、绥靖地方及增进行政效率，得令各省划分为若干行政督察区，设置行政督察专员公署，并将其定位为省政府辅助机关，行政督察区名称以数目定之，如非全省同时普遍设置者则以设置先后定其次第。

（2）行政督察专员公署设专员 1 人、秘书 1 人、科长 2—4 人、视察 1 人、技士 2 人、科员 4 人、事务员 6 人，必要时得酌用雇员；专员由行政院或主管部，从法定简任职公务员资格者中遴选，提出合格人选，

---

① 翁文灏著，李学通、刘萍、翁心钧整理：《翁文灏日记》，中华书局 2010 年版，第 5 页。

② 《为制定行政督察专员公署组织暂行条例函请转陈备案由》，1936 年 1 月，中国国民党文化传播委员会党史馆藏，典藏号：政 11/6。

③ 翁文灏著，李学通、刘萍、翁心钧整理：《翁文灏日记》，中华书局 2010 年版，第 28 页。

呈请国民政府简派任用，在“剿匪”或其他特种事件尚未办理完毕省份，专员人选须征求军事委员会意见，秘书由专员遴选合格人员，呈请省政府咨由内政部转请荐任，科长、视察由专员遴选合格人才呈请省政府委任，荐任待遇，技士、科员、事务员均由专员委任，呈报省政府备案。

（3）除特殊情况外，专员还兼驻在地之县长，其公署与县政府合署办公，并兼该区保安司令，指挥监督辖区内各县市保安团队、水陆公安警察及一切武装自卫之民众组织。

（4）行政督察专员承省政府之命推行法令，监督指导及统筹辖区内各县市行政，在不抵触中央及省法令范围内订立单行规则或办法，并应呈报省政府转报行政院及主管部会署备案，但关于限制人民自由、增加人民负担及变更组织或预算时，非经依法核行，不得执行，等等。[①] 4月1日，中央政治委员会对于该条例“准予备案”。

不过，这仅是权宜之法。军事委员会委员长南昌行营虽然对于地方行政制度改革颇多新猷，如省政府合署办公、设置督察专员、县政府裁局改科以及分区设署，而且推行甚见实效，但实施范围仅限于“剿匪”区域，尚有诸多问题有待解决。

3月中旬，有人从制度组织、人才以及行政应用三个方面，向行政院院长蒋介石条陈改善地方行政原则。其中，关于制度及组织，主张：（1）省政府彻底实行合署办公（将来必须改为省长制），省政府及各厅组织尽量缩小，所节余人员及经费充实各县政府组织；（2）省政府以管理诸如省保安队、省公路、省立学校等省自身事业为主，对于县政的指挥、监督完全委托行政督察专员，省政府仅持其大体；（3）行政督察专员制度（将来最好改成府尹）仍须再加充实，并有具体确定职责；（4）县政府彻底实行改局为科，并充实组织，提高其地位，使之负一级行政专责。这是一个“多级独揽制”的政制主张。蒋介石在核阅后，“认为应交内政部及江苏、浙江、福建、江西、湖南、湖北、河南、安徽、四川等省省主席审查签注意见，于4月15日以前报到该院”[②]。

---

① 《行政督察专员公署暂行组织条例案》，1936年3月，中国国民党文化传播委员会党史馆藏，典藏号：政11/6。

② 《有人向政院条陈改善地方行政原则》，《中央日报》1936年3月15日第1张第3版。

此人即为蒋介石盟兄黄郛，黄郛自1927年以来曾多次在关键性的政制改革上给蒋介石出谋划策。据黄郛的夫人沈亦云回忆，他对国民政府下的政治制度委员制、头重脚轻现象持有异议，认为“委员制人多而不负责，结果不是被不负责任者误事，即是成就负责任者之独断，事无大小集中一人，多半是由此制度而养成的。中央政府及省政府组织复杂庞大，亲民之官——县长——愈无力亦无能”，因而主张“多级独揽制”，分层分职而负全权全责，来破解国民政府政治制度存在的弊端。①

湖南省政府呈复蒋介石，赞成省长制，但不主张设置行政督察专员。②本此意旨，湖南省政府委员会在3月17日即议决撤销永保龙桑行政专员，由湘西绥靖处接办，计划至6月底前，将湘西各处行政督察专员全部裁撤。③

四川省主席刘湘在呈复意见中，更针对改善地方行政制度及组织之条陈，本诸均权、事实、习惯三原则逐一指出：（1）如何彻底实行合署办公系事实问题，与制度本身无关，省政府缩小和县政府充实为两事，应该分别研究，仅恃省政府所节余的人力、财力充实县政府是一理想；（2）如以法律规定省政府只管自身事业，县政府完全委托专员，省政府仅持其大体，专员对于省政府近于独立而非辅助省政府，督察区、县政府、区署，一省之中，行政机关成为四级，这种轻省重区、损上益下的做法应从缓议；（3）专员在法律、事实上已具有统筹全权，无须再加充实；（4）县政府改局为科彻底与否须视当地财力、人力，非法制问题，只要人选极精、待遇较丰，自然便可达到提高地位之目的，充实组织则须俟秩序恢复，物力丰富之后方可彻底实行，寄望省政府节余来充实县政府经费，无异于望梅止渴。④

湘、川两省的反应，使蒋介石及南京国民政府不能不有所慎重。为了减少中央与地方隔阂及行政机构重复起见，明了各地方行政实况及实际行政问题，先是由行政院政务处长蒋廷黻出面，在3月14、15两日主持召

---

① 沈亦云：《亦云回忆》（上），台北传记文学出版社1980年版，第293页。

② 《湘省府赞成省长制》，《申报》1936年4月11日第2张第7版。

③ 《湘省裁撤永保行政专员》，《申报》1936年3月18日第2张第6版；《湘西行政专员将裁撤》，《申报》1936年3月20日第2张第7版。

④ 《川省府主席刘湘条陈改革行政制度意见》，《中央日报》1936年5月6、7、8日第2张第2版。

开全国县政讨论会，主要讨论县政府与上级政府关系、县财政两类问题。会上，各县长对省县间关系调整、县政人才培育、行政督察专员制度设立等俱有扼要报告。[①]

为了明了行政督察专员制施行后之利弊并谋改进，行政院院长蒋介石于5月10日召集苏、浙、皖、赣、湘、鄂、闽、豫等10省督察专员及各该省民政、教育两厅厅长，召开改革行政会议，并特邀苏、浙、皖、赣、鄂五省主席参加。会议分为民政、治安、教育三组，其中，民政组议题包括：（1）各省政府已呈报合署办公者甚多，实际情形各有不同，各省实行合署办公后效益如何，如有困难，应如何设法解决？（2）各省政府现在组织应如何再行紧缩？（3）行政专员与省政府权限应如何确定？（4）行政专员兼任县长得失若何？（5）行政专员公署经费应如何酌量规定等14项。[②]

省政府合署办公问题为会议的重要议题之一。按与会的江西教育厅厅长程时煃返省后在该省纪念周报告时称："在合署办公的用意，本来为节省经费与收行文迅速之效，但事实上有数省的报告，对合署办公之后，有的地方并不曾节省经费，即行文方面，因手续比以前直接行文要麻烦，所以反见迟缓。况且真正的合署办公，厅长对外既无直接处理之权，而同时要对外负责任，所以有多数觉得现在的合署办公尚未彻底。换言之，即尚未达到真正合署办公的目的。"[③] 程时煃说出了当时各省合署办公的实际情况与困境。

5月12日，地方高级行政人员会议由内政部部长蒋作宾主席，讨论民政组审查各议案，结果决定：（1）省政府合署办公仍应彻底加以推行，始能达到预期目的，间有因合署办公反增公文、手续繁重者，其原因不在合署，而在未能彻底合署，鄂省政府合署办公后，人员、经费均有减少，效率亦较前增加，各厅对省政府关系已与中央各部之司相仿；（2）专员制度运用得力，确能辅助省政府推行政令、督察各县施政实情，专署仍宜再加充实，为省政府之一部，权限亦应再加确定；（3）县政府裁局改科原则极是，既可减政费，又可免行政上牵制，唯仍须视各地土地繁简、经费多寡

---

① 《全国县政讨论会昨日开幕》，《申报》1936年3月15日第1张第3版。

② 《十省厅长专员会议民政组议题编竣》，《中央日报》1936年5月7日第1张第3版。

③ 周承考：《剿匪区域改革地方行政制度平议》，《汗血月刊》第9卷第1期（1937年4月1日），第5页。

而定，至教育、建设两项，如财力充裕，仍以分设二科为宜，等等。[①] 会议仍按照蒋介石的意旨，坚持省政府合署办公、专员制度、县政府裁局改科既定政制不变。

5月16日，蒋介石在行政人员会议闭幕式上发表训话，又提出几项有关地方行政改进的具体事项，要求与会者加以注意并附带报告，其中包括：(1) 自从各地保安团队集中由省政府指挥调遣后，本区团队不能留在本区，地方防务每受影响，今后关于保安团队的经费与训练固然仍旧要集中于省，同时也应使本区团队归还本区，并赋予区司令或专员调遣分配权；(2) 现在各省对于行政督察专员的辖区，在名称上殊不一律，既有以第一、第二等数字名区者，也有以地区命名者，此后宜划一名称，一律以数目字样标明，等等。[②] 所涉的都与行政督察专员制有关。

5月12日，胡汉民突然去世。广东陈济棠联合广西李宗仁，以西南执行部及政务会名义通电反蒋，并出兵进入湘、鄂，引起各方强烈反应。蒋介石趁机采取软硬兼施手段，解决两广事变。[③] 国民政府相继在7月、9月，采用军民分治，改组粤、桂政府，加强了对两广地区的控制。除东三省及冀东地区外，南京国民政府实际已经巩固了对全国绝大部省区的政治控制。

事实上，蒋介石在地方高级行政人员会议之后，为洞明各省地方新政实施情形，并谋彻底改进，又指派参事张锐、秘书吴景超根据行政人员会议材料，前赴湘、鄂、赣三省视察，7月中旬结束。视察“结果甚为圆满，各地政治均由消极的转为积极的，然需要改善之点尚多”[④]。

具体言之，在省政府合署办公方面：(1) 合署后，公文总收总发，会计、庶务集中省政府，及各厅处公文、总务均集中于秘书长，秘书长精力多耗于审核文稿，省主席亦须应付多方，在总揽行政方面颇多困难，而各厅处间重复、矛盾虽然减少，但关于民力、财力之衡量，以及县以下政治情形之了解，仍未能多收事功。欲纠正此失，宜减少秘书处审核公文的工

---

① 周秀环编注：《蒋中正总统档案·事略稿本》第36册，台北“国史馆”，2006年，第596—598页。

② 同上书，第698—700页。

③ 罗敏：《走向统一：西南与中央关系研究（1931—1936）》，社会科学文献出版社2011年版，第202—231页。

④ 《翁文灏谈内政外交》，《中央日报》1936年9月25日第1张第4版。

作，设置总务处，管理会计、庶务，所有收支由总收发室分送各主管厅处，不必先由秘书处核阅，关于发文，普通件可列表全阅，俾使秘书处力补主席，调理各厅处工作。(2) 秘书处与各厅处间职权不可混淆，主席幕僚组织对各厅处职权不宜代谋，应由各厅处主办稿件，尤不宜由秘书处代办，故彻底解决办法，仍以实行省长制、改厅为司最为合适。(3) 合署办公可使人员、经费减少，但以目前情形观之，减少程度尚未达到理想地步，在人事上尚应有相当调整。(4) 关于技术、法制、统计、公报四室，原意在搜罗人才，作为省主席辅弼，但事实上多未充分利用，势宜提高专门人才待遇，法制事宜应酌增参事、秘书兼办。(5) 合署办公后，除须注意兼理档案外，对于设置多数直属机关亦应加考虑，以尽量利用现有机关为原则。

在行政督察专员方面：(1) 公署组织稍欠充实，技术人才尤为缺少，如增加专门人才，则较易推进县之新政，且可撙节经费。(2) 公署为省政府耳目机关，其对于辖县应注重行政机关与预算之联系。以及行政机关与工作成绩之考核，俾供省政府决定施政方针时咨询。(3) 临近省会各县，省政府可直接监督，不必设专员，以免徒增公文转折。①

南京国民政府针对张锐等发现的问题，对行政督察专员制及省政府合署办公进行修正完善。10 月 15 日，行政院修正公布《行政督察专员公署组织暂行条例》。条例仅对 3 月 25 日颁行的条例第三、四、六、十五条进行修正，其余维持不变：(1) 第三条，增加行政督察专员、公署职权规定；(2) 第四条，明确规定专员人选由行政院院长或内政部部长根据人选审查办法提出；(3) 第六条，调整专员公署人员名额，科长由原来“二人”改为“二人至四人”，技士“二人”改为“一人或二人”，署员改为科员，并由原来“四人”改为“二人至四人”，事务员由“六人”改为“三人至六人”；(4) 第十五条，“细则”改为“通则”。② 同日，行政院又将《行政院审查行政督察专员人选暂行办法》及《行政督察专员资格审查委员会规则》《行政督察专员办事成绩考核暂行办法》等法规一并公布，通饬遵行。内政部亦在同一日公布《行政督察专员公署办事通则》及专员

① 《张锐视察地方新政之观感》，《中央日报》1936 年 10 月 2 日第 1 张第 3 版。

② 中国第二历史档案馆编：《国民党政府政治档案史料选编》下册，安徽教育出版社 1994 年版，第 491—494 页。

公署经费分等表。①

随着《行政督察专员公署组织暂行条例》等法规的颁布，行政督察专员制度完整法制始行具备，在法制上已正式突破孙中山《建国大纲》所确定的省、县二级制，在省、县之间插入行政督察专员公署一个行政层级，形成省政府—行政督察专员公署—县政府三级制。与此同时，各省行政督察专员公署在名称、组织、职权等方面亦渐趋一致。

与此同时，内政部将1934年7月由军事委员会委员南昌行营颁布的《省政府合署办公办法大纲》修正而成《省政府合署办公暂行规程》。该规程经内政部部长蒋作宾、财政部部长孔祥熙、实业部部长王世杰及行政院秘书长翁文灏在10月8日逐条审查，其中最大的变动，就是恢复中央各部会署对省政府各厅处直接行文，规定“主管各厅处主稿，呈省政府主席判行，中央各部会署，得令厅处直接呈复”②。

10月13日，行政院第283次会议根据上述审议结果，决议“修正通过，送中政会备案”。10月24日，行政院以院令予以公布。③ 规程主要规定：

（1）省政府秘书、保安两处及民政、财政、教育、建设等厅一律并入省政府公署内合署办公，如果公署办公房屋不够，应尽量并入，至少须先并入民政厅和保安处；其他未合署机关则应分别裁并，或略为缩小，改隶于主管厅处。

（2）合署办公后，各厅处除对行政院所属主管部会署命令迳行呈复，及依其职权监督、指挥直辖职员或直辖机关事务，在不抵触省令范围内，得自发厅令、处令或布告外，不再对外行令；各厅处所有文书概以省政府名义下达。

（3）合署办公后，一切文书都由省政府秘书处收发，分交主管厅处分别或会同办理，呈省主席判行，并由主管厅处长副署，如主席认为有修改意见或办法之必要时，交由各主管厅处修改；各厅处呈拟命令或处分，经省主席判行，并以省政府名义发布，如有违背法令、逾越权限或其他不当

---

① 《国民政府公报》第217号（1936年10月17日），第12—14页。

② 翁文灏著，李学通、刘萍、翁心钧整理：《翁文灏日记》，中华书局2010年版，第81页。

③ 修正的是第十三条，将原条文中“陈报中央政治会议及国民政府”改为“呈报国民政府”。见《省政府合署办公暂行规程》，1936年10月，中国国民党文化传播委员会党史馆藏，典藏号：政11/5.2。

情形，经省政府委员会议决，得自行修正及分别停止或撤销。

（4）合署办公后，各厅处及其所辖机关组织及各科股职掌应依实际需要重新划定，秘书处除设科分掌文书、会计、庶务等事项外，得酌设技术、法制、统计及编译四室，办理相关事宜。

（5）合署办公后，省政府及各厅处经费集中管理、材料及物品集中购办、文书采用科学管理方法，省政府合署办公节约的经费全部拨作各县行政经费。

此外还规定，规程实施后，各省政府于两个月内将办理情形咨报内政部转呈行政院备案，如因特殊情形需暂缓实行合署，亦应开明理由咨请内政部转呈察核；规程未尽规定事项，依现有《省政府组织法》及有关法令办理。①

依据该规程，省主席的职权大为扩充，省政府的体制在实际上由合议制更趋向省长制。如果说蒋介石在10月28日尚且还在考虑“中央之改革与地方之调整孰为先要”② 的话，到了11月，以地方调整为重点已是非常明显。行政督察专员资格审查委员会③为便利审查专员资格案件，拟具“拟请存记行政督察专员履历表”“体格检查说明书”及“经历说明书”式样各一件，呈请行政院核定施行。④ 12月8日，翁文灏致电蒋介石，“报告行政专员审查办法”，并“陈商明年各省行政要纲”。⑤ 不期，12月12日西安事变爆发。

三　孔祥熙代理行政院院长期间的省制筹划

西安事变爆发后，行政院院长一职由副院长孔祥熙代理。虽然事变在12月26日得以和平解决，但蒋介石仍不还任。对于省制的筹划，行政院仍大体遵照此前规划办理。

---

① 中国第二历史档案馆编：《国民党政府政治档案史料选编》下册，安徽教育出版社1994年版，第365—368页。

② 高素兰编注：《蒋中正总统档案·事略稿本》第39册，台北“国史馆”，2010年，第66页。

③ 该委员会由内政部部长蒋作宾、行政院参事张锐、内政部政务次长陶履谦、民政司司长蔡培、行政院秘书方淑章五人组成，蒋作宾任主任委员。该会在1936年10月29日成立。《行政专员审查会成立》，《中央日报》1936年10月30日第1张第4版。

④ 《审查专员资格政院已核准表格》，《申报》1936年11月18日第1张第4版。

⑤ 翁文灏著，李学通、刘萍、翁心钧整理：《翁文灏日记》，中华书局2010年版，第96页。

1937 年 1 月 8 日，国民政府公布修正《诉愿法》。修正部分为原诉愿法的第二条第一款，将原来“不服县市政府处分者，向省政府主管厅提起诉愿，如不服其决定，向省政府提起再诉愿”，改为“不服县市政府处分者，向省政府提请诉愿，如不服其决定，向中央主管部会提请再诉愿”，在诉愿程序上确定了县市政府—省政府—中央主管部会的垂直关系。至于行政督察专员，相关规定可能被认为归入第三条所言情况之中，《诉愿法》并未特别指出。①

2 月 2 日，行政院第 299 次例会根据内政部部长蒋作宾、财政部部长孔祥熙、实业部部长吴鼎昌、教育部部长王世杰的审查结果，通过《内政部呈拟省政府各厅长考成办法草案》。办法规定，厅长考成于每年下年度第二月举行一次，由省政府执行初核，复核由行政院秘书长及主管部部长组成复核委员会进行复核。考成主要注意各厅长工作计划、用人、操守、学识及施政成绩等项，根据成绩进行奖励与惩戒。②

关于《省政府合署办公暂行规程》的实施情况，行政院曾规定各省须将办理情形咨报内政部转呈行政院。3 月上旬，行政院为划一制度及增进效率，进一步规定省政府订定合署办公施行细则要点：（1）各厅处及所辖各机关组织、各科股职掌，应依照《省政府合署办公暂行规程》第七条所定原则，按照实际需要重新划定厉行裁并，于施行细则内明白规定；（2）各厅处经费、物料购办及文书管理，均应依照《省政府合署办公暂行规程》第七条所定原则彻底改革，于施行细则内明白规定；（3）职员名额，除各科设科长一人、各室设主任一人外，其余秘书等职员名额均应衡量事务繁简、经费丰啬酌定最低额及最高额，其原则为合署办公后人员应比未合署办公前为少，经费应比未合署以前为省；（4）各厅处职员名称、官等应明白规定，不得滥设不合法定的职名以及任意变更官等；（5）订定施行原则，连同合署办公前后组织系统员额表及经费支配表咨转备核。③此举进一步规范了省政府合署办公的具体办法。

此后，有关省制改革的筹划步伐并未停止。为了进一步明了全国地方行政实施状况及社会情形，作为以后改革内政参考，内政部将该部全体视

① 《国民政府公报》第 2248 号（1937 年 1 月 9 日），第 1—3 页。

② 《省府厅长考成办法》，《大公报》1937 年 2 月 3 日第 1 张第 3 版。

③ 《法讯 · 政院划一省府合署办公制度》，《法令周刊》第 349 期（1937 年 3 月 17 日），第 47 页。

察员12人分为四组，自4月下旬开始，按区视察。[①] 至5月初，又有消息称："行政院对于改进政治专门技能，正积极以全力推行，所有未及实行合署办公各省府均将于七月一日起实施，骈枝机关一律裁撤，非实缺人员一律缩减名额，各科股办公人员率定数目，使伸缩性减低，以节省位置人员经费。"[②]

为力求行文时间与手续迅捷，并保持省政府政令统一，行政院又将1934年11月颁布《省政府合署办公办法大纲》后中央各部会对于省政府各厅处行文程式的办法重新订定，并于1937年6月19日训令各省遵照执行。办法规定："嗣后中央各部会署对省政府各厅处，得直接发令，各厅处亦应迳行呈复，惟以有时间性及单独性之事体为限。其一般公文，仍以省政府为直接主体。"[③] 6月21日，行政院以现有各省政府与行政专员公署间、省政府与县政府间，以及专员公署与县政府间行文办法殊欠一致，通令各省，要求各省将现行行文办法附具得失意见，详速呈报以便改进。[④]

这种积极局面因"七七"事变爆发发生变化。7月7日，日本全面侵华，中国随即进入全面抗战状态。在"抗战建国"的口号下，国民党的政治体制因应形势变化调整，逐渐过渡到"战时体制"。1938年4月，国民党临全大会通过《抗战建国纲领》，确定包括"改善各级政治机构，使之简单化、合理化，并提高行政效率，以适合战时需要"等在内的抗战时期的政治建设原则。[⑤] 抗战期间，为了集中力量抗战，同时吸收士绅，扩大统治基础，国民党政治体制呈现出集权化和民主化两种趋向：一方面是蒋介石个人独裁地位确立并日益稳固，先后担任国民党总裁、国防最高委员会委员长、军事委员会委员长、国民政府主席，集党、政、军大权于一身，成为名副其实的最高元首，同时中央逐渐加强了对各省的控制；另一方面，作为咨询机关而出现的国民参政会以及各级地方参议会纷纷建立。省制问题进入了一个新的阶段。

---

① 《内政部派员视察各省行政》，《大公报》1937年4月14日第1张第4版。

② 《行政改革消息·省府合署办公七月一日起均须实行骈枝机关将一律裁撤》，《行政研究》第2卷第6期（1937年6月5日），第667页。

③ 中国第二历史档案馆编：《民国时期文书工作和档案工作资料选编》，档案出版社1987年版，第269页。

④ 《省县府建行文办法院令呈报意见》，《申报》1937年6月22日第1张第4版。

⑤ 章伯锋、庄建平主编：《中国近代史资料丛刊·抗日战争》第3卷政治（上），四川大学出版社1997年版，第97页。

结　语

本书主要利用已、未刊档案、日记、年谱、报纸杂志等多种史料，简要梳理了南京国民政府十年（1927—1937）省制构建的过程，以及隐藏在其背后的各派政治力量围绕集权与分治、自治与统一等问题所起的纠结，借此更为全面深入地把握南京国民政府十年间的政治与社会。

清末新政以来，中国政治制度发展倾向于学习外国，特别是西方政治制度。如果说，清季主要仿效日本政制的话，“自民国肇造迄南京国民政府成立之前，其间十余年中，中央政治制度大半模仿欧美所行之制度，但多忽视我国固有之传习，缺乏一贯的立国精神，未能适合我国国情”①。随着对欧美共和制和中国国情认识的深入，以孙中山为首的国民党人逐渐探索出一条以五权宪法理论为核心的具有中国特色的政治建制。在孙中山的政治设计中，“省”的性质，一方面是中央政府的代表机关，一方面又是地方自治的监督机关。孙中山病逝后，争夺法统与党统的各派系为了维护自己的合法性，皆号称继承孙中山的遗教，孙中山所设计的政制在表面上得到了贯彻。

广州国民政府成立后，按照孙中山设计的政制以及现实形势，颁行《国民政府省政府组织法》，规定省政府由民政、财政、教育、建设、商务、农工以及军事七厅组成，各厅置厅长一人，联合组织省务会议，执行全省政务。但随着两广统一及北伐开始，国民政府辖区从偏安一隅（广东省），在不到两年即完成形式统一，其快速进行，主要归功于招降纳叛和各省省执委积极发挥作用。为了容纳相应各派系的利益，对省制内容也作了调整。国民党内部争夺领导权的权力斗争在北伐时，一度因为一致对北的共同诉求被掩盖，至 1927 年年初在全国政权唾手可得的诱惑下，党内

① 杨幼炯：《当代政法思潮与理论》，台湾中华书局 1965 年版，第 391 页。

斗争复起，并促成了南京国民政府的成立。

在“以党治国”的名义下，国民政府形式上隶属于国民党，其实际权力却在党、政、军三者间不确定的关系之中。一方面蒋介石试图挟军权掌控党权、政权，另一方面国民党内的胡汉民、汪精卫、孙科等虽然在军事上依靠蒋介石，但又竭力维护文官统治原则，将蒋介石的权力限制在军事领域。随着胡汉民的逝世、汪精卫的退避以及抗日战争的全面爆发，“战时体制”建立，党、政、军权力集于蒋介石一身，蒋介石才得以确立在国民党内绝对权威的地位。

更为复杂的是，国民政府为求“北伐”胜利，不惜与各地军事实力人物妥协。这些军事领袖被任命为省政府主席，成为各自统治区域内利益的代言人。在这些省份，不仅省政府“主政者多属军人，尤多以意为法”，而且“各省高级行政人员均仅据军事领袖电保，中央即照请任命”①。国民党内部各派系在争夺“党统”和“正统”时，又均向这些实力派妥协，更强化了其政治发言权，并可以行使对国民政府的影响力。国民政府因此脱离了纯粹的国民党政府体制，更加强了其作为复合式政治权力集合体的性质。②

伴随权力斗争的胜败，往往是《国民政府组织法》的修正，以及对国民政府院部会权限以及与省政府、省政府各厅处间关系的调整，亦牵及省制变动。与此同时，南京国民政府对于省制调整，又必须虑及各省态度。各派政治力量围绕集权与分治、统一与自治的纠结和角力，致使南京国民政府时期（1927—1937）省制构建曲折前行。

这一时期的省制构建过程因为主题不同，以 1932 年为界大致可分为两个阶段：在 1932 年以前，各派政治力量的角力主要围绕各方利益如何在《省政府组织法》中得以体现展开；在 1932 年以后，各派政治力量在联合共治下保持表面上的统一，围绕省制改革由谁主持、如何改暗中角力。

南京国民政府时期的省政府组织，在形式上仍延续 1925 年 7 月广州国民政府颁行的《省政府组织法》，即采用委员制，由省政府委员会议决处理

① 罗家伦主编：《革命文献》第 23 辑，台北“中央”文物供应社 1984 年影印再版，第 467 页。

② ［日］家近亮子：《蒋介石与南京国民政府》，王士花译，社会科学文献出版社 2005 年版，第 84—85 页。

省内重要事务。但因各派政治力量直接角力，国民政府先后在 1927 年 7 月、1927 年 10 月、1928 年 4 月以及 1931 年 3 月四次修正《省政府组织法》。

这一过程，除立法技术不断改善，对于省政府内部组织、职权的规定越来越细致外，在《省政府组织法》条文的字里行间无不显示出各派政治力量间角力、彼此折冲的痕迹。如《省政府组织法》第一条虽然保留党治原则，但方式大有不同，基本上体现了其时主导国民政府实权一派的政治主张（见表 1），且均似乎把“省”完全作为地方行政组织的最高单位。

表 1　《省政府组织法》第一条内容变化

组织法施行日期	《省政府组织法》第一条内容	国民政府实际主政者
1925 年 7 月 1 日	省政府于中国国民党指导、监督之下，受国民政府之命令处理全省政务	汪精卫
1926 年 11 月 10 日	省政府于中国国民党中央执行委员会及省执行委员会指导、监督之下，受国民政府之命令管理全省政务	国民党左派
1927 年 7 月 8 日	省置省政府，在中国国民党中央执行委员会之下，奉国民政府命令综理全省政务	以胡汉民为首的粤派
1927 年 10 月 25 日	省置省政府，依中国国民党党义及国民政府法令综理全省政务	“西山会议”派
1928 年 4 月 27 日	省置省政府，依中国国民党党义及中央法令综理全省政务	蒋介石一派
1930 年 2 月 3 日	省政府依《国民政府建国大纲》及中央法令综理全省政务	胡汉民
1931 年 3 月 23 日	省政府依《国民政府建国大纲》及中央法令综理全省政务	胡汉民、孙科一派

如果说，《省政府组织法》第一条主要体现的是党、政、军等“中央”层面角力结果的话，那么中央角力各方在维护南京国民政府的权威方面又达成了共识。这一共识直接体现在有关省政府委员人数及省政府主席产生方式的规定上。就各省省政府委员人数规定而言，南京国民政府在成立之初，为了在与武汉国民政府的对峙中占据优势，不惜向各省妥协，将委员人数由原来的 7—11 人增加为 9—15 人，不过随着政权日益稳定，人数逐

渐缩减，1927 年 10 月 25 日变为 9—13 人，至 1930 年 2 月 3 日更减少为 7—9 人；就省政府主席产生方式的规定而言，省政府主席产生由 1927 年 7 月“委员互选”，到 1927 年 10 月及 1928 年 4 月“国民政府指定”，再到 1930 年 2 月及 1931 年 3 月“国民政府任命”。而在“国民政府指定”与“国民政府任命”之间，又可以一窥胡汉民与“西山会议”派、蒋介石在“党治”理解上的差异，即“以党治国”之中的“党”是指“党组织”“党义”还是“党员”，彼此主张各异。

当然，南京方面在修正《省政府组织法》时也有向各省实力派妥协的地方。比如在对省政府委员产生及省政府主席职权的规定上，规定省政府委员或由主席保荐，或经其同意而后由国民政府任命，使得省主席个人意志易于贯彻，其地位亦超越于其他委员之上。《省政府组织法》在维持委员制的同时，在事实上又多少带有独任制的精神。

“九一八”事变爆发后，国难当头，政争各方“捐弃”前嫌，达成妥协，形成联合共治的局面。但这并未完全消除各派别间的矛盾，尤其在当时行政院、军事委员会并立的权力格局之下。这在这一时期省制改革和规划时表现得非常明显。

先是蒋介石在缩小省区一时难以施行的情况下，为了推进县政建设，有意将 1931 年江西实行的区党政委员分会制在苏、浙、皖三省推广。不过各省设制各异，甚至突破了省、县二级制。在内政部部长黄绍竑的主导下，内政部试图在不破坏省、县二级制的原则下制定《行政督察专员暂行条例》以划一各省制度。此举引起蒋介石的不满，蒋介石随后以“剿匪”省区情况特殊为由强行推行《剿匪区内各省行政督察专员公署组织条例》，以致在南京政府直接控制省区出现两种行政督察专员制度并行的局面。

至 1932 年年底，在德、日等国致力于提高行政效率的影响，以及内政整理的迫切需要下，国民党内部各派系虽然在改革省制上达成共识，却因改革由谁主持及如何改产生分歧。以蒋介石为首的军事委员会委员长南昌行营与以汪精卫为首的南京国民政府行政院系统，因立场不同而主张各异。南京方面试图本诸中央集权的原则，并容纳各省意见，顺应时势将省政府委员制改为省长制。由于各院部的立场不同以及各省情况各异，以致各方对于省制改革方案迟迟不能达成妥协。而蒋介石在“剿匪”省区巡视的实际经历，让他对各省省政认识颇清，深知各省政治无力的主因大半由于省政府不合理所致，很自然地接受张群等人建议，主张在委员制改为省长制之前，先实行省政府合署办公以资过渡。

与此同时，以孙科为首的立法院系统，试图借助宪法起草，左右未来政制的规划，建立分权制及内阁制的政治制度，防止个人权力高度集中，分享一部分权力。孙科一派人物本诸此意，在宪法草案中郑重确定“省”是“执行中央及监督地方自治”的性质。然而，不仅立法院内部对于如何规定省制意见不同、各方反应不同，此举还遭到汪精卫、蒋介石联合抵制。孙科等迫于汪、蒋的压力，对宪法草案中中央与地方权力划分、省制内容的规定一再修改，不仅使宪法草案民主色彩大为削减，反保留了大量的专制条文。

至 1935 年 12 月，汪精卫辞职，蒋介石继任行政院院长。而且当时南京国民政府已经实现了对全国大多数省份的控制。在蒋介石主导下，积极筹划将其在“剿匪”省区所进行的省制改革举措推行全国。不过，1937 年“七七”事变的爆发改变了这一进程。随着国民政府工作重心转向全力抗日，为了集中力量抵御外侮，国民政府决议党、政、军权集于蒋介石一人，在省一级权力亦实现集中，而且吸收士绅参与政权，省制构建随即进入新的阶段。

当然，本书对于南京国民政府十年（1927—1937）省制构建过程的梳理，仍然只是线索的勾勒，其中还有不少问题限于能力以及资料的缺失，无法在书中深入或展开，譬如：（1）对于 1927—1937 年省制构建的各个阶段各省实施情况的考察；（2）以黄郛、张群、杨永泰、熊式辉等为代表的所谓政学系人物，在行政督察专员制度和省政府合署办公制的制定与推行过程中，到底充当什么角色；（3）各省党部本来在南京国民政府成立前发挥了重要作用，并在省制中占据重要地位，但随着“训政时期”的开始，党政在省一级实行并立之后，其又是如何抗争并试图发挥更大作用，等等。以上这些问题和缺憾，只能留待以后的研究予以探讨了。

参考文献

一　档案资料

（一）原始档案

1. 国民政府档案，（台北）“国史馆”藏。
2. 会议记录，（台北）中国国民党文化传播委员会党史馆藏。
3. 蒋中正总统文物，（台北）“国史馆”藏。
4. 《立法草案初稿意见书摘要汇编》，立法院宪法初稿审查委员会 1934 年编印，南京图书馆藏。
5. 政治档案，（台北）中国国民党文化传播委员会党史馆藏。
6. 中央政治会议记录，（台北）中国国民党文化传播委员会党史馆藏。
7. 中央政治会议速纪录，（台北）中国国民党文化传播委员会党史馆藏。
8. 中央政治委员会会议记录，（台北）中国国民党文化传播委员会党史馆藏。
9. 阎锡山史料，（台北）“国史馆”藏。
10. 一般档案，（台北）中国国民党文化传播委员会党史馆藏。

（二）已刊档案、资料汇编

1. 蔡鸿源主编：《民国法规集成》第 37 册，黄山书社 1999 年版。
2. 陈红民辑注：《胡汉民未刊往来函电稿》（1、7），广西师范大学出版社 2005 年版。
3. 洪喜美编：《国民政府委员会会议纪录汇编》（一、二、三），（台北）“国史馆”，1999、2000、2001 年。
4. 季啸风、沈友益主编：《中华民国史史料外编——前日本末次研究所情报资料》第 70 册，广西师范大学出版社 1997 年版。
5. 军事委员会委员长行营编印：《军事委员会委员长行营工作报告》，

1935 年 11 月版。
6. 立法院编:《中华民国宪法草案说明书》,(台北)文海出版社影印 1986 年版。
7. 辽宁省档案馆编:《奉系军阀档案史料汇编》(11),江苏古籍出版社、香港地平线出版社 1990 年版。
8. 罗家伦主编:《革命文献》第 23 辑,(台北)“中央文物供应社”影印 1984 年版。
9. 秦孝仪主编:《革命文献》第 71、79 辑,(台北)“中央文物供应社”1977、1979 年版。
10. 荣孟源主编:《中国国民党历次代表大会及中央全会资料》上册,光明日报出版社 1985 年版。
11. 万仁元、方庆秋主编:《中华民国史史料长编》第 28 册,南京大学出版社 1991 年版。
12. 王正华等编:《蒋中正总统档案·事略稿本》(1—39 册),(台北)“国史馆”,2001—2006 年。
13. 章伯锋、庄建平主编:《中国近代史资料丛刊·抗日战争》第 3 卷政治(上),四川大学出版社 1997 年版。
14. 浙江省政府秘书处编印:《浙江省临时政治会议及政治会议浙江分会会议记录汇刊》,1928 年版。
15. 中国第二历史档案馆编:《国民党政府政治制度档案史料选编》上、下册,安徽教育出版社 1994 年版。
16. 中国第二历史档案馆编:《民国时期文书工作和档案工作资料选编》,档案出版社 1987 年版。
17. 中国第二历史档案馆编:《中华民国史档案史料选编》第五辑第一编·政治(一),江苏古籍出版社 1991 年版。
18. 中国第二历史档案馆编:《中华民国史档案资料汇编》第四辑(一、二),江苏古籍出版社 1994 年版。
19. 中国国民党中央委员会党史史料编纂委员会编:《中国国民党历届历次中全会重要决议案汇编》(一),(台北)“中央文物供应社”1978 年版。
20. 缪全吉编著:《中国制宪史资料汇编》,(台北)“国史馆”,1989 年。

二　报纸期刊

《申报》
《大公报》
《中央日报》
《广州民国日报》
上海《民国日报》
《天津益世报》
《盛京时报》
《国闻周报》
《国民政府立法院公报》
《国民政府立法院会议录》
《中国国民党中央执行委员会常务委员会会议录》
《中央党务月刊》
《国民政府公报》
《行政院公报》
《法令周刊》
《内政公报》
《军政公报》
《卫生公报》
《安徽民政公报》
《广西省政府公报》
《江西省政府公报》
《行政效率》
《行政研究》
《建国月刊》
《时事月报》
《农村月刊》
《蒙古旬刊》
《晨光》
《扫荡》

《行政效率》
《中山文化教育馆季刊》
《老实话》
《政治评论》

三　日记、回忆录、年谱、文集

（一）日记

1.《谭延闿日记》（未刊稿），（台北）“中央研究院”近代史研究所档案馆藏。
2. 中国第二历史档案馆编：《冯玉祥日记》，江苏古籍出版社 1992 年版。
3. 邵元冲著，王仰清、许映湖标注：《邵元冲日记》，上海世纪出版集团 1990 年版。
4. 翁文灏著，李学通、刘萍、翁心钧整理：《翁文灏日记》，中华书局 2010 年版。
5. 胡适著，曹伯言整理：《胡适日记全集》第 6 册，（台北）联经出版事业公司 2004 年版。
6. 北京师范大学、上海市档案馆合编：《蒋作宾日记》，江苏古籍出版社 1990 年版。
7. 黄郛：《白云山馆主人日记》，（台北）“中央研究院”近代史研究所郭廷以图书馆藏。

（二）回忆录、访问纪录

1. 黄绍竑：《五十回忆——黄绍竑回忆录》，东方出版社 2011 年版。
2. 蒋廷黻英文口述，谢钟琏译：《蒋廷黻回忆录》，（台北）传记文学出版社 1959 年版。
3. 沈云龙访问，陈三井、陈存恭记录，郭廷以校阅：《周雍能先生访问纪录》，（台北）“中央研究院”近代史研究所 1984 年版。
4. 沈亦云：《亦云回忆》，（台北）传记文学出版社 1980 年版。
5. 顾祝同：《墨三九十自述》，（台北）台湾“国防部”史政编译局 1981 年版。
6. 雷啸岑：《忧患余生之自述》，（台北）传记文学出版社 1982 年版。
7. 陈果夫：《苏政回忆》，（台北）正中书局 1951 年版。

8. 沈云龙访问，谢文孙、胡耀恒记录：《辛亥革命及国民党的分裂——国民党湖北省主席口述历史》，九州出版社 2011 年版。
9. 熊式辉著，洪朝辉编校：《海桑集：熊式辉回忆录》，（香港）明镜出版社 2009 年版。

（三）年谱

1. 蒋永敬编著：《民国胡展堂先生汉民年谱》，（台北）台湾商务印书馆 1981 年版。
2. 林友华编撰：《林森年谱》，中国文史出版社 2012 年版。
3. 陈天锡：《增订戴季陶先生编年传记》，私印本，1967 年。

（四）文集

1. 广东省社会科学院历史研究所、中山大学历史系孙中山研究室、中国社会科学院近代史研究所民国研究室等编：《孙中山全集》第 9 卷，中华书局 1986 年版。
2. 高叔平编：《蔡元培全集》第 5 卷，中华书局 1988 年版。
3. 杨浚熙编：《杨永泰先生言论集》，沈云龙主编：《近代中国史料丛刊》正编第 98 辑（975），（台北）文海出版社 1966 年版。

四　著作

1. 陈之迈：《中国政府》（第三册），商务印书馆 1947 年版。
2. 钱端升等：《民国政制史》（上、下册），上海世纪出版集团 2008 年版。
3. 孔庆泰等：《国民党政府政治制度史》，安徽教育出版社 1998 年版。
4. 谢振民编著，张知本校订：《中华民国立法史》，中国政法大学出版社 2002 年版。
5. 民国政法学会编印：《民国政府省行政法》，1928 年。
6. 深町英夫：《近代广东的政党・社会・国家——中国国民党及其党国体制的形成过程》，社会科学文献出版社 2003 年版。
7. ［日］家近亮子：《蒋介石与南京国民政府》，王士花译，社会科学文献出版社 2005 年版。
8. 陈柏心编著：《中国的地方制度及其改革》，广西建设研究会 1939 年版。
9. 谢瀛洲：《中国政府大纲》，汇文堂新记书局 1946 年版。
10. 施养成：《中国省行政制度史》，商务印书馆 1947 年版。

11. 胡次威:《省组织法论》,正中书局 1947 年版。
12. 程懋型:《剿匪地方行政制度》,中华书局 1936 年版。
13. 贾逸君:《中华民国政治史》,文化学社 1932 年版。
14. 董霖:《战前之中国宪政制度》,(台北)世界书局 1968 年版。
15. 董霖:《六十载从政讲学》,(台北)台湾商务印书馆 1991 年版。
16. 董霖:《中国政府》,世界书局 1940 年版。
17. 翁有为等:《行政督察专员区公署制研究》,社会科学文献出版社 2012 年版。
18. 张皓:《权力斗争与国民党政府运转关系研究》,商务印书馆 2006 年版。
19. 杨天石主编:《中华民国史》第六卷(1926—1928),中华书局 2011 年版。
20. 董显光:《蒋总统传》,(台北)中国文化学院出版部 1980 年版。
21. 曾业英等:《中华民国史》第七卷(1928—1932),中华书局 2011 年版。
22. 吴经熊、金鸣盛:《中华民国训政时期约法释义》,上海法学编译社 1937 年版。
23. 黄伦编:《地方行政论》,正中书局 1942 年版。
24. 崔之清主编:《国民党政治与社会结构之演变(1905—1949)》,社会科学文献出版社 2007 年版。
25. 崔之清主编:《国民党结构史论》,中华书局 2013 年版。
26. 金以林:《国民党高层的派系政治:蒋介石“最高领袖”地位是如何确立的》,社会科学文献出版社 2009 年版。
27. Tien Hung-mao, *Government and Politics in Kuomingtang China, 1927 - 1937*, Stanford: Stanford University Press, 1972. (田弘茂:《国民党中国的政府与政治,1927—1937》)
28. Lioyd E. Eastman, *China under Nationalist Rule, 1927 - 1937*, Cambridge: Harvard University Press, 1974. (易劳逸: 《流产的革命:1927—1937 年国民党统治下的中国》,该书在 20 世纪 90 年代初期由陈谦平、陈红民等翻译,由中国青年出版社于 1992 年出版)
29. 费正清、费维恺主编:《剑桥中华民国史》下册,中国社会科学出版社 1993 年版。
30. Jurgen Domes, *Vertagte Revolution: Die Politik der Kuomintang in China, 1923 - 1937*, Berlin: walter de Gruyter& Co. , 1969. (于尔根·多梅斯:《推迟的革命:中国国民党的政治,1923—1937 年》)

31. Paul K. T. Sih, ed., *The Strenuous Decade: China's Nation-building Efforts, 1927 - 1937.*（薛光前编《紧张的十年：中国建国的努力，1927—1937 年》）
32. 王奇生：《党员、党权与党争：1924—1949 年中国国民党的组织形态》（修订增补本），华文出版社 2010 年版。
33. 王兆刚：《国民党训政体制研究》，中国社会科学出版社 2004 年版。
34. 田湘波：《中国国民党党政体制剖析（1927—1937）》，湖南人民出版社 2006 年版。
35. 付春扬：《民国时期政体研究（1925—1947 年）》，法律出版社 2007 年版。
36. 李德芳：《民国乡村自治问题研究》，人民出版社 2001 年版。
37. 周联合：《自治与官治——南京国民政府的县自治法研究》，广东人民出版社 2006 年版。
38. 李巨澜：《失范与重构：一九二七至一九三七年苏北地方政权秩序化研究》，中国社会科学出版社 2009 年版。
39. 李伟中：《20 世纪 30 年代县政建设实验研究》，人民出版社 2009 年版。
40. 白贵一：《20 世纪 30 年代南京国民政府县自治研究》，知识产权出版社 2009 年版。
41. 祝彦：《“救活农村”：民国乡村建设运动回眸》，福建人民出版社 2009 年版。
42. 王科：《控制与发展：南京国民政府建立初期的乡村治理变革——以江宁自治实验县为中心（1933—1937）》，中国社会科学出版社 2010 年版。
43. 周松青：《整合主义的挑战：上海地方自治研究（1927—1949）》，上海交通大学出版社 2011 年版。
44. 吴经熊、黄公觉：《中国制宪史》，商务印书馆 1937 年版。
45. 罗敏：《走向统一：西南与中央关系研究（1931—1936）》，社会科学文献出版社 2011 年版。

五　论文

1. 沈怀玉：《行政督察专员制度之创设、演变与功能》，台湾《中央研究院近代史研究所集刊》第 22 期（上），1993 年 6 月。

2. 关晓红:《清季外官改制的“地方”困扰》,《近代史研究》2010 年第 5 期。
3. 陈明:《民国初期的政体选择:省制构建及其问题(1912—1928)》,中山大学历史系博士学位论文,2012 年,未刊。
4. 杨光中:《中华民国省制之研究》,台湾政治大学公共行政研究所硕士论文,1973 年,未刊。
5. 李国祁:《地方政制改革》,载“台湾”教育部编《中华民国建国史》第三编“统一与建设”(二),台北“国立编译馆”1991 年版。
6. 翁有为:《民国时期的行政督察专员制度及其知识背景》,《史学月刊》2006 年第 3 期。
7. 林绪武、奚先庆:《南京国民政府的省政府合署办公问题探析》,《南开学报》2007 年第 6 期。
8. 招宗劲:《国民政府省政府合署办公制度概述》,《中山大学研究生学刊》(社会科学版),2003 年第 3 期。
9. 白贵一:《论 20 世纪 30 年代南京国民政府的省制改革》,《河南师范大学学报》第 35 卷第 5 期。
10. 黄昊:《国民政府时期关于缩小省区的探讨与实践》,《内蒙古大学学报》(哲学社会科学版)2013 年第 2 期。
11. 师连舫:《行政督察制之研究》,《政治建设》第 1 卷第 4、5 期合刊(1939 年 10 月 1 日)。
12. 白纯:《国民党“以党治国”理念的发展脉络:1928—1937》,《江苏社会科学》2003 年第 2 期。
13. 江沛、迟晓静:《中国国民党“党国”体制述评》,《安徽史学》2006 年第 1 期。
14. 于鸣超:《中国省制问题研究》,《战略与管理》1998 年第 4 期。
15. 田茂懋:《1928—1937 年国民党派系政治阐述》,载《国外中国近代史研究》第 24 辑,中国社会科学出版社 1994 年版。
16. 陈怡铿:《国父均权主义与地方制度之研究》,台湾政治作战学院政治学研究所硕士论文,1992 年,未刊。
17. 钟日兴:《1932—1936 年的行政督察专员制度研究——以湖北省为例》,华中师范大学硕士学位论文,2004 年,未刊。
18. 王翼:《三十年代南京国民政府地方行政机构改革研究》,湖南师范大学硕士论文,2009 年,未刊。

19. 陆建洪：《论南京国民党政府行政督察专员制度之性质》，《华东师范大学学报》（哲学社会科学版）1988 年第 4 期。

20. 陆建洪：《试论南京国民政府专员制度的演变及其特点》，《史学月刊》1988 年第 5 期。

21. 李继锋：《省区主义与民国省制嬗变》，南京大学博士学位论文，1992 年，未刊。

索　引

后　记

本书是在本人博士后工作报告的基础上修改而成。本书在写作及修改过程中，先后得到了中国博士后基金、中央高校基本科研业务经费专项资金的资助。本人在博士毕业之后，即已开始着手本课题的构思和资料收集，之所以能够草成，并以这样的形式呈现出来，其间得益于很多人的帮助。

首先我要感谢我的博士后合作导师陈谦平教授。他在我博士毕业后，热情接纳我来南京大学，追随他从事博士后研究，并为我创造良好的科研环境。由于中国第二历史档案馆相关档案正处于数字化整理之中，本研究所需资料不便查阅，陈老师出面介绍我去台湾政治大学人文中心访学三个月，让我能够有充裕的时间在台湾收集本研究所需的相关档案。在南京大学学习、工作的两年里，陈老师不仅给予我谆谆教诲，并言传身教，让我近距离领略了一位学者的治学风格和严肃认真。

其次，我要感谢桑兵、关晓红两位教授。两位老师在我博士期间引导我真正进入历史研究门槛，掌握历史研究的基本门径，并在其中初步领略到治学的苦与乐。正是他们的鼓励，促使我在博士毕业之后，鼓起斗志，义无反顾地来到南京大学，继续从事博士后研究。两位老师在我进入博士后研究之后，仍然一如既往地关心我的学业成长，不时给予我生活上的关心和学业上无私的帮助指导。

感谢南京大学历史系中国史博士后流动站为我提供了一个再学习的机会。感谢李玉教授、孙扬老师、李力老师、王敏老师、孔琴琴老师，以及南京大学博管办胡民众、张华玲两位老师给予我的帮助。

我还要感谢在台期间，台湾“国史馆”馆长吕芳上教授、台湾政治大学人文中心主任周惠民教授、人文中心助教李素琼小姐、萧淑慧小姐以及台湾政治大学历史系刘维开教授给予我的帮助，尤其是李小姐和萧小姐在我办理赴台手续以及在台生活期间给予很多温馨指导和帮助。刘维开教授允准我旁听他的课程，和台湾博、硕士生一起参与讨论，并在我请教时给予方向性的指导，特别是在他到南京大学访学的一个月里，更是在一些具体问题上给予我不少教诲和启发，让我受益匪浅。

感谢中山大学图书馆、中山大学历史系资料室、南京大学历史系资料室、南京大学图书馆、南京图书馆、台湾政治大学图书馆、台湾政治大学社资中心、台湾“国史馆”、台湾“中研院”近代史研究所郭廷以图书馆、中国国民党文化传播委员会党史馆等，在我收集本报告所需资料时所给予的帮助。

感谢各位在博士后研究阶段给予我关心和帮助的朋友，他们既有我大学时的同学张治江、吴四伍，也有我硕士研究生阶段的师姐刘吕红、师兄黎仕明、同学周明长，博士阶段的师姐彭雪芹和杨向艳、师兄陈志雄等，同学蓝清水、康欣平、王传武、黄素娟、何鉴菲等，还有我来南京后以及在台期间认识的新朋友，是他们和我一起见证了我的成长和进步。

感谢出席本人博士后出站报告会的崔之清教授、邹农俭教授、陈谦平教授、李玉教授、曹大臣教授，他们指出了本书存在的一些问题，并给予了宝贵的修改建议。

最后，我要感谢我的家人。他们或许不懂我所从事的历史研究到底意义何在，能够带来多少物质财富，但仍默默支持我，给予我不断前行的动力。特别感谢我的妻子朱佳，我没能抽出很多时间陪她，反而是她一直陪伴着我度过那段艰难的日子，并帮我解决了生活中的不少实际困难和烦恼。

感谢本书责任编辑王琪女士，她不仅鼓励我申请“博士后文库”，而且帮我指出不少文字表述上的错漏与不当，使得本书更加严谨。

本书是我进入南京国民政府史研究领域后的一项阶段性成果，其间的政情动荡和复杂内情，还需要用更多时间去梳理和领悟，现在所呈现的仅是粗略勾勒线索，尚有不少地方尚须进一步深入讨论，欢迎各位读者及同人批评指正。

陈 明

2017 年 1 月 31 日

于无锡玉兰花园

第六批《中国社会科学博士后文库》专家推荐表 1

推荐专家姓名	陈谦平	行政职务	无
研究专长	中国近代史、中华民国史	电　　话	
工作单位	南京大学历史学院	邮　　编	
推荐成果名称	《南京国民政府十年（1927—1937）省制构建研究》		
成果作者姓名	陈明		

（对书稿的学术创新、理论价值、现实意义、政治理论倾向及是否达到出版水平等方面做出全面评价，并指出其缺点或不足）

该项成果系由作者的博士后出站报告修改而成，主要讨论南京国民政府时期的省制构建过程以及隐藏在幕后的各派政治力量围绕集权与分治、自治与统一等问题所展开的一系列较量。学界以往对于省制的研究仅关注于其内容之流变，且多局限于对该制度章程的文本层面介绍，而作者将省制构建置于近代中国社会与制度转型的大背景下进行考察，对影响与制约其进展的人事因素进行深入分析，对于推动相关问题的深层次探讨无疑产生了积极作用。

作为独具中国特色的政治制度，自元代设行省以来，省制一直对于历朝历代治理其疆域、维护国家统一，发挥了重要作用，在中国政制史上的地位不言而喻。晚清以降，省制伴随中国近代政体变动进行重新构建。一般而言，在国际化大背景下，省制构建往往牵涉各种政治力量的利益权衡与实力调整。通过梳理省制构建的过程，可以观察南京国民政府初建时期的中国政治与社会生态之状况，并在此基础了解和把握中外政制与观念之差异，进而认识中国国情及发展趋势，为当前省制改革提供历史镜鉴。

该书还有不少地方需要进一步拓展。比如对省制构建背后人事因素的分析，个案研究尚需加强，一方面需要占有更多资料，更需要有国际化的视野。又如有关省制在各省实施情况略显薄弱，作者似可从南京国民政府与各省主政者间的利益较量方面入手展开更深入的论述。

签字：

2016 年 12 月 26 日

说明：该推荐表由具有正高职称的同行专家填写。一旦推荐书稿入选《博士后文库》，推荐专家姓名及推荐意见将印入著作。

第六批《中国社会科学博士后文库》专家推荐表 2

推荐专家姓名	劉維開	行政职务	教授
研究专长	中國近代政治史、民國政治制度史	电　　话	
工作单位	（臺灣）政治大學歷史學系	邮　　编	
推荐成果名称	《南京國民政府十年（1927—1937）省制構建研究》		
成果作者姓名	陳明		

（对书稿的学术创新、理论价值、现实意义、政治理论倾向及是否达到出版水平等方面做出全面评价，并指出其缺点或不足）

陳明博士這本著作是在其博士後報告的基礎上修改而成。該書主要討論南京國民政府在全面抗戰前十年對於省這個地方層級的制度構建過程，以及在構建過程後面，中國國民黨內各派政治力量圍繞著集權與分治、自治與統一等問題所展開的角力。該書不同於以往相關研究僅注意省制本身內容的變化，以及法令規章的文本分析，將省制構建置於近代中國知識與制度轉型的複雜背景下予以考察，分析探討影響與制約其進展的人事因素，大大地推動相關問題的討論。

我認為該書有以下幾點特色：第一，作者查閱大量已刊及未刊檔案，特別是相關法規的討論經過，輔以報刊、回憶錄等資料，分析不同時期關於省一級法規制定的過程，清楚呈現中國國民黨在這個時期如何在中央與縣之間，規劃省一級的地方制度。第二，作者注意到人事與立法的關係，透過中國國民黨內部不同派系彼此的合作與對立，探討這些因素對於省制的影響，分析相關法規制訂或修正的過程，而不只是最後通過條文的羅列。第三，民國建立後，自北京政府至南京國民政府，關於中央與縣之間的地方制度如何規劃，各方有著不同意見，透過該書引用大量參與法規制定者在討論過程中的發言記錄，可以用當時的視角，理解各方面對於問題的立場，而不是以現在觀點去檢討當時的決定。此外，在寫作的方式上，作者討論相關法規制定過程中，不採取大量的文字分析，而運用表格列舉不同的意見，或以前後條文對照的方式呈現，突出問題的重點，亦為一項特色。

省制作為中國一項淵源有自、獨具特色的政制，對於疆域治理以及國家統一的維護，發揮了不可低估的作用。自晚清以來，伴隨中國近代政體變動，省制構建成為一項可供討論的議題。但是省作為地方制度的一環，有其本身的特殊性，該書對於南京國民政府在全面抗戰前十年間關於省制構建的過程有著清楚的梳理，但是在省制的運作層面探討尚待加強，不過那是一個更大的課題，不是該書所能涵蓋。整體而言，本人認為該書是一本十分具有學術貢獻的研究專著，值得出版。

签字：劉維開

2017 年 1 月 26 日